当代世界农业丛书

# 墨西哥农业

刁青云　赵　锋　张永霞　著

中国农业出版社
北　京

# 当代世界农业丛书编委会

主　任：余欣荣

副主任：魏百刚　唐　珂　隋鹏飞　杜志雄　陈邦勋

编　委（按姓氏笔画排序）：

丁士军　刀青云　马学忠　马洪涛　王　晶

王凤忠　王文生　王勇辉　毛世平　尹昌斌

孔祥智　史俊宏　宁启文　朱满德　刘英杰

刘毅群　孙一恒　孙守钧　严东权　芦千文

苏　洋　李　岩　李　婷　李先德　李春顶

李柏军　杨东霞　杨敏丽　吴昌学　何秀荣

张　悦　张广胜　张永霞　张亚辉　张陆彪

苑　荣　周向阳　周应恒　周清波　封　岩

郝卫平　胡乐鸣　胡冰川　柯小华　聂凤英

高　芳　郭翔宇　曹　斌　崔宁波　蒋和平

韩一军　童玉娥　谢建民　潘伟光　魏　凤

# 序

## | *Preface* |

　　2018 年 6 月，习近平总书记在中央外事工作会议上提出"当前中国处于近代以来最好的发展时期，世界处于百年未有之大变局"的重大战略论断，对包括农业在内的各领域以创新的精神、开放的视野，认识新阶段、坚持新理念、谋划新格局具有重要指导意义。农业是衣食之源、民生之基。中国农业现代化取得举世瞩目的巨大成就，不仅为中国经济社会发展奠定了坚实基础，而且为当代世界农业发展提供了新经验、注入了新动力。与此同时，中国农业现代化的巨大进步，与中国不断学习借鉴世界农业现代化的先进技术和成功经验，与不断融入世界农业现代化的进程是分不开的。今天，在世界处于百年未有之大变局、世界经济全球化进程深入发展、中国农业现代化进入新阶段的重要历史时刻，更加深入、系统、全面地研究和了解世界农业变化及发展规律，同时从当代世界农业发展的角度，诠释中国农业现代化的成就及其经验，是当前我国农业工作重要而紧迫的任务。为贯彻国务院领导同志的要求，2019 年 7 月农业农村部决定组织编著出版"当代世界农业丛书"，专门成立了由部领导牵头的丛书编辑委员会，从全国遴选了相关部门（单位）负责人、对世界农业研究有造诣的权威专家学者和中国驻外使馆工作人员，参与丛书的编著工作。丛书共设 25 卷，包含 1 本总论卷（《当代世界农业》）和 24 本国别卷，国别卷涵盖了除中国外的所有 G20 成员，还有五大洲的其他一些农业重要国家和地区，尤其是发展中国家和地区。

在编写过程中，大家感到，丛书的编写，是一次对国内关于世界农业研究力量的总动员，业界很受鼓舞。编委会以及所有参与者表示一定要尽心尽责，把它编纂成高质量权威读物，使之对于促进中国与世界农业国际交流与合作，推动世界农业科研教学等有重要参考价值。但同时，大家也切实感到，至今我国对世界农业的研究基础薄弱，对发达国家（地区）与发展中国家（地区）的农业研究很不平衡，有关研究国外农业的理论成果少，基础资料少，获取国外资料存在诸多不便。编委会、各卷作者、编审人员本着认真负责、深入研究、质量第一的原则，克服新冠肺炎疫情带来的诸多困难。编委会多次组织召开专家研讨会，拟订丛书编写大纲、制订详细写作指南。各卷作者、编审人员千方百计收集资料，不厌其烦研讨，字斟句酌修改，一丝不苟地推进丛书编著工作。在初稿完成后，丛书编委会还先后组织农业农村部有关领导和专家对书稿进行反复审核，对有些书稿的部分章节做了大幅修改；之后又特别请中国国际问题研究院院长徐步、中国农业大学世界农业问题研究专家樊胜根对丛书进行审改。中国农业出版社高度重视，从领导到职工认真负责、精益求精。历经两年三个月时间，在国务院领导和农业农村部领导的关心、指导下，在所有参与者的无私奉献、辛勤努力下，丛书终于付梓与读者见面。在此，一并表示衷心感谢和敬意！

即便如此，呈现在广大读者面前的成书，也肯定存在许多不足之处，恳请广大读者和行业专家提出宝贵意见，以便修订再版时完善。

原欣荣

2021 年 10 月

# 前　言
## |Foreword|

　　墨西哥是拉美经济大国，也是发展中国家中经济比较发达的国家，是拉美地区外国直接投资重要目的国。中国与墨西哥政治经贸合作持续有效开展，对于中国在拉丁美洲地区建立巩固良好合作关系具有重要的代表性和示范性意义。墨西哥毗邻美国，经济上高度依赖美国，在融入美国等资本主义国家发展轨道过程中积累了丰富的经验，也有深刻的教训，对于中国发展具有借鉴意义。

　　面对当前复杂的国际经贸环境，我国正着力构建以国内大循环为主体、国内国际双循环相互促进的新发展格局，更要团结广大发展中国家的力量。墨西哥作为拉丁美洲发展中大国，与中国在发展诉求、全球问题立场等很多方面具有共识基础。

　　墨西哥与我国同为发展中大国，发展阶段接近，在资源、市场等方面优势互补。近年来，中国与墨西哥经贸合作发展较快，2020年，墨西哥是中国在拉美地区第二大贸易伙伴、第一大出口目的地和第三大进口来源国。墨西哥在逐渐成为中国重要经贸合作伙伴的同时，也减少了对美国经贸上的依赖，这符合墨西哥"市场多元化"的战略目标。中国未来应不断探索与墨西哥的交流与合作，拓宽合作领域，升级合作层次，实现互利共赢。

　　墨西哥是传统农业国，其农业具有悠久的历史，农业资源丰富，农业发展道路曲折。中墨两国农业发展经验可以互相借鉴，农业将成为具有合作前景的重要领域。近年来，双方高层往来频繁，农业经贸合作快速发展。2020年，两国农产品及食品贸易额达11亿美元，中国从墨西哥进口的农产品成倍增长，中国正在成为墨西哥重要的农产品出口目的国。中墨两国在农业科研教育合作上也具备了一定基础，未来发展前景看好。

　　为更好地促进中国与墨西哥农业合作，本书依托中国驻墨西哥使馆资源，收集了大量墨西哥一手资料，结合国际贸易数据库、联合国粮农组织数据库、国内外文献资料等，全方位展现了墨西哥农业发展的历史脉络和现状。在本书编写过程中，农业农村部及商务部领导、部内相关司局、蒙牛集团和有关专家给予了大力支持和帮助。谨向所有关心本书出版的各界人士表示衷心感谢。

编　者

2021 年 10 月

# 目　录

| Contents |

# 第一章 CHAPTER 1
## 墨西哥宏观经济概况 ▶▶▶

墨西哥是美洲文明古国。早在旧石器时代，墨西哥就有人居住。墨西哥是印第安古文化的摇篮，孕育了驰名世界的玛雅文化、奥尔梅克文化、托尔特克文化和阿兹特克文化。墨西哥是拉美地区重要的外国直接投资目的地，也是发展中国家中经济较发达国家之一，经济发展水平在拉美地区居领先地位。墨西哥是经济合作与发展组织（OECD）、二十国集团（G20）和亚太经济合作组织（APEC）成员，被认为是具有发展前途的新兴经济体之一。

## 第一节　国家概况

### 一、墨西哥地理位置

墨西哥领土面积 196.44 万平方千米，在拉美地区仅次于巴西和阿根廷，位居世界第 14 位。墨西哥是南美洲、北美洲陆路交通的必经之地，北邻美国，南接危地马拉和伯利兹，东接墨西哥湾和加勒比海，西临太平洋和加利福尼亚湾。拥有 300 万平方千米专属经济区和 35.8 万平方千米大陆架，海岸线总长约 1.11 万千米，其中太平洋海岸 7 828 千米，墨西哥湾、加勒比海岸 3 294 千米。墨西哥属于西 5 时区，当地时间比北京时间晚 14 个小时。实行夏时制时比北京时间晚 13 个小时。

### 二、行政区划

墨西哥首都为墨西哥城（Ciudad de Mexico）。全国划分为 32 个州。州下设市（镇）和村，各州有自己的宪法和议会，州内实行自治。州长由墨西哥本州居民直接选举产生，任期 6 年，不得连任。2016 年起首都联邦区正式成为墨西哥的第 32 个州。全国 32 个州分别为墨西哥城、阿瓜斯卡连特斯州、下加利福尼亚州、南下加利福尼亚州、坎佩切州、恰帕斯州、齐瓦瓦州、科阿韦拉州、科利马州、杜兰戈州、瓜纳华托州、格雷罗州、伊达尔哥州、哈利斯科州、墨西哥州、米却肯州、莫雷洛斯州、纳亚里特州、新莱昂州、瓦哈卡州、普埃布拉州、克雷塔罗州、金塔纳罗奥州、圣路易斯波托西州、锡那罗亚州、索诺拉州、塔巴斯科州、塔毛利帕斯州、特拉斯卡拉州、韦拉克鲁斯州、尤卡坦州、萨卡特卡斯州。

## 三、自然资源

墨西哥作为拉美经济大国和世界重要的矿业生产国，拥有丰富的矿产资源，银、铋、萤石、天青石、钙硅石、镉、钼、铅、锌、硅藻土、盐、重晶石、氧化硅、石墨、石膏、金和铜产量均居世界前列。墨西哥石油和天然气资源是墨西哥最重要的矿产资源，据墨西哥国家统计局统计，墨西哥原油可采储量为 252.04 亿桶。天然气可采储量约为 9 万亿立方米。

2019 年，墨西哥铜产量 49.6 万吨，增长 4.3%。墨西哥集团（Grupo Mexico）是墨西哥最大的铜矿企业。2019 年，墨西哥黄金产量 8.1 万千克，下降 8.9%。墨西哥是世界上第一大产银国，2019 年产量 373.6 万千克，下降 1.8%。墨西哥是世界主要铅生产国之一，2019 年产量 14.9 万吨，增长 5.7%。2019 年锌产量 40.8 万吨，增长 0.2%。墨西哥集团拥有墨西哥最大锌矿。2019 年 3 月加拿大"世界矿业投资吸引力排名"调查中，墨西哥在 83 个国家（地区）中位居第十九位。

## 四、气候条件

墨西哥气候复杂多样，高原大部分地区气候比较温和，垂直气候特点明显，平均气温为 10～26℃；西北内陆为大陆性气候；沿海和东南部平原属热带气候。大部分地区全年分旱、雨两季，10 月至次年 4 月为旱季，5 月至 9 月为雨季，雨季集中了全年 75% 的降水量。每年最旱月份为 2 月，降水量仅

5 毫米，降水最多的月份为 7 月，降水量约 170 毫米。因墨西哥境内多为高原地形，冬无严寒，夏无酷暑，四季万木常青，故享有"高原明珠"的美称。

## 五、人口分布

据墨西哥全国人口委员会统计，墨西哥全国总人口约为 1.29 亿（2017年），人口增长率为 1.3%。其中，10～19 岁的青少年人口约 2 237 万人，全国人口中女性占 51.2%，男性占 48.8%。各州之间人口密度的差异很大，其中墨西哥城平均面积 1 525 平方千米，人口约 2 200 万人（含卫星城）；其次是墨西哥州，平均每平方千米人口为 359.1 人。人口最多的三大城市为墨西哥城、瓜达拉哈拉及蒙特雷。全国人口中，印欧混血人种约占 90%，印第安人后裔约占 10%；城市人口占 75%，农村人口占 25%。

# 第二节　经济总体情况

墨西哥是拉美经济大国。工业门类齐全，石化、电力、矿业、冶金和制造业较发达。作为传统农业国，墨西哥是玉米、番茄、南瓜、可可的原产地。据统计，2020 年国内生产总值为 1.04 万亿美元，下降 8.5%，人均国内生产总值为 8 537 美元，通胀率 3.15%，失业率 4.4%。

## 一、国民经济增长情况

受全球经济放缓和国际金融市场大幅波动等外部环境恶化影响，尤其是受制于美国经济增长动力不足，国际市场石油价格下跌影响，墨西哥经济增速显著放缓。据墨西哥国家统计局数据，2020 年墨西哥国内生产总值下降 8.5%。墨西哥央行预测，2021 年 GDP 经济增速为 6%，实际增长为 1.29 万亿美元，同比增长 6.2%（表 1-1）。

表 1-1　2015—2020 年墨西哥经济增长情况

| 年份 | 经济总量（万亿美元） | GDP 增长率（按本币计算，%） | 人均 GDP（美元） |
| --- | --- | --- | --- |
| 2015 | 1.14 | 2.5 | 9 009 |

（续）

| 年份 | 经济总量（万亿美元） | GDP 增长率（按本币计算，%） | 人均 GDP（美元） |
|---|---|---|---|
| 2016 | 1.05 | 2.3 | 8 644 |
| 2017 | 1.15 | 2.0 | 9 304 |
| 2018 | 1.21 | 2.2 | 9 715 |
| 2019 | 1.20 | −0.1 | 10 385 |
| 2020 | 1.04 | −8.5 | 8 537 |

资料来源：国际货币基金组织、墨西哥统计局。

## 二、通货膨胀情况

2015—2020 年，墨西哥通胀率分别是 2.72％、2.82％、6.04％、4.90％、2.83％、3.15％。2021 年，墨西哥央行通胀为 7.36％，为最近 21 年历史最高水平。

## 三、失业率

2020 年墨西哥失业率为 4.4％。据墨西哥国家地理统计局统计，2020 年 4 月以来受新冠肺炎疫情影响，墨西哥流失超过 1 200 万个工作岗位。2021 年 8 月，新增 1 290 万个就业岗位后，从数量上看就业已完全恢复，但约 720 万劳动者存在就业不足问题，约占就业人口的 13％；非正规合同比例高达 56.3％，即约 3 140 万人处于非正规劳动状态。2021 年 8 月公布数据显示，墨西哥排除季节性因素影响后失业率为 4.1％。

## 四、新冠肺炎疫情对墨西哥经济的影响

2020 年发生新冠肺炎疫情以来，墨西哥经济社会发展受到严重影响。主要表现为信用评级及增长预期"双调降"。国际评级机构纷纷下调墨西哥主权信用等级，预计墨西哥债务总额将攀至 GDP 的 50％以上，创 20 世纪 80 年代以来新高，工业生产几近停滞。据墨西哥工业商会联合会统计，新冠肺炎疫情期间，墨西哥至少有 117 万家企业倒闭。据国际金融研究所（IIF）数据显示，2020 年第一季度，墨西哥债务余额占 GDP 之比增长 12％，是继智利、中国、

巴西、南非之后位列新兴国家第五，继智利（30％）和巴西（20％）之后位列拉美国家第三。国际货币基金组织（IMF）数据显示，墨西哥在新冠肺炎疫情期间将失去约 100 万个工作岗位，总体上的工业活动在 2020 年 4 月比上年同期暴跌近 30％。此外，由于新冠肺炎疫情影响造成对市场信心不足，墨西哥比索自 2020 年年初以来急剧贬值，而新冠肺炎疫情也影响到出口收入和汇款，2020 年墨西哥经常账户赤字扩大，约占到 GDP 的 2％。

# 第三节　对外经贸投资概况

## 一、签署的贸易投资协定

作为各种多边和区域组织以及论坛的积极参与者，墨西哥与 52 个国家和地区签署了 15 项自由贸易协定（FTA）（表 1-2），与 33 个国家和地区签署了 32 项相互促进和保护投资协定，以及 9 项经济互补自贸协定（表 1-3）。墨西哥是世界贸易组织（WTO）、亚太经济合作组织（APEC）和拉美国家发展拉丁美洲一体化协会（ALADI）等多边和地区论坛的积极参与者。同时，墨西哥也是经济合作与发展组织（OECD）、全面与进步跨太平洋伙伴关系协定（CPTPP）等机制成员。

表 1-2　墨西哥签署的自由贸易协定

| 序号 | 自由贸易协定 | 签订的对象国（或组织） | 实施时间 |
| --- | --- | --- | --- |
| 1 | 北美自由贸易协定 | 美国、加拿大 | 1994 年 1 月 1 日 |
| 2 | 墨西哥-哥伦比亚自由贸易协定 | 哥伦比亚 | 2011 年 8 月 2 日 |
| 3 | 墨西哥-哥斯达黎加自由贸易协定 | 哥斯达黎加 | 1995 年 1 月 1 日 |
| 4 | 墨西哥-尼加拉瓜自由贸易协定 | 尼加拉瓜 | 1998 年 7 月 1 日 |
| 5 | 墨西哥-智利自由贸易协定 | 智利 | 1999 年 8 月 1 日 |
| 6 | 墨西哥-欧盟自由贸易协定 | 欧洲联盟 | 2000 年 7 月 1 日 |
| 7 | 墨西哥-以色列自由贸易协定 | 以色列 | 2000 年 7 月 1 日 |
| 8 | 墨西哥-北三角自由贸易协定 | 萨尔瓦多、危地马拉、洪都拉斯 | 2000 年 3 月 14 日与萨尔瓦多和危地马拉，2001 年 6 月 1 日与洪都拉斯 |
| 9 | 墨西哥-欧洲自由贸易协会自由贸易协定 | 挪威、冰岛、瑞士、卢森堡 | 2001 年 10 月 1 日 |
| 10 | 墨西哥-乌拉圭经济合作协定 | 乌拉圭 | 2004 年 7 月 15 日 |
| 11 | 墨西哥-日本自由贸易协定 | 日本 | 2005 年 4 月 1 日 |

（续）

| 序号 | 自由贸易协定 | 签订的对象国（或组织） | 实施时间 |
|---|---|---|---|
| 12 | 墨西哥-秘鲁自由贸易协定 | 秘鲁 | 2012 年 2 月 1 日 |
| 13 | 全面与进步跨太平洋伙伴关系协定 | 文莱、马来西亚、新加坡、澳大利亚、新西兰、越南等 11 国 | 2018 年 12 月 30 日正式生效 |
| 14 | 太平洋联盟自贸协定 | 哥伦比亚、智利、秘鲁 | 2015 年 7 月 20 日太平洋联盟框架协议正式生效 |
| 15 | 美加墨协定 | 美国、加拿大、墨西哥 | 2020 年 7 月 1 日正式生效 |

资料来源：中国驻墨西哥大使馆经济商务处。

表 1-3　墨西哥签署的部分优惠经济互补协定

| 序号 | ALADI 框架内的贸易协议 | 签订的对象国（或组织） | 实施时间 |
|---|---|---|---|
| 1 | 墨西哥-巴拿马部分优惠贸易协议 | 巴拿马 | 1996 年 |
| 2 | 墨西哥-阿根廷经济互补协定 | 阿根廷 | 1987 年 |
| 3 | 墨西哥-玻利维亚经济互补协定 | 玻利维亚 | 1995 年 |
| 4 | 墨西哥-厄瓜多尔部分优惠贸易协议 | 厄瓜多尔 | 1998 年 |
| 5 | 墨西哥-巴拉圭部分优惠贸易协议 | 巴拉圭 | 2000 年 |
| 6 | 墨西哥-古巴经济互补协定 | 古巴 | 2001 年 |
| 7 | 墨西哥-巴西经济互补协定 | 巴西 | 2003 年 |
| 8 | 南共市-汽车经济互补协定 | 巴西、阿根廷、乌拉圭、巴拉圭等国 | 2003 年 |
| 9 | 墨西哥-南共市经济互补协定 | 巴西、阿根廷、乌拉圭、巴拉圭、秘鲁等国 | 2006 年 |

资料来源：墨西哥经济部。

2018 年 5 月，墨西哥总统府发表官方公报，正式通过"全面与进步跨太平洋伙伴关系协定"，成为该协定 11 个成员国中首个承诺履行协定规则的国家。2020 年 4 月，墨西哥和欧盟完成了为期 4 年的谈判，达成一项新的自由贸易协定，该协定基本上免除了双方之间所有商品贸易的关税。墨西哥是欧盟在拉美地区最大的贸易伙伴，双边商品贸易额达到 660 亿欧元，服务领域的贸易额为 190 亿欧元。墨西哥经济部的数字显示，欧盟是墨西哥第三大贸易伙伴，欧盟国家在墨西哥的投资额已达到 1 800 亿美元。

## 二、对外贸易情况

据墨西哥国家统计局最新数据显示，2020 年墨西哥外贸总额为 8 008.6 亿美元，同比下降 12.6%；其中进口 3 831.9 亿美元，下降 15.8%；出口

4 176.6 亿美元，下降 9.4%；贸易顺差 344.7 亿美元。根据世贸组织统计，2020 年墨西哥对外出口额超过英国成为全球第十一大产品出口国。

## 三、贸易伙伴

墨西哥主要贸易伙伴是美国、中国、日本、德国、加拿大和韩国等。美国是墨西哥最大贸易伙伴，尽管墨西哥经济部在"2020—2024 年部门发展计划"中将"出口市场多元化"作为优先战略目标，以增加更多贸易机会、减少不确定性，但墨西哥对美国市场的依赖程度不降反增。2020 年，墨西哥 81.2% 的产品出口到美国，为 2015 年以来最高值（表 1-4）。

表 1-4　2010—2020 年墨西哥对美国产品出口情况一览表

| 年份 | 出口总金额（10 亿美元） | 占墨西哥对外出口总额之比（%） |
| --- | --- | --- |
| 2010 | 238.7 | 80.0 |
| 2011 | 274.4 | 78.5 |
| 2012 | 287.8 | 77.6 |
| 2013 | 299.4 | 78.8 |
| 2014 | 318.4 | 80.2 |
| 2015 | 308.9 | 81.2 |
| 2016 | 302.6 | 80.9 |
| 2017 | 326.9 | 79.8 |
| 2018 | 358.3 | 79.5 |
| 2019 | 370.8 | 80.5 |
| 2020 | 339.2 | 81.2 |

## 四、主要贸易产品

机电产品和运输设备是墨西哥的前两大类出口商品，主要出口到美国。机电产品也是墨西哥的主要进口商品，主要从中国和美国进口。墨西哥政府一直大力鼓励和推动农产品出口。近年来，墨西哥青柠檬、鳄梨、番石榴、芒果、柑橘、柚子、黑莓、蓝莓、树莓、绿咖啡、葡萄、辣椒、金枪鱼、小番茄等出口农产品不断增加。

## 五、吸引外资

据墨西哥经济部统计，2020 年，墨西哥共吸收外国直接投资（FDI）290.79 亿美元，与 2019 年相比下降了 11.7%。吸引外资的主要行业是制造业，主要投资国别为美国、欧盟成员国和加拿大等。

# 第二章 CHAPTER 2
# 墨西哥农业概况 ▶▶▶

========= 第一节 农业发展简要历程 =========

## 一、早期诞生了农业文明，并成为中美洲其他文明诞生的基础

墨西哥农业具有悠久的历史。据考古发掘，约在 21 000 年前，墨西哥高原谷地已有人类居住。他们从事狩猎，制作石器，还会用火。公元前 7 000 年，特瓦坎谷地有以狩猎和采集为生的居民。墨西哥塔巴科州海湾沿岸格里亚尔瓦河（Grijalva River）三角洲地区的花粉化石证实，大约公元前 5 100 年森林被砍伐，向日葵、棉花和玉米被驯化种植。

农业是中美洲文明的基础。农业不仅是谋生的手段，更被赋予了文化的象征，与墨西哥先民的生活密不可分。在农业的基础上诞生了奥尔梅克文明、玛雅文明和阿兹特克文明，奥尔梅克文明被认为是中美洲文明的始祖。古代墨西哥先民驯化并培育出玉米、豆类、番茄、南瓜、棉花、香草兰、鳄梨、可可以及各种各样的香料，开创了玉米、豆类和南瓜的传统种植模式，开发了湖滨灌溉系统、梯田以及奇南帕（chinampas）等浅水人工漂浮岛种植。这几个文明时期的主要农作物有玉米、豆类、南瓜、辣椒和番茄。

米尔帕耕作法（milpa）是中美洲特有的刀耕火种方式。通常一个米尔帕周期包括 2 年的耕种期和 8 年的休耕期。在一块耕地中，人们交替种植玉米、南瓜、菜豆、甘薯、辣椒、番茄等多种作物。其中，最为重要的还是玉米、南瓜、菜豆，玉米提供了供菜豆攀缘生长的支干，菜豆能够固氮，提高土壤肥力；南瓜宽大的叶子阻挡了阳光，有助于抑制杂草生长，保持土壤水分。这些作物相互成就，提供了平衡的营养和健康的生长环境（图 2-1）。

9

图 2-1 古书《佛罗伦萨法典》（Florentine Codex）中记载的阿兹特克人种植玉米的步骤

在这一历史时期，玉米生产引起的土壤侵蚀成为一个难以解决的问题，其造成的水土流失以及其他类型的环境退化被认为是特奥蒂瓦坎文明失落的原因。为了创造新的耕作区域，中美洲人收集降水，开发了湖滨灌溉系统、梯田以及奇南帕（图 2-2、图 2-3）。奇南帕又称浮动园地。墨西哥谷地多湖，为了增

图 2-2 1912 年的奇南帕（人工漂浮岛）和运河

加耕地面积，农民利用湖面下的水草和木桩搭建围栏，用水草和泥土填充，直至土壤露出水面，形成一块块的矩形耕地。奇南帕周围建有运河以供灌溉，远

图 2-3 奇南帕的复原图

远看去，就像是漂浮在水面上的人工岛。随着时间推移，运河边会堆积起大量泥土，通过定期清理运河，将河泥、粪便堆放在田地顶部，奇南帕能够不断补充养分，维持肥力。一块奇南帕一年最多能收获 7 次，产量非常高。特诺奇蒂特兰城的奇南帕尺寸大约为 90 米×5 米至 90 米×10 米，普通奇南帕的规模大约是 30 米×5 米。

## 二、殖民时期，地方动植物品种得到大量种植并出口

在西班牙殖民时期，许多欧洲作物被禁止或严格限制在墨西哥种植，包括橄榄、酒用葡萄和桑树，以保护西班牙农民。在这一历史时期，胭脂、靛蓝（用作染料）、可可、香草、龙舌兰（用作绳子）、棉花和烟草等大量墨西哥地方动植物品种在欧洲市场很受欢迎，因此得到大量种植和出口。这一时期，一种高质量的依赖仙人掌可以快速培育和收集红色胭脂虫的染料成为出口欧洲极其重要的产品，是仅次于白银的第二个高价出口产品。胭脂生产的劳动强度很大，需要大量土著人生产（图 2-4）。此外，甘蔗生产发展也很快，18 世纪末，甘蔗产量达到 2.5 万吨，其中 2/3 用于出口。

图 2-4　印第安人用鹿尾巴从仙人掌上收集胭脂虫（José Antonio de Alzate y Ramírez, 1977）

## 三、19 世纪初取得民族独立，墨西哥在经济发展上有了自主权，现代农业开始萌芽

这一时期仍延续了殖民时期的土地制度，封建大庄园主的利益并未受到触动，大地产主数量反而有所扩大，从 1810 年的 4 944 户增至 1854 年的 6 092 户。但政治上取得独立地位后，经济上不必服从宗主国利益需求，可以自主选择经济发展道路。19 世纪 60 年代后期开始第二次工业革命，极大推动了社会

生产力的发展，对粮食和各种工业原料需求日益增多，墨西哥在这一时期大力发展粮食和经济作物，以获取出口利益。这一时期，墨西哥现代农业开始萌芽，有些思想开化的大庄园主开始效仿西方生产方式和管理模式，但大部分庄园主仍坚持旧有的生产经营方式。

### 四、1910 年墨西哥资产阶级民主革命推动了土地改革，奠定了墨西哥现代农业发展的制度基础，墨西哥开启了现代农业发展进程

土地改革打破了少数人集中占有土地的状况，为墨西哥农业的快速发展扫除了制度上的障碍。1940 年后，政府非常重视发展农业生产力，在农田水利、道路、电力通信等基础设施方面加大投入力度，并为农业生产提供信贷资金。这一时期也是实施进口替代工业快速发展时期，农业成为工业发展重要的原料来源，同时农产品成为出口换汇支撑工业发展的重要力量。20 世纪 40—60 年代，墨西哥农业生产机械化、集约化水平有了极大提高，"绿色革命"的成功使得墨西哥成为发展中国家农业发展的典范。

### 五、20 世纪 60 年代后，墨西哥农业陷入停滞状态

这一时期墨西哥国内粮食生产不能满足人口增长的需要，高投入、高产出的商品化农业与传统落后的满足自给性消费的村社农业二者形成强烈的反差，导致粮食的稳定自给出现了问题，造成了很多社会问题，包括贫富差距、失业等。20 世纪 80 年代的债务危机使得经济状况不断恶化，农村贫困问题日益严重，农业发展处于衰退状态。

### 六、20 世纪 90 年代后，农业发展依然缓慢，墨西哥从农业净出口国转变为净进口国

20 世纪 90 年代末以前，墨西哥一直是农产品净出口国，之后农业在墨西哥国内生产总值中所占比例持续下降。农业、林业和渔业占国内生产总值的比例从 1990 年的 8％下降到 2006 年的 5.4％，同期增长率仅为 1.6％，远远落后

于其他经济。从 21 世纪开始到 2014 年，墨西哥成为农产品净进口国，其大部分产品来自美国。

## 第二节　农业资源概况

### 一、气候资源

墨西哥气候条件多样，由于多高原和山地，垂直气候特点明显，属于亚热带、热带气候。南部位于热带地区，北部位于温带地区，年平均气温为 10～26℃。28％的领土气候干旱，21％的领土严重干旱，23％的领土处于温带，21％的领土处于暖湿带。由于海拔高度相差较大，气候类型多样，沿海低地潮湿，年平均气温 24～27℃；南部高原及马德雷山区气候温和，年平均气温 15～18℃；北部内陆属大陆性气候，年平均温度为 18～22℃；还有一些地区年平均气温高于 26℃或者低于 10℃。由于墨西哥境内多为高原地形，冬无严寒，夏无酷暑。无霜期一般在 200 天以上，有些地区终年无霜，四季常青。

### 二、水资源

墨西哥北部地区降水稀少，东南部及墨西哥湾和北回归线以南的太平洋沿岸降水量最多。全年降水主要集中在 6—10 月，以暴雨为主，集中了全年降水量的 75％。墨西哥经常出现干旱气候，特别是北部地区，70％的地方气候干旱或半干旱。墨西哥干旱和半干旱地区年降水量一般为 200～500 毫米，水资源仅占全国总量的 7％，而宜农土地面积却占全国总量的 53％；湿热地区年降水量为 1 500～3 000 毫米，有的地方高达 4 000～5 000 毫米，水资源占全国总量的 64％，但宜农土地面积仅占全国总量的 11％。每年 5—11 月，还易发生热带气旋等极端天气事件，影响太平洋沿岸、墨西哥湾和加勒比沿岸，尤卡坦和金塔纳罗奥发生概率为 40％，下加利福尼亚半岛和锡那罗亚发生概率为 25％。最长的河流是布拉沃河（即格兰德河），其他河流短浅，可以发展灌溉事业。墨西哥水资源与土地资源分布不均衡，因此干旱缺水成为制约种植业发展的一个重要因素。

## 三、土地资源

墨西哥有约 1.97 亿公顷土地。其中，12.5％用于农作物生产，50％用于畜牧业生产。森林面积 6 700 万公顷，占全国土地面积的 34％。水域面积 315 万平方千米，海岸线长达 10 800 多千米。大部分地区由于干旱、多山，无法种植庄稼或用于放牧。墨西哥的地形由两个大高原（北部和南部）组成。高原和山地占全国面积的 5/6 左右，东西南三面环绕的马德雷山脉链、中间的墨西哥高原和狭窄的沿海平原，形成了墨西哥多样化的生态系统。其中大部分地区干燥，因为大部分水来自墨西哥湾，而南北山脉阻塞了大部分水的流动。尤其在北方，几乎完全干旱或半干旱。全国最潮湿的地区是墨西哥湾沿岸地区。

受制于气候和地形条件，墨西哥农业生产面积共 2 460 万公顷，其中有 25％生产面积必须灌溉。约一半土地面积即 9 800 万公顷（包括天然草地、各种灌木林、热带森林和针叶橡树林）用于放牧。自墨西哥独立以来，北部一直是最重要的牧场区，约 75％的牧场在墨西哥北部。大型庄园面积通常超过 997.09 平方千米，于 19 世纪创建并在改革中幸存下来。在北方，露天放牧方式正在被轮牧方式替代，一些自然牧场通过灌溉、播种和施肥得到加强。

墨西哥 65％的土壤是浅层的，作物产量很低。气候模式决定了墨西哥有 11 种主要土壤类型，分别在西北、加利福尼亚湾、中太平洋、北部、中心区、东北、墨西哥湾、巴尔萨斯-瓦哈卡河谷、南太平洋、东南和尤卡坦。土壤种类最多的地区是人口密度最高的中部和墨西哥湾。据估计，该地区的可耕地面积占总面积不超过 1/5。农业生产潜力大的地区分布在全国约 26％的地区，土地资源已经被严重开发。

## 四、动植物种类资源

墨西哥是世界第四大植物区系丰富的国家，有 23 314 种植物，分属于 73 个目、297 个科、2 854 个属。植物区系包括 1 039 种蕨类植物和泽兰属植物、149 种裸子植物和 22 126 种被子植物。在非岛屿国家中，其特有物种的数量占 50％，仅次于南非。

墨西哥种植有 845 种作物，很多作物是起源于墨西哥的本土植物，由于其地质、气候的差异，形成了众多的品种。虽然墨西哥北部受美国大农业的影响，生产倾向于大农业的生产方式，但墨西哥中部和南部地区，仍然保持了传统的生产方式，保留了众多的物种资源。

墨西哥是农业的摇篮之一，中美洲人在这里驯化并培育出玉米、豆类、番茄、南瓜、棉花、香草兰、鳄梨、可可以及各种各样的香料，故墨西哥有"玉米的故乡""仙人掌的国度"等美誉。当前墨西哥的主要作物包括谷物（如玉米和小麦）、热带水果和各种蔬菜。农产品出口重要性突出，咖啡、热带水果、冬季水果和蔬菜是主要出口品种。畜禽方面，西班牙殖民前时期，火鸡和番鸭是墨西哥仅有的家禽，没有大型的驯养动物，只有饲养的小型狗作为食物。在殖民初期，西班牙人引进了更多的植物和动物，主要是牛、马、驴、骡子、山羊、绵羊、鸡和猪等。

## 第三节  农业生产概况

根据最新公布统计数据，2019年墨西哥是世界第十一大农产品生产国。很多产品尤其是水果、蔬菜、畜产品、水产品等产量都位居世界前列。例如鳄梨、黑莓、柠檬产量居世界第一，辣椒、树莓、芦笋产量为世界第二，草莓、木瓜产量为世界第三，蓝莓、葡萄柚、橙子产量为世界第四，番石榴、芒果、碧根果、绿菜花和白菜花产量为世界第五，西葫芦、黄瓜产量为世界第六，番茄、生菜产量为世界第九，菠萝和西瓜产量为世界第十。在畜产品和水产品方面，墨西哥是世界第三大章鱼生产国，第四大鸡蛋生产国，第六大鸡肉和牛肉生产国，第七大虾生产国，第九大蜂蜜和罗非鱼生产国，第十大沙丁鱼生产国。

### 一、农业产值占 GDP 比例

2019年，墨西哥农业和农产品加工业产值19 485.64亿比索，占GDP的8.04%。其中，农业产值8 408.08亿比索，占GDP的3.47%。农产品加工业产值11 077.56亿比索，占GDP的4.57%。农业产值中，种植业5 371.05亿比索，占GDP的2.22%；畜牧业2 555.07亿比索，占GDP的1.05%；水产业和林业481.96亿比索，占GDP的0.20%。农产品加工业产值中，食品产值8 593.79亿比索，占GDP的3.55%；饮料和烟产值2 483.77亿比索，占GDP的1.02%。

## 二、农产品产量

墨西哥共生产 818 种农产品，其中农作物 748 种，畜产品 12 种，水产品 58 种。2019 年农业总产量为 28 767.40 万吨，其中农作物产量 26 244.17 万吨，畜产品产量 2 305.92 万吨，水产品产量 217.31 万吨（渔业捕捞产量 180 万吨，水产养殖产量 37.31 万吨）。畜产品中，鸡蛋产量 298.78 万吨，牛奶 1 264.66 万吨，牛肉产量 202.71 万吨，猪肉产量 160.04 万吨，鸡肉产量 344.76 万吨。水产品中，虾产量 23.80 万吨，金枪鱼产量 14.62 万吨，沙丁鱼产量 62.71 万吨。

## 三、农业生产结构

### 1. 农作物播种面积

2019 年，墨西哥农业用地 2 460 万公顷，农业播种面积 2 160 万公顷，收获面积 2 080 万公顷，水浇地 608 万公顷。

### 2. 主要农作物品种及产量

种植业产出是墨西哥农业最重要组成部分，占农业产出的 50%。主要农作物包括玉米、甘蔗、高粱、小麦、番茄、香蕉、辣椒、橙子、柠檬、酸橙、芒果、其他热带水果、豆类、大麦、鳄梨、蓝龙舌兰和咖啡等。玉米仍然是墨西哥最主要的农作物，最重要的饲料作物是苜蓿，其次是高粱和玉米（表 2-1）。

表 2-1 2019 年墨西哥种植的作物面积及产量

| 作物大类 | 作物 | 种植面积（万公顷） | 产量（万吨） | 产值（亿比索） |
|---|---|---|---|---|
| 粮食 | 食用玉米 | 715.76 | 2 722.82 | 1 062.46 |
| | 饲料用玉米 | 55.31 | 1 556.98 | 101.99 |
| | 食用高粱 | 136.48 | 435.58 | 144.22 |
| | 小麦 | 59.82 | 324.41 | 128.85 |
| | 水稻 | 4.11 | 24.52 | 11.15 |
| | 食用燕麦 | 4.86 | 10.07 | 4.86 |
| | 饲料用燕麦 | 7.14 | 1 048.56 | 56.98 |
| | 饲料用高粱 | 14.93 | 328.52 | 19.72 |
| | 大麦 | 36.66 | 96.41 | 42.32 |
| | 豆类 | 141.21 | 87.94 | 130.40 |
| | 籽粒苋 | 0.32 | 0.55 | 4.27 |

（续）

| 作物大类 | 作物 | 种植面积（万公顷） | 产量（万吨） | 产值（亿比索） |
|---|---|---|---|---|
| 棉花 | 棉花 | 20.79 | 91.70 | 108.54 |
| 糖料 | 甘蔗 | 85.61 | 5 889.43 | 458.99 |
| 油料 | 大豆 | 15.46 | 23.27 | 15.95 |
| | 芝麻 | 8.36 | 5.78 | 11.16 |
| 水果 | 鳄梨 | 23.43 | 230.09 | 494.81 |
| | 橙子 | 34.26 | 473.67 | 94.61 |
| | 芒果 | 20.61 | 208.90 | 91.08 |
| | 香蕉 | 8.05 | 239.95 | 88.18 |
| | 苹果 | 5.74 | 76.15 | 84.01 |
| | 木瓜 | 1.99 | 108.31 | 63.18 |
| | 梨 | 0.37 | 2.60 | 1.06 |
| | 草莓 | 1.68 | 86.13 | 205.84 |
| | 黑莓 | 1.32 | 29.80 | 130.68 |
| | 葡萄 | 3.70 | 48.91 | 113.15 |
| | 西瓜 | 4.01 | 134.57 | 49.29 |
| | 覆盆子 | 0.73 | 12.88 | 51.54 |
| | 菠萝 | 4.42 | 104.12 | 46.62 |
| | 柠檬 | 20.46 | 266.10 | 172.56 |
| | 甜瓜 | 2.00 | 62.71 | 30.56 |
| | 蓝莓 | 0.49 | 4.90 | 27.14 |
| | 椰子 | 12.93 | 23.65 | 20.19 |
| | 番石榴 | 2.30 | 30.76 | 18.27 |
| | 桃 | 2.85 | 15.89 | 16.73 |
| | 葡萄柚 | 2.09 | 48.88 | 16.67 |
| | 碧根果 | 14.16 | 17.14 | 125.78 |
| 蔬菜 | 绿辣椒 | 15.28 | 323.82 | 327.62 |
| | 番茄 | 4.74 | 344.16 | 298.74 |
| | 马铃薯 | 5.97 | 178.39 | 139.87 |
| | 洋葱 | 4.81 | 148.71 | 118.94 |
| | 芦笋 | 3.44 | 27.22 | 104.36 |
| | 黄瓜 | 1.62 | 82.65 | 54.96 |
| | 绿番茄 | 4.25 | 83.03 | 43.52 |
| | 绿菜花 | 3.45 | 61.44 | 37.11 |
| | 西葫芦 | 2.70 | 54.79 | 32.26 |

（续）

| 作物大类 | 作物 | 种植面积（万公顷） | 产量（万吨） | 产值（亿比索） |
|---|---|---|---|---|
| 蔬菜 | 鹰嘴豆 | 9.58 | 20.28 | 24.69 |
| | 白菜花 | 0.43 | 10.30 | 4.91 |
| | 茄子 | 0.23 | 18.52 | 15.94 |
| | 仙人掌 | 1.28 | 89.18 | 24.25 |
| | 生菜 | 2.08 | 51.56 | 20.82 |
| 粗饲料 | 苜蓿 | 38.90 | 3 470.58 | 200.45 |
| 其他经济作物 | 月季花 | 0.17 | 895.55* | 20.43 |
| | 非洲菊 | 0.01 | 138.30* | 4.60 |
| | 红花 | 2.95 | 5.17 | 3.60 |
| | 可可 | 5.96 | 2.85 | 10.94 |
| | 烟叶 | 0.68 | 1.70 | 6.66 |
| | 龙舌兰 | 12.09 | 178.71 | 304.58 |
| | 咖啡 | 71.04 | 90.02 | 47.26 |

注：*表示单位万罗。

### 3. 主要畜牧业品种及产量

2019年，墨西哥饲养鸡5.81亿羽，牛0.352亿头，猪0.184亿头，山羊879万只，绵羊871万只，蜜蜂216万群。畜牧业占农业产出的30%，主要产品包括牛奶、禽肉、鸡蛋和牛肉等。

反刍动物饲养以牛为主，牛占反刍动物总产值的95%，主要分布在北部（30%）、中部（26%）和南部（44%）。肉牛饲养方面，墨西哥北部主要饲养欧洲肉用牛品种，如赫里福德（Hereford）、安格斯（Angus）和查洛莱（Charolais），墨西哥中部主要饲养本地品种克里奥尔（Criollo，西班牙牛与本地牛的杂交后代），南方主要饲养泽布（Zebu）。奶牛饲养方面，品种主要是荷斯坦（Holstein）和克里奥尔，主要分布在北部（42%）、中部（48%）和南部（10%）。自20世纪90年代以来，牛的饲养特别是奶牛的饲养主要在墨西哥中部和北部得到发展，取代了其他类型的农业生产。

山羊是第二大反刍动物，主要分布在北部（20%）、中部（58%）和南部（22%）。山羊品种以克里奥尔为主，是引进的西班牙山羊努比亚（Nubian）、阿尔贝诺（Alpino）和萨宁（Saanen）与当地羊的杂交后代。75%的奶山羊饲养在科阿韦拉州、杜兰戈州和瓜纳华托州。其次是绵羊，主要饲养在北部（16%）、中部（60%）、南部（24%）。克里奥洛和朗布依埃（Rambouillet）

是北方的主导品种，萨福克（Suffolk）和汉普郡（Hampshire）品种自 20 世纪 70 年代被引入以来在墨西哥中部一直占据主导地位。在墨西哥南部热带地区，如佩利布伊（Pelibuey）、黑腹（Black-belly）和卡特丁（Katahdin）品种逐渐占据主导地位。

由于天然牧场不足以支撑现代商业化牲畜生产所需要的资源条件，因此动物饲料需要种植，或者通过人为提升天然牧场的产量，以满足畜牧业生产需求。20 世纪 90 年代，饲料作物产量有所增加，天然牧场饲料在政府鼓励下在墨西哥中部和北部有所增加。在很多地区，饲料作物（如高粱）种植的增加，使得种植供人类食用玉米的土地面积在缩小。

## 四、农业基础设施建设情况

墨西哥约有 3 000 个农业仓库，其中 2 057 个是国家的地窖式存储库。塔毛利帕斯州的仓库存储量为 4 869 715 吨，锡那罗亚州的仓库存储量为 3 112 072 吨，齐瓦瓦州的仓库存储量为 2 735 006 吨。墨西哥有 1 175 个屠宰场，90 个大型食品批发点，66 个渔港，26 914 千米铁路，398 148 千米道路和 3 588 座农业灌溉大坝，其中有 1 888 座为农业灌溉大坝。墨西哥有 144 个冷库，容量有 506 255 吨。其中 53％的冷库是传统型的，其余 47％的冷库是可以控制温度的。

## 五、农业生产区域分布

哈利斯科州是农业第一大州，其产量和产值占比分别为 15.1％和 14.6％，均居于各州首位。韦拉克鲁斯州是产量第二大州和产值第三大州。瓦哈卡州是产量第三大州，产值却排在第十四位。齐瓦瓦州是产量第四大州，产值第六大州。米却肯州产量虽然是第六大州，但是产值却是第二大州。特拉斯卡拉州、南下加利福尼亚州和金塔纳罗奥州 3 个州是农业产量和产值均较低的州。墨西哥城农业产量和产值最低（表 2-2）。

墨西哥中部是玉米集中产区，产量占比约为 60％。西北部是墨西哥粮食生产中心，小麦是该区域最重要的作物。西北地区的其他重要作物还有番茄、生菜、油菜等冬季蔬菜。墨西哥的传统粮食生产地区是巴吉奥地区（Bajío）。

该地区仍在生产小麦、玉米、蔬菜、花生、草莓和豆类，大部分是少量种植。葡萄主要种植在下加利福尼亚州、科阿韦拉州和克雷塔罗州。墨西哥生产两种特有作物，一种是用来生产强纤维的龙舌兰（henequen），另一种是马奎伊（Maguey），两者都属于龙舌兰家族。马奎伊多用来制作龙舌兰酒（pulque）和梅兹卡尔酒（mezcal）。龙舌兰酒是由指定区域（大部分属于哈利斯科州）的蓝色龙舌兰制成的一种梅兹卡尔酒。

表 2-2　2019 年墨西哥各州的农业产量和产值情况

| 区域 | 州名 | 产量 | | | 产值 | | |
|---|---|---|---|---|---|---|---|
| | | 产量（吨） | 占比（%） | 排名 | 产值（亿比索） | 占比（%） | 排名 |
| 东北部 | 齐瓦瓦州 | 1 807 521 | 0.66 | 4 | 626.28 | 5.21 | 6 |
| | 科阿韦拉州 | 7 121 557 | 2.62 | 17 | 253.77 | 2.11 | 15 |
| | 杜兰戈州 | 9 612 715 | 3.54 | 12 | 344.09 | 2.86 | 11 |
| | 新莱昂州 | 3 393 344 | 1.25 | 25 | 159.32 | 1.32 | 24 |
| | 塔毛利帕斯州 | 10 468 196 | 3.85 | 9 | 244.46 | 2.03 | 18 |
| | 萨卡特卡斯州 | 7 384 832 | 2.72 | 16 | 247.97 | 2.06 | 17 |
| 东北部合计 | | 39 788 165 | 14.64 | | 1 875.89 | 15.59 | |
| 南部西南部 | 坎佩切州 | 2 513 118 | 0.92 | 28 | 107.47 | 0.89 | 28 |
| | 恰帕斯州 | 9 635 984 | 3.55 | 11 | 370.73 | 3.08 | 10 |
| | 瓦哈卡州 | 19 632 440 | 7.23 | 3 | 276.62 | 2.30 | 14 |
| | 金塔纳罗奥州 | 2 187 682 | 0.81 | 29 | 42.04 | 0.35 | 31 |
| | 塔巴斯科州 | 4 016 311 | 1.48 | 22 | 155.16 | 1.29 | 25 |
| | 韦拉克鲁斯州 | 31 799 740 | 11.70 | 2 | 898.76 | 7.47 | 3 |
| | 尤卡坦州 | 6 149 198 | 2.26 | 18 | 250.31 | 2.08 | 16 |
| 南部西南部合计 | | 75 934 473 | 27.95 | | 2 101.09 | 17.46 | |
| 西北部 | 下加利福尼亚州 | 4 926 542 | 1.81 | 21 | 315.95 | 2.63 | 13 |
| | 南下加利福尼亚州 | 1 616 226 | 0.59 | 30 | 102.13 | 0.85 | 29 |
| | 纳亚里特州 | 5 897 903 | 2.17 | 19 | 180.69 | 1.50 | 22 |
| | 锡那罗亚州 | 13 362 083 | 4.92 | 5 | 857.83 | 7.13 | 4 |
| | 索诺拉州 | 9 972 296 | 3.68 | 10 | 780.35 | 6.49 | 5 |
| 西北部合计 | | 35 775 050 | 13.17 | | 2 236.95 | 18.60 | |
| 中部 | 墨西哥城 | 398 989 | 0.14 | 32 | 18.92 | 0.16 | 32 |
| | 格雷罗州 | 5 871 885 | 2.16 | 20 | 220.43 | 1.83 | 21 |
| | 伊达尔哥州 | 7 615 896 | 2.80 | 14 | 176.86 | 1.47 | 23 |

（续）

| 区域 | 州名 | 产量 | | | 产值 | | |
|---|---|---|---|---|---|---|---|
| | | 产量（吨） | 占比（%） | 排名 | 产值（亿比索） | 占比（%） | 排名 |
| 中部 | 墨西哥州 | 7 471 427 | 2.75 | 15 | 374.25 | 3.11 | 9 |
| | 莫雷洛斯州 | 3 806 498 | 1.40 | 23 | 115.36 | 0.96 | 26 |
| | 普埃布拉州 | 8 639 090 | 3.18 | 13 | 487.19 | 4.05 | 8 |
| | 特拉斯卡拉州 | 1 540 298 | 0.57 | 31 | 55.30 | 0.46 | 30 |
| 中部合计 | | 35 344 083 | 13.00 | | 1 448.31 | 12.04 | |
| 中西部 | 阿瓜斯卡连特斯州 | 3 339 757 | 1.23 | 26 | 227.10 | 1.89 | 20 |
| | 科利马州 | 3 719 730 | 1.37 | 24 | 111.57 | 0.93 | 27 |
| | 瓜纳华托州 | 11 212 491 | 4.13 | 7 | 588.53 | 4.89 | 7 |
| | 哈利斯科州 | 41 065 323 | 15.11 | 1 | 1 759.89 | 14.63 | 1 |
| | 米却肯州 | 12 080 214 | 4.44 | 6 | 1 115.60 | 9.27 | 2 |
| | 克雷塔罗州 | 2 908 363 | 1.07 | 27 | 229.24 | 1.91 | 19 |
| | 圣路易斯波托西州 | 10 560 388 | 3.89 | 8 | 335.75 | 2.79 | 12 |
| 中西部合计 | | 84 886 266 | 31.24 | | 4 367.68 | 36.31 | |
| 合计 | | 271 728 037 | 100.00 | | 12 029.92 | 100.00 | |

## 六、从业人员

墨西哥从事农业及农业加工业的人口有 790 万人，占全部从业人员的 14.2%。其中，第一产业 690 万人，农业加工业 100 万人，占从业人员比例分别为 12.4% 和 1.8%。农业产业从业人员中，11.9% 受雇于国家。从性别比例看，88.3% 为男性，11.7% 为女性。女性中 78.7% 从事种植业，17.8% 从事畜牧业，1.4% 从事渔业。从年龄结构看，18~30 岁占 2.0%，31~40 岁占 8.1%，41~60 岁占 44.1%，60 岁以上占 45.8%。

## 七、农业大型企业

墨西哥重要的农业综合企业包括马塞卡集团（Grupo Maseca）和脉冲星国际（Pulsar International）。马塞卡集团总部设在蒙特雷市，在墨西哥拥有现代化的玉米粉生产线，是美国最大的玉米粉生产供应商。脉冲星国际在蒙特雷市有许多高科技农业综合企业，包括萨维亚（Savia）。该公司在 123 个国家和地区开展业务。一些美国农业综合企业在墨西哥有大量投资，包括坎贝尔汤（Campbell Soup）、通用磨坊（General Mills）、拉斯顿·普丽娜（Ralston Purina）和朝圣者的骄傲（Pilgrim's Pride）。朝圣者的骄傲是墨西哥第二大家禽生产商。

## 第四节　有机食品生产

据《有机农业世界》报告显示，2019 年墨西哥在国际有机生产大国中排名第十三位，有 21 万名有机生产者，1 966 274 公顷有机生产田，在咖啡、蜂蜜、蔬菜、柑橘以及热带和亚热带水果有机生产中居主导地位。2020 年墨西哥宣布，超过 4.6 万个生产商（主要是中小型生产商）生产了约 1 600 种动植物来源的有机产品，其中 1 170 种为加工食品并获得了农业部认证；32 个州共有 331 466 公顷获得有机食品生产认证。

### 一、有机食品生产

2017 年墨西哥有 1 125 937 公顷有机生产土地，其中 162 386 公顷经过有机认证，11 380 公顷为转换土地，952 171 公顷为野生收获土地。经过认证的有机生产者有 27 749 人。墨西哥可以生产 45 种有机食品，包括 44 226 公顷咖啡、10 805 公顷红花、9 804 公顷鳄梨、9 291 公顷玉米和 7 541 公顷龙舌兰等。

表 2-3 显示，墨西哥有机农产品生产面积最大的产品是咖啡，有 4.4 万多公顷，其次是红花，超过 1 万公顷。有机鳄梨和有机玉米栽种面积各有近 1 万亩。

表 2-3　2017 年墨西哥主要有机农产品栽种面积

| 名称 | 面积（公顷） | 名称 | 面积（公顷） |
| --- | --- | --- | --- |
| 咖啡 | 44 226 | 芝麻 | 5 313 |
| 红花 | 10 805 | 脐橙 | 3 989 |
| 鳄梨 | 9 804 | 高粱 | 3 444 |
| 玉米 | 9 291 | 豆类 | 2 965 |
| 龙舌兰 | 7 541 | 达米阿那 | 2 241 |
| 牧草 | 7 491 | 奇亚籽 | 1 773 |
| 芒果 | 7 394 | 番茄 | 1 713 |

表 2-4 显示了墨西哥有机畜产品产量和其主要生产州。2017 年墨西哥有机畜产品主要包括肉类、禽类、牛奶、蜂蜜和鸡蛋，其中肉类产量超过 1.4 万吨，主要生产州是新莱昂州等。

表 2-4　2017 年墨西哥主要有机畜产品产量及生产情况

| 名称 | 产量（吨） | 主要生产州 |
| --- | --- | --- |
| 肉类 | 14 106 | 新莱昂州、科阿韦拉州、瓜纳华托州、索诺拉州 |
| 禽类 | 937 | 墨西哥州、莫雷洛斯州、锡那罗亚州、尤卡坦州 |
| 牛奶 | 22 000 | 哈利斯科州、瓜纳华托州 |
| 蜂蜜 | 5 912 | 恰帕斯州、瓦哈卡州、尤卡坦州、莫雷洛斯州、坎佩切州、格雷罗州 |
| 鸡蛋 | 174 | 哈利斯科州、墨西哥州、莫雷洛斯州、新莱昂州 |

墨西哥是国际有机咖啡的主要生产国，有机咖啡出口到全球 40 个国家和地区。有机咖啡的生产主要在恰帕斯州和瓦哈卡州，这两个州有机咖啡的种植面积超过 3 万公顷，每年有机咖啡出口量超过 2.8 万吨，主要出口欧洲。1985 年，墨西哥第一批有机咖啡就是由瓦哈卡州一家农业合作社生产并出口欧洲。瓦哈卡州一直是有机咖啡的主要生产州。2012 年前，恰帕斯州、瓦哈卡州、韦拉克鲁斯州和普埃布拉州出口 35 万袋咖啡（60 千克/袋），合计 2.1 万吨。2012 年后，有机咖啡出口量增至 47.4 万袋（60 千克/袋），合计 2.84 万吨。

## 二、有机食品进出口

据墨西哥农业食品和渔业信息中心 2020 年统计，墨西哥已成为世界第四大有机食品生产国，其生产的有机食品 85% 出口国际市场，其出口市场主要有美国、德国、法国、英国、加拿大、意大利、瑞士和日本。2015—2017 年，墨西哥有机食品在美国的市场销售增长了 96.8%，从 2015 年的 1.415 亿美元增至 2017 年的 2.785 亿美元。

表 2-5 显示，2015—2017 年，墨西哥有机农产品出口额不断增加，出口农产品中鳄梨所占份额最大，在有机农产品总出口额中的占比从 2015 年的 30% 增至 2016 年的 41.8% 和 2017 年的 47.1%。与此同时，墨西哥有机农产品进口额不断减少。有机苹果是墨西哥主要进口的农产品，在有机农产品进口额中比例超过 35%，2017 年有机苹果在有机农产品进口额中的比例增至 41.5%。

表 2-5　墨西哥有机农产品进出口情况

| 类型 | 名称 | 2015 年 | 2016 年 | 2017 年 |
|---|---|---|---|---|
| 出口额<br>（百万美元） | 鳄梨 | 43.1 | 71.9 | 131.3 |
| | 咖啡 | 38.9 | 37.3 | 38.7 |
| | 辣椒 | 18.0 | 26.7 | 30.5 |
| | 香蕉 | 21.4 | 21.2 | 43.5 |
| | 芒果 | 19.2 | 9.4 | 15.3 |
| | 其他 | 0.9 | 5.6 | 19.2 |
| | 合计 | 141.5 | 172.1 | 278.5 |
| 进口额<br>（百万美元） | 苹果 | 60.1 | 48.6 | 55.3 |
| | 葡萄 | 27.1 | 23.0 | 10.6 |
| | 梨 | 10.6 | 9.2 | 14.9 |
| | 咖啡 | 12.9 | 13.5 | 11.3 |
| | 洋葱 | 11.2 | 11.1 | 5.5 |
| | 其他 | 32.5 | 32.5 | 35.7 |
| | 合计 | 154.4 | 137.9 | 133.3 |

## 三、墨西哥有机食品法律

墨西哥有 21 个有机产品认证机构。经农业部门认证的有机产品必须符合《有机产品法》和《有机生产准则协议》。这些法律规定了生产的所有环境必须符合相关规定，包括生产者使用的投入物（包括种子来源）、土壤管理、营养、病虫害防治、收获、加工和销售等环节。经过认证的有机食品会贴上有机标签。

为了促进小生产商参与有机食品生产，农业部门提供了参与式有机认证体系（SCOP），通过该体系，生产商可以根据该认证在当地市场销售产品。

墨西哥是继阿根廷和厄瓜多尔之后，在美洲有机农业委员会（CIAO）中制定有机水产养殖法规的第三个国家。2020 年 6 月墨西哥更新并发布了《农业活动有机运作准则》，修改了 2013 年发布的各项法律条款，建立了诸如墨西哥蜂蜜和水产养殖生产等生产体系中所缺乏的标准，该准则直接惠及了约 4.6 万家有机生产商，主要是中小型企业。

# 第三章 CHAPTER 3
# 墨西哥农业制度的历史变迁 ▶▶▶

## 第一节　土地制度历史变迁

### 一、村社土地制度起源及早期命运

墨西哥村社制度在殖民征服以前的阿兹克人中便以"卡尔普伊"制的形式得到发展，并成为当时土地占有的主要形式。墨西哥村社土地制度实际就是土地公有制。该制度的核心内容是土地集体所有、家庭分户经营或社员合作经营。墨西哥颁布的《村社法》（1922 年）和《土地法典》（1934 年）规定，村社土地禁止出卖、抵押或租赁，分配给村社社员的土地只有永久使用权，没有所有权。这种制度既非资本主义土地私有制，也非国有农场制，来源于古代阿兹克人的"卡尔普伊"制度。

西班牙殖民统治时期，并没有废除墨西哥村社制度，只是在此基础上进行了改革，使其适应宗主国制度。在殖民统治的最后 10 年中，仍有 40％的墨西哥人生活在村社中。19 世纪初的独立运动墨西哥摆脱了西班牙殖民统治，但并未根本改变国家社会经济结构。1856 年《莱多法》和 1857 年《宪法》，规定"不论社会或宗教团体，一律不得持有任何财产"，这些法律将印第安人村社的土地归类到"团体占有土地"的范畴，所以也属于需要加以禁止的。这些法律为后来土地依"法"被剥夺奠定了基础。

1883 年 12 月，波菲利奥·迪亚斯政府颁布《垦荒法》，授权行政当局勘定和丈量荒地，以此名义大肆侵占印第安村社的土地。1894 年 3 月，迪亚斯政府又颁布《开拓法》，规定任何墨西哥公民都有权持有除国有土地以外的任何土地，数量不限。该法还取消了胡亚雷斯改革时期"不在公有地上定居就不能取得该项土地"的禁令，这一禁令进一步方便了掠夺印第安村社土地。1910年，墨西哥占总人口1％的大庄园主拥有占全国97％的土地，而印第安村社仅占不到1％的土地。这一时期，村社土地制度几乎退出了墨西哥历史舞台。

## 二、重新确立村社土地制度

1910—1917年墨西哥进行了资产阶级民主革命，推动墨西哥村社土地制度重返历史舞台。1915年1月6日，卡兰萨政府颁布了《土地法》。该法废除了根据1856年法律而侵占的印第安村社土地的法律效力，并规定需要土地的村社有资格获得从邻近大地产中征收的土地。该法令是墨西哥农民斗争的结果。但后来随着保守派势力不断增强，开始更多地考虑土地改革的自身利益和强调私人小地产制的重要性。1917年，墨西哥《宪法》第27条规定："国家领土范围内土地与水流之所有权本属国家，国家曾有权力，并正行使权力，将土地与水流之所有权转移私人，因而构成私产""国家在任何时候均有权力对私产加以限制，以利公益之需要……，为此，应采取必要措施以分散大地产，发展小地产持有制。"该法由于是各利益方妥协的结果，并没有从根本上推动土地改革。

在广大农民的强烈推动下，奥夫雷贡政府于1922颁布了《村社法》，该法规定了村社土地来源、土地规模、获取资格等，标志着村社制度开始重建。1934年3月22日，卡列斯政府批准通过了《土地法典》。该法简化了土地分配程序、明确了土地分配权力及土地限额。该法的颁布为卡德纳斯政府的土地改革奠定了法律基础。1934年，卡德纳斯就任墨西哥总统，采取了一系列有力措施促进村社的发展，确立了村社土地制度在墨西哥土地制度中的"支柱"地位。根据《土地法典》规定，开展土地征收和分配。1940年，墨西哥村社耕地面积占全国耕地面积的47.7％。同时，卡德纳斯政府配合土地制度改革采取了一系列支持村社发展的措施，包括取消外国人租让合同，利用这些土地建立村社；1935年成立国家村社信贷银行，向村社提供贷款；为村社建立技术服务体系和购买机械的优惠贷款。这些措施的实施使得当时村社农业生产率超过了私人农庄。

### 三、村社土地制度发展和改革

在卡德纳斯执政后期，墨西哥政府土地改革重点转向保护私人小地产制度。1940 年，墨西哥政府又颁布一部新的《土地法典》，在 1934 年法典基础上补充了保护私人土地所有权的条款，奠定了土地改革的法律基础。这一时期，墨西哥土地分配倾向于保留和扩大私人地产，分配给村社会员的面积有限。村社农业发展长期处于停滞状态，村社拥有的耕地面积特别是水浇地面积比重呈直线下降趋势，村社的生产率和生产能力也相对落后。村社本身的发展也偏离了当时设想的方向，村社内部的土地有租佃、出租、自耕、雇佣散工、包工等多种形式。有些村社的社员转移到城市造成村社劳动力急剧减少。外部资本通过租地等方式也不断介入村社土地经营，建立起了资本主义生产关系，村社社会生产关系不断分化，逐渐削弱其在国家土地制度中的地位。

### 四、土地制度的自由化改革

20 世纪 80 年代，墨西哥陷入严重经济危机，开始了经济调整和贸易自由化改革。随着改革的深入，村社部门对国民经济发展的制约日益突出，村社土地制度改革成为大势所趋。"巴克里阿斯"计划为村社"自由化"改革拉开了序幕。"巴克里阿斯"计划引进了股份制生产关系，引入了私人财团投资，加上政府资助，将村社的小生产方式转变为现代化商品化大生产，也大大提高了村社社员的收入。1991 年 11 月，墨西哥政府提出了宪法第 27 条修正案，并获得议会通过。第二年，以该宪法修正案为立法基础的新《土地法》正式生效。主要内容包括宣布结束土地分配；废除村社土地不得出售、租赁或抵押的禁令，村社社员可拥有土地所有权，或出售、租赁或抵押；允许外部公司或社会团体购买村社土地或合股拥有或使用土地，但强调了要限制规模；允许外资购买农用地或与墨西哥村社农民或村社社员建立合营企业，但规定股份上限为49％。这就意味着墨西哥私人小地产制与村社制度并存的结束，村社土地制度从此退出历史舞台。

墨西哥土地制度的自由化改革使得农业生产渐趋市场化。但对于无地农民的压力一直存在，也成为墨西哥经济、社会不稳定的重要因素。1994 年爆发的恰帕斯州印第安人暴动就说明了这一点。

<h2 style="text-align:center">第二节　农业支持政策</h2>

早在 20 世纪 30 年代，墨西哥政府就开始对农业采取价格支持和补贴等干预措施，经过多年的调整、改革与发展，目前已经形成了以直接补贴为主的政策框架。

## 一、墨西哥农业政策的发展历程

### 1. 第一阶段，以价格支持为主导的农业政策框架

20 世纪 30—80 年代初，墨西哥政府对玉米、小麦、大麦、大豆、大米、高粱、棉花等制定国家保护价格，并通过大幅提高保护价格刺激农民生产，如玉米保护价格由 1976 年的 1 900 比索/吨提高到 1980 年的 4 450 比索/吨。国家综合供应公司（CONASUPO）还以固定价格收购一定数量的玉米和豆类，每年约 30％的玉米由国家综合供应公司收购。

政府对农业投入品、信贷、保险等进行补贴。如全国种子公司以优惠30％的价格向农民提供高产优质良种。截至 1981 年底，农牧业的投资、信贷总额已达 2 050 亿比索。1981 年对 15.3 万公顷土地实施保险计划，在遭遇自然灾害减产或绝收情况下由政府补偿农民损失。

### 2. 第二阶段，由价格支持向直接补贴转型

20 世纪 80 年代初，受制于债务危机，墨西哥被迫开始农业政策改革。1989 年以后，政府取消了对 12 种主要农产品的保护价格政策，除玉米和豆类外，放开了对其他农牧业产品价格的限制，以发挥国内市场调节作用。中止国家综合供应公司对小麦、玉米等的采购、进口、定价和分配职能，放开市场促进私营企业竞争，并组建农业市场委员会对农业生产者实施补贴和支持。

随着墨西哥农业市场化改革的深入推进，尤其是加入北美自由贸易协定后，墨西哥政府试图通过农业技术以提升农业国际竞争力。为此制定的农业发展计划包括直接支持（PROCAMPO）和乡村联盟计划（ALLANZA）（2008年更名为生产性资产购置）。这两项补贴计划约占农业支持总额的 50％。其他重要支持项目包括渔业发展，竞争力支持，社会组织支持，水使用权，农业综

合支持（PIASRE），农村金融体系，可持续牲畜生产计划和农畜产品订购（PROGAN），极端天气援助，研究和教育，以及营运支出项目等。

直接支持项目创建于1993年。该项目向符合支持条件的区域生产者提供直接支持。该计划就是针对北美自由贸易协定的实施制定执行的，一个目标是提高农业部门竞争力，另一个目标是支持小规模的大宗粮食生产者，提升他们的家庭收入，这些小生产者生产粮食主要用于满足自身消费。大约80%受益于该计划的农业生产者经营规模为5公顷或以下。作为取消农作物保护价格的补偿，该计划采用直接转账的形式向谷物和油料生产者（占墨西哥农民总数的90%）提供支持。补贴对象是小麦、玉米、高粱、大麦、大米、棉花、豆类、大豆和红花。该计划原定实施期限为15年，至2008年结束，后延长至2012年，并提高了补贴率、补贴面积和单个农民最高受益额度。

乡村联盟计划（ALLANZA）创建于1996年，旨在帮助农业部门从1994—1995年金融危机中复苏和发展。主要针对5～20公顷的商业种植户，包括推广现代农业设备和技术、有效利用土地和水资源、强化自然保护等项目。主要目标是为农民提供资金支持，提高农业生产率、农产品竞争力、改善贸易平衡，提高生产者收入、确保粮食安全等。所有注册农民都有资格参加该计划，主要受益者是农场主和牧场主。该项目由于在实施过程中存在分配不合理及效率较低等问题，对于低收入群体惠及程度较弱。

**3. 第三阶段，初步建立以直接补贴为主导的农业政策体系**

2001年以来，墨西哥陆续出台一系列新的农业支持政策，如价格对冲项目（Price Hedging Program）、农业环境项目（PROGAN）。价格对冲项目与订单农业项目挂钩，主要为农户和购买者提供按美元计算的稳定价格合同，以及获取丰收时节期权价格上涨的收益机会。该项目适用产品有棉花、咖啡、红花、大豆、玉米、高粱、小麦、牛肉、猪肉和桃，政府支出由2005年的4.2亿比索迅速增加至2011年的76.6亿比索。

农业投入品补贴是墨西哥农业政策的重要组成部分，政府对农用能源、农业保险等进行补贴。墨西哥政府分别于2001年和2003年启动农业能源计划，对农业用电和农用柴油进行补贴。其中，农业用电补贴由32.4亿比索增加至2011年的80.7亿比索，农用柴油补贴由12.1亿比索增加到2013年的17.1亿比索。

墨西哥农业保险涉及种植业保险、畜牧业保险、农业生产设备保险和农民人身保险，其中前两者与农业信贷项目结合，只有参与农业保险才能获取政府信贷支持。政府对墨西哥农业保险公司给予免税，财政还提供 25％的公司费用支持；对经营农业保险的商业性保险公司则提供 30％的保费补贴。2008—2011 年，墨西哥平均每年农业保险补贴额为 9.6 亿比索，较 1998—2007 年每年约 4.5 亿比索，增长 1 倍多。

## 二、2019—2020 年农业政策

2019—2020 年，为推动农业发展，墨西哥政府在农业政策法规方面做了大量工作。

### （一）制定农业相关法规、标准和计划，推进农业发展

2020 年 4 月，墨西哥总统签署了促进和保护本地玉米的联邦法律。

2020 年 5 月，公布了"蜂蜜生产和规定"国家标准，确定了蜂蜜生产和销售必须满足的条件，目的是促进全国养蜂业的发展，提高蜂蜜的竞争力。

2020 年 6 月，批准《2020—2024 年农业和农村发展部门计划》，确定了未来几年农业领域公共政策的主线是通过增加农业和渔业的产量和生产力实现粮食自给自足；优先关注农村人口福祉、可持续生产以及应对农业气候风险等。

### （二）推出多个农业发展项目

除继续执行原有的农业项目，对农民实行直接补贴外，2019 年墨西哥农业先后启动了 13 个项目推动农业生产。2020 年启动 7 个项目，其中 3 月启动"墨西哥的财富：捍卫豆类的消费"项目，该项目由农业部、福利部、经济部、环境部、教育部等共同组织，以提高农业生产和粮食自给自足，通过保证基本价格来达到减少进口的目的。同月，农业部发布了《关于促进农业、畜牧业、渔业和水产养殖计划运作规则的协定》，加强农产品、畜产品以及水产品生产。在格雷罗州、科利马州和锡那罗亚州三地实施"水产生产改良计划"，以提高罗非鱼产量。4 月，发布了 2020 年度《渔业捕捞者和水产养殖者福利计划》和 2020 年度《保证价格计划操作规则》，前者旨在推动渔业生产，后者是向中型玉米生产者提供价格保证，以稳定玉米生产。

（三）推出年轻人培训计划，支持年轻人从事农业

2020 年，农业部与劳动和社会福利部（SPTS）达成协议，从劳动和社会福利部的"青年共建未来（JCF）"计划中选出 8 363 名奖学金获得者，参与农业部的福祉生产优先技术计划（PPB）。这些奖学金获得者来自格雷罗州、恰帕斯州、瓦哈卡州和伊达尔哥州等 11 个州的土著社区，参加 22 个模块的学习，学习包括土壤健康诊断、生物投入物的准备和应用、微生物的利用、生产堆肥、有害生物的检测和缓解、玉米种子的播种和收获后的处理等内容。这些年轻人平均年龄为 22 岁，其中大多数受过初等和中等教育，居住在 230 个农村；其中 82% 是土著，65% 是妇女。

（四）2019 和 2020 年农业预算在 600 亿比索以上

2019 年墨西哥农业预算为 654 亿比索，其中直接补贴项目有福利生产计划、基本食品的价格保证计划、畜牧业发展计划、肥料计划、联邦机构资助计划、社会可持续农业市场计划等。2020 年农业预算为 610 亿比索，直接补贴项目主要包括福利生产计划，价格保障计划，农业食品健康和无害计划，农村供应计划，牛奶供应计划，肥料计划，农业部农业、畜牧、渔业和水产养殖促进计划等。除农业食品健康和无害计划外，其他计划均为直接补贴计划。

## 三、农业政策的执行效果

总体而言，墨西哥直接补贴的农业政策对于推动农业的发展起到了一定的积极作用。2012—2017 年墨西哥农业发展较快，农业 GDP 平均每年增长 3%，高于国民经济年增长率（2.5%）。表 3 - 1 显示，2017 年墨西哥农业产量比 2012 年增加 3 040 万吨，增长 11.9%，产值增加 1 274 亿比索，比 2012 年增长 17.5%。其中，种植业产量增加最多，达 2 800 万吨；水产业产量和产值增加比例最大，分别增加 23.5% 和 37.8%。2018 年农业产量和产值均达到最高纪录。

但同时，墨西哥玉米、食糖、牛奶、豆类、牛肉等农产品价格被高度保护起来，自由市场功能被取代，农业政策的改革与调整异常艰难。且随着时间的

推移，价格支持措施的作用明显减弱。

表 3-1  2012 年、2017—2019 年墨西哥农业产量和产值对照表

| 年份 | 农产品产量（亿吨） | 农产品产值（亿比索） | 畜产品产量（百万吨） | 畜产品产值（亿比索） | 水产品产量（万吨） | 水产品产值（亿比索） | 农业总产量（亿吨） | 农业总产值（亿比索） |
|---|---|---|---|---|---|---|---|---|
| 2012 | 2.35 | 3 867.29 | 19.10 | 3 178.09 | 170 | 216.40 | 2.558 | 7 261.78 |
| 2017 | 2.63 | 4 683.19 | 21.10 | 3 555.32 | 210 | 298.14 | 2.862 | 8 536.65 |
| 2018 | 2.63 | 6 410.00 | 22.00 | 4 520.00 | 217 | 420.00 | 2.870 | 11 350.00 |
| 2019 | 2.62 | 5 371.05 | 23.06 | 2 555.07 | 217 | 481.96 | 2.877 | 8 408.08 |
| 2017 年与 2012 年的变化情况（%） | 11.9 | 21.1 | 10.5 | 11.9 | 23.5 | 37.8 | 11.9 | 17.5 |

例如，墨西哥是玉米生产大国，但玉米产量无法满足需要，仍然需要进口，且本国的玉米生产成本在持续增加，墨西哥是世界最大的玉米进口国，主要从美国进口玉米。从 2009 年起，墨西哥进口玉米量呈增加趋势。2017 年墨西哥从美国进口玉米 1 473 万吨，占美国玉米出口总量的 95.8%，价格为 180 美元/吨。2019 年墨西哥从美国进口了 1 448.9 万吨玉米，价格为 189 美元/吨。以美元和比索汇率 20 计算，2019 年墨西哥进口美国玉米价格折合为 3 780 比索/吨，仍然低于墨西哥本国玉米的保证价格 5 610 比索/吨。

在低价玉米进口持续增加及国内生产成本不断上升的双重压力之下，墨西哥本国的玉米生产受到严重挤压。长期看来，墨西哥的保证价格措施难以发挥稳定生产的作用。直接补贴政策对农业生产的促进作用将逐渐减弱。

## 第三节  近年农业政策及农业项目执行情况

### 一、农业政策核心思想

**1. 努力增加农业供给，减少农产品进口**

2018 年 12 月，墨西哥新一届政府致力于发展农业，努力提高粮食产量，先后制定了"福利生产"等多个农业项目，特别是 2020 年新冠肺炎疫情发生后，在削减了政府预算和项目的情况下，保留了"福利生产"等多个农业项目，并提前下发项目经费，保证当年农业生产能够如期进行，保证农产品市场

供应，以争取早日实现农产品自给自足，减少进口。

**2. 更加重视保护本土作物发展**

墨西哥是很多重要作物的原产地，如玉米、可可、香草兰、辣椒、鳄梨等。墨西哥政府认识到地方性品种的多样性至关重要，因此，政府建立保护中心网络，并将其作为保护和可持续利用植物遗传资源国家战略的一部分。其目的是利用国家教育和研究机构的现有基础设施，保护本土作物的遗传多样性。目前，保护中心网络在6个种子保护中心、3个永久保护中心、2个活体收集中心和22个收藏工作站共保存了62 736株45种墨西哥本土植物。2020年墨西哥颁布了《玉米法》保护墨西哥本土玉米品种，启动了《保护墨西哥的本土植物》项目，保护包括奇亚籽等在内的60种墨西哥本土植物。

**3. 积极扩大国际市场**

自2019年开始，墨西哥积极扩大农产品出口国际市场，2019年墨西哥农业部门继续致力于开发新的蔬菜水果出口市场，计划在美洲、亚洲、非洲和欧盟开发38个新的出口市场，商业化出口90种农产品。在亚洲，墨西哥计划向包括中国、中国香港、韩国、印度和日本在内的15个国家和地区出口农产品。2020年墨西哥香蕉出口中国，葡萄出口韩国。在美洲，墨西哥寻求与巴西、智利、哥伦比亚和委内瑞拉等16个国家缔结农产品出口协议，计划出口牛油果、咖啡、波斯柠檬、芒果、可可、桃、仙人掌、食用葡萄、面粉、谷物和种子。在欧洲市场，墨西哥积极加强与比利时、波兰等国在农产品贸易上的合作。2019年，墨西哥和新西兰政府签署农业合作谅解备忘录，计划向新西兰市场出口啤酒、香蕉、龙舌兰酒、水果罐头、医药工业用动物产品、咖啡、果胶酶、调味汁、速溶咖啡、酸橙汁。

## 二、近年农业项目及其执行情况

### （一）近年农业项目情况

2019年，墨西哥农业部财政预算主要用于实施农业战略计划（4个）和一些具体计划（9个）（表3-2）。2020年，通过福利生产、价格保障、肥料和良好渔业计划等7个计划（表3-3）向该国310万小规模生产者（农民和渔民）提供了227.02亿比索资金支持，计划数量和资助金额明显少于2019年。2019年，畜牧业贷款计划、农村发展计划、联邦机构资助计划、社会可持续农业市场计划、农业发展计划、畜牧业发展计划 6 个计划没有再执行，提高渔业和水产生产力计划更名为农业部农业、畜牧、渔业和水产养殖促进计划。

表 3-2  2019 年墨西哥农业计划

| 项目类型 | 序号 | 项目名称（中文） | 项目名称（西班牙语） |
|---|---|---|---|
| 战略计划 | 1 | 福利生产计划 | Programa Producción para el Bienestar |
| | 2 | 基本食品价格保障计划 | Programa de Precios de Garantía a Productos Alimentarios Básicos a cargo Seguridad Alimentaria Mexicana SEGALMEX |
| | 3 | 畜牧业贷款计划 | Program Crédito Ganadero a la Palabra |
| | 4 | 肥料计划 | Programa de Fertilizantes |
| 具体计划 | 1 | 农村发展计划 | Programa de Desarrollo Rural |
| | 2 | 农业发展计划 | Programa de Fomento a la Agricultura |
| | 3 | 提高渔业和水产生产力计划 | Programa de Fomento a la Productividad Pesquera y Acuícola |
| | 4 | 畜牧业发展计划 | Programa de Fomento Ganadero |
| | 5 | 联邦机构资助计划 | Programa de Concurrencia con las Entidades Federativas |
| | 6 | 农业食品健康和无害计划 | Programa de Sanidad e Inocuidad Agroalimentaria |
| | 7 | 农村供应计划 | Programa de Abasto Rural a cargo de Diconsa S. A. de C. V. （DICONSA） |
| | 8 | 牛奶供应计划 | Programa de Abasto Social de Leche a cargo de Liconsa S. A. de C. V. |
| | 9 | 社会可持续农业市场计划 | Programa de Agromercados Sociales y Sustentables |

表 3-3  2020 年墨西哥农业计划

| 序号 | 项目名称（中文） | 项目名称（西班牙语） |
|---|---|---|
| 1 | 福利生产计划 | Producción para el Bienestar |
| 2 | 价格保障计划 | Precios de Garantía |
| 3 | 农业食品健康和无害计划 | Programa de Sanidad e Inocuidad Agroalimentaria |
| 4 | 农村供应计划 | Programa de Abasto Rural a cargo de Diconsa S. A. de C. V. （DICONSA） |
| 5 | 牛奶供应计划 | Programa de Abasto Social de Leche a cargo de Liconsa S. A. de C. V. |
| 6 | 肥料计划 | Programa Fertilizantes para el Bienestar |
| 7 | 农业部农业、畜牧、渔业和水产养殖促进计划 | Programas Fomento a la Agricultura，Ganaders，Pesca y Acuicultura de la Secretarcultura/documento |

（二）2019 年农业计划项目执行情况

针对 2019 年的农业计划，墨西哥政府已公布 13 个计划具体指南，其中有些计划已经执行，并有了一定进展。有些计划尚未公布执行情况。

**1. 已经公布执行情况的农业计划**

（1）福利生产计划。该计划预计投资 90 亿比索，向 280 万名小麦、玉米、豆类、大米、甘蔗等小生产者提供资助：支持面粉用小麦、玉米、豆类、大米和其他谷物种植；资助 25 万名边远地区玉米和豆类生产者（每人拥有 3 公顷以下土地）；资助 15 个州 17 万名甘蔗生产者（每人每年 7 300 比索），用于植株更新、改善土壤营养、灌溉技术、植物健康管理和农业耕作方法；资助 13 个州 25 万名咖啡生产者（每人每年 5 000 比索），用于植株更新、营养和卫生管理。

截至 2019 年第三季度，该计划已经执行 78.12 亿比索，惠及 1 447 419 个生产者，经费执行率为 86.8%，生产者执行比例为 51.7%。其中第三季度经费拨付 10.754 亿比索（表 3 - 4）。

表 3 - 4　福利生产计划具体执行情况

| 类型 | 生产者（名） | 土地（块） | 面积（公顷） | 总金额（比索） | 执行比例（%） |
|---|---|---|---|---|---|
| 偏远地区 | 1 151 014 | 1 725 146 | 3 917 506.08 | 5 303 178 176 | 68 |
| 老年人 | 754 794 | 1 210 357 | 2 976 634.01 | 3 825 935 132 | 49 |
| 妇女 | 390 210 | 550 776 | 1 383 706.85 | 1 814 559 200 | 23 |
| 青年人 | 28 177 | 33 372 | 92 581.95 | 129 581 894 | 2 |

（2）畜牧业贷款计划。该计划预计投资 40 亿比索，向小型牲畜饲养者提供资助，用于牲畜群复育（购买牛、绵羊、山羊、猪和家禽的幼崽和胚胎）、购买基础设施及装备（牛、绵羊、山羊、猪的饮水器、饲喂器、遮阳棚、牲畜斜道和磅秤等）、购买食品添加剂、牧草种子、化肥和饲料等，进行技术培训和辅导等。已经对坎佩切州、恰帕斯州等 14 个州的 215 名兽医进行培训。

（3）农村发展计划。该计划的目的是推广先进生产方式，以建设美好乡村。计划资助总额为 23.41 亿比索。有 30 个州参与了该计划执行，参与州可以制订自己的发展计划，发布个性化的项目指南。如哈利斯科州在 5 个城市分别开展玉米、龙舌兰、牛奶、甘蔗等技术改良和推广；墨西哥州在 6 个城市分别开展玉米、花卉、饲料用燕麦、牛奶等计划改良和推广；科利马州则在特高曼市进行水果技术改良与推广。

（4）农业发展计划。该计划的目的是研发并创新农业生产技术，发展东南部地区粮食生产，保证农业生产和食品正常供应。项目计划投资咖啡生产600万比索，农业技术研发150万比索，水土保持技术研发337.5万比索，蔬菜生产400万比索。咖啡生产的资助条件是每株咖啡树资助6比索，其中5比索用于购买咖啡树。每个咖啡种植者资助1公顷土地，每公顷资助1 000株咖啡树，共有168名咖啡业主获得资助。在农业技术研发方面，投入120万比索用于农业生物技术综合研发，30万比索用于物理防治研发。

（5）提高渔业和水产生产力计划。该计划资助总额为9 107万比索，用于资助塔毛利帕斯州渔业和水产业发展。该方案将直接惠及2 900多名生产者，其中包括4 600万比索的能源资助奖励。资助范围为5公顷以下的水产养殖，或不超过2万条种苗的软体动物养殖，2吨以下的笼子，以及10.5米以下的渔船。在塔毛利帕斯州实施了"小渔船现代化改造"计划，该计划投入资金1 300万比索，其中农业部提供650万比索，州政府提供390万比索，生产者提供260万比索。该资金用于更换110多台悬挂式小渔船发动机，并购置定位系统和养护设备。

（6）畜牧业发展计划。该计划包括畜牧业和渔业，目的是保证畜牧业生产能力，发展渔业生产技术，对渔业的产后加工技术进行创新，保证渔业可持续供应。其中，渔业机械和装备资助额度是每个自然人不超过50万比索。渔业产后加工资助额度是每个自然人不超过3万比索，团体不超过26万比索。渔业育种、垦殖、畜牧业管理和控制、畜产品加工、畜牧业生物安全等资助额度分别是每个自然人不超过50万比索，团体不超过500万比索。畜牧业研发技术、畜牧复壮技术资助额度分别是每个自然人不超过100万比索，团体不超过1 000万比索。草场复壮资助额度是每公顷草场不超过3 000比索，自然人不超过200公顷，团体不超过2 400公顷。已经有21个协会参与并承担了相应的项目。

（7）肥料计划。计划的目的是资助格雷罗州的玉米、豆类和大米生产者，使其能有肥料投入到生产中。资助额度为每公顷资助450千克化肥，每人不超过3公顷。至今已经有133个生产者获得资助。

**2. 尚未公布执行情况的农业计划**

（1）基本食品价格保障计划。计划向200万名白玉米、芸豆、大米、面包用小麦和牛奶生产者提供60亿比索资助，以保证价格收购产品（表3-5）。

表 3-5　基本价格保证计划资助条件和标准

| 资助对象 | 资助条件 | 保证价格 |
| --- | --- | --- |
| 白玉米生产者 | 土地<5 公顷、产量<20 吨 | 每吨保证价格不低于 5 610 比索（包括运输费用，每吨 150 比索，不超过 20 吨） |
| 芸豆生产者 | <20 公顷临时用地或 5 公顷灌溉用地，产量<15 吨 | 每吨保证价格不低于 14 500 比索 |
| 大米生产者 | 产量<120 吨 | 每吨保证价格不低于 6 120 比索 |
| 面包用小麦生产者 | 产量<100 吨 | 每吨保证价格不低于 5 790 比索 |
| 牛奶生产者 | 仅限 LEOCAS 的牛奶生产者，每头母牛产奶量<15 升 | 每天每升 8.2 比索 |

该计划由墨西哥食品安全组织负责，当产品的保证价格高于食品安全组织确定的销售价格时，差额部分由政府补齐。当生产或交易中出现特殊或紧急情况，食品安全组织可改变保证价格或重新确定生产地面积和购买量。

（2）联邦机构资助计划。该计划的目的是提高农产品和畜产品等包装技术，提高产品科技含量。资助对象为 20 公顷以下种植业生产者（每公顷资助 1 500 比索）、20 个生产单位反刍动物饲养者（每个生产单位资助 1 500 比索）以及渔业生产者（不超过 3 万比索）。

（3）农业食品健康和无害计划。该计划的主要目的是加强农牧业生产流行病监测、害虫、检疫性疾病及特定非检疫性疾病的监控，进一步提高农业食品、水产养殖和渔业产品的安全。该计划由各检测实验室承担。

（4）农村供应计划。该计划的目的是加强食品和物资供应，改善农村和边缘化地区食品安全。资助对象为居住在偏远地区的社区居民，社区规模为 200～14 999 人。项目的实施要求是在符合条件的地方开设商店，为当地人提供食物和商品。提供的产品共 40 种，其中食品包括大米、豆类、糖、牛奶、植物油等，生活用品包括肥皂、牙膏等。

（5）牛奶供应计划。该计划的目的是保证偏远地区的人获得一定的牛奶。资助额度为每人每周不超过 4 升，6 人及以上的家庭最多资助 24 升。资助要求为每个资助社区的液体牛奶供应最少 300 升，奶粉供应为 2 500 人以上的社区最少 200 袋，2 500 人以下的社区最少 100 袋。

（6）社会可持续农业市场计划。该计划包括多项内容：恰帕斯州、尤卡坦州等 27 个州的玉米、高粱和大豆等生产，阿拉比卡咖啡供应，番红花和向日葵生产；锡那罗亚州玉米供应；纳亚里特州芸豆生产等。每个计划的内容不同，如为保证玉米的生产和市场供应，锡那罗亚州玉米计划投入资金 2.864 亿比索，收购 1 447 995 吨玉米。生产者的玉米价格不低于 3 600 元比索/吨，销售者的价格不低于 3 800 元/吨。纳亚里特州的芸豆计划投入 500 万比索，收购 5 000 吨芸豆，芸豆收购价格不低于 11 比索/千克。番红花和向日葵生产计划预计投入资金 61 484 910 比索，其中资助 46 500 吨红花生产（索诺拉州 32 420 吨，锡那罗亚州 14 030 吨，下加利福尼亚州 50 吨）；资助向日葵生产 900 吨（索诺拉州 854 吨和锡那罗亚州 46 吨）。

从项目的实际执行效果看，由于一些农业项目的执行由各级协会承担，经费下发成为问题。2019 年 7—8 月墨西哥城国家宫外就聚集了游行示威的农民，要求获得项目执行补贴。据农民组织领导人反映，墨西哥有近 10 万名农民并没有获得补助，只有玉米和豆类生产激励计划内的农民得到了补助。政府目前停止了小农生产者补助计划、化肥交付以及 Liconsa 和 Diconsa 两家公司商店的优惠采购价格。

（三）2020 年农业计划项目执行情况

2020 年，福利生产计划和基本食品价格保障计划使农村和土著社区的 550 万人受益。格雷罗州的化肥计划使 81 个城市中种植玉米、豆类和水稻的 28 万生产者受益，资助范围达 50 万公顷。农业、畜牧、渔业和水产养殖促进计划将为 193 295 个小型渔业和水产养殖生产者提供支持。

**1. 已经公布执行情况的农业计划**

（1）福利生产计划。该计划预计投资 110 亿比索，比 2019 年增加了 22.2%，向 210 万谷物（包括面包用小麦、玉米、豆类、大米、籽粒苋、奇亚籽）、咖啡、甘蔗等小生产者提供资助。谷物生产者的资助额度为小生产者最多 5 公顷临时用地，0.2 公顷水浇地，资助标准为每公顷 1 600 比索。中型生产者 5~20 公顷临时用地和 0.2~5 公顷的水浇地，资助标准为每公顷 1 000 比索。咖啡生产者的资助额度为不超过 20 公顷的临时用地或 5 公顷的水浇地，资助标准为每个生产者 5 000 比索。甘蔗生产者的资助额度为不超过 20 公顷的临时用地或 5 公顷的水浇地，资助标准为每个生产者 7 300 比索。截至 2020 年 6 月 28 日，经费执行了 82.6%，资助人群达到计划的 94.5%，惠及 1 984 351 个生产者，其中 59.1% 的人属于南部和东南部地区，35.3% 是土著生产者，

31.1%为女性。

在福利生产计划刺激下，2020 年豆类产量为 1 086 732.84 吨，比 2019 年增加 29.8%；小麦产量为 2 949 775.03 吨，同比下降 9.2%；大米产量为 276 385.70 吨，同比增加 15.9%；食用玉米产量为 21 885 170.16 吨，同比增加 3.41%。

（2）肥料计划。该计划的目的是资助格雷罗州的玉米、豆类和大米生产者，使其能有肥料投入到生产中。资助额度为每公顷资助 450 千克化肥，每人不超过 3 公顷。截至 2020 年 7 月 8 日，已向格雷罗州的 282 746 名生产者交付了 130 367 吨化肥，受益土地面积为 434 557 公顷。

（3）农业部农业、畜牧、渔业和水产养殖促进计划。该计划总资金为 13.917 亿比索，用于资助 193 200 名渔民和水产养殖者，以推动渔业和水产业发展。资助范围为不超过 100 万只牡蛎种苗，5 万个单位以下的虹鳟鱼苗，10 万个单位以下的罗非鱼苗，不超过 100 万个虾的幼体。截至 2020 年 6 月底，已经在锡那罗亚州投放了 100 万条罗非鱼苗。2020 年资助人数比 2019 年增加近 4 倍。

**2. 尚未公布执行情况的农业计划**

（1）基本食品价格保障计划。计划向 200 万名玉米、芸豆、大米、面包用小麦和牛奶生产者提供 60 亿比索资助，以保证价格收购产品（表 3-6）。其中，豆类生产者和牛奶生产者资助条件比 2019 年更宽松，豆类生产者临时用地由 20 公顷增加到 30 公顷，牛奶生产者由每头母牛产奶量＜15 升变更为每头母牛产奶量＜25 升。其他资助条件和价格与 2019 年相同。在该计划支持下，2020 年墨西哥将不再进口奶粉。

表 3-6　价格保障计划资助条件和标准

| 资助对象 | 资助条件 | 保证价格 |
| --- | --- | --- |
| 2020 年春夏季食用玉米生产者 | 临时用地＜5 公顷、产量＜20 吨 | 每吨保证价格不低于 5 610 比索（包括运输费用，每吨 150 比索，不超过 20 吨） |
| 2019 年秋冬季和 2020 年春夏季芸豆生产者 | ＜30 公顷临时用地或 5 公顷灌溉用地，产量＜15 吨 | 每吨保证价格不低于 14 500 比索 |
| 2019 年秋冬季和 2020 年春夏季大米生产者 | 产量＜120 吨 | 每吨保证价格不低于 6 120 比索 |
| 面包用小麦生产者 | 产量＜100 吨 | 每吨保证价格不低于 5 790 比索 |
| 牛奶生产者 | 仅限里奥卡斯项目的牛奶生产者，每头母牛产奶量＜25 升 | 每天每升 8.2 比索 |

（2）农业食品健康和无害计划。该计划的主要目的是加强农牧业生产流行病监测，以及害虫、检疫性疾病及特定非检疫性疾病的监控，进一步提高农业食品、水产养殖和渔业产品安全。该计划由各检测实验室承担。

（3）农村供应计划。该计划的目的是加强食品和物资供应，改善农村和边缘化地区食品安全。资助对象为居住在偏远地区的社区居民，社区规模为200～14 999人。项目的实施要求是在符合条件的地方开设商店，为当地人提供食物和商品。提供的产品共40种，其中食品包括大米、豆类、糖、牛奶、植物油等，生活用品包括肥皂、牙膏等。

（4）牛奶供应计划。该计划的目的是保证偏远地区的人获得一定的牛奶。资助对象为6个月至12岁的孩子、13～15岁的青少年、怀孕或哺乳期的妇女、45～59岁的女性、患有慢性疾病的人和残疾人以及60岁以上的老人。额度为每人每周不超过4升，6人及以上的家庭最多资助24升。资助要求为每个资助社区的液体牛奶供应最少300升，奶粉供应为2 500人以上的社区最少200袋，2 500人以下的社区最少100袋。

从2019年和2020年的农业计划看，墨西哥的农业支持政策主要是生产者直接支持计划，一种是目标收入计划，如"基本食品的价格保障计划"向某些作物的生产者保证一定的目标收入，当市场价格低于目标收入价格时，政府补贴差价。另一种是直接定额补贴，如"福利生产计划"向特定生产者提供定额的资助。直接定额补贴也包括农业投入品的补贴，如2019年的"畜牧业贷款计划"包含了基础设施的改造补贴。农业用电补贴和农用柴油补贴等曾在2001年、2003年和2015—2017年实行过，但在2019年后没有实行。

## 三、农业保险情况

墨西哥农业保险分为两类，个人保险和重大灾害保险。个人保险由私人公司和保险基金经营，保费补贴是根据生产单位的大小、被保险资产及资产的不同、地理位置不同，给予不同的补贴。对于欠发达地区，例如东南部的农业生产，将分别按照保险费成本的35%、40%、45%和60%的比例进行补贴。对于牲畜保险，根据畜群的规模、种类、保险类型和功能，补贴分别为20%、30%和50%。

重大灾害保险是专门针对农业部门的自然灾害而制定的，由中央政府统一组建的全国农业保险公司进行农业再保险，具体由农业部的下属机构负责实施。为了支付该保险单的保费，州政府从联邦政府获得补贴，对于边缘化程度很高的城市，该补贴占总费用的 90%。在边缘化程度中等、偏低和极低的城市中，这一比例为 80%。州政府必须支付剩余的 10% 或 20% 保费。在未保险地区或部门发生重大灾害事件，或当损害超过保险金额时，则由联邦政府（占60%）和州政府（占 40%）共同缴纳。

墨西哥有 78 家保险公司，其中 MAPFRE、general de seguros、苏黎世保险等开设了农业保险。MAPFRE 农业保险包括农业保险（农作物）和家畜保险（畜牧业）。家畜保险范围涉及牛、羊、山羊、猪、鸡、马、狗，也包括虾和鱼等水产养殖。general de seguros，分为直接伤害、投资回报、预期收获、混合合并、多年生作物、温室、森林、灾难、机械、债务人生活等 11 种类型，是风险范围最广的农业保险。苏黎世保险包括多元文化农业保险和多风险农业保险两个类型，主要针对农作物。

## 第四节　农业信贷

墨西哥农业信贷的历史较早，19 世纪初西班牙的圣卡洛斯银行就在墨西哥从事农业信贷活动。之后有多家银行陆续在墨西哥开展农业信贷业务。尽管如此，根据拉丁美洲和加勒比经济委员会（CELAC）统计，目前墨西哥的农业信贷是拉丁美洲三个最低的国家之一，仅占该国可用资金总额的 1.9% 和经济总量的 3.1%。墨西哥农村地区 1/4 的人口为极端贫困人口，这是造成信贷低的主要原因之一。

过去几十年农业 GDP 增长率的下降趋势与银行对农业部门信贷支持资金减少密切相关。自 20 世纪 80 年代末以来，资金减少一直是墨西哥农业部门的一个问题。20 世纪 80 年代末和 90 年代初较高的贷款拖欠率导致银行缺乏继续向弱势部门提供融资的激励。中小型农业生产者获得信贷的机会大大减少。90 年代中期的金融危机导致所有部门的信贷供应下降，加深了农业部门本已岌岌可危的融资状况。1997 年，根据对农业和渔业部门的金融支持方案，农业信贷有所增加，但并未得到完全恢复。农业银行获得的贷款在信贷总额中所占比例仍不断下降。2005 年之前，这种下降非常明显，之后一直停滞不前。自 2008 年开始，由于银行不良贷款率很高，导致金融准入条件恶化，对国内外农业生产活动均产生了负面影响，农业部门得到的贷款支持一直在下降。而且，墨西哥的金融市场渗透率尤其对农业地区渗透率较低，这导致农民不得不求助于非正式贷款，从而推高了融资成本。此外，外国资金也更倾向于投入非农部门。2009 年和 2010 年，流入农业部门的外国直接投资占比仅为 0.15% 和 0.21%。

墨西哥农业部门的信贷资金来源主要有两种，即商业银行和发展银行，包括国家农业农村林业和渔业发展金融机构（FND）、银行金融中介机构（IFB）和非银行金融中介机构、与农业有关的机构信托（FIRA）以及国家外贸银行（Bancomext）、国家金融公司（NAFIN）、联邦抵押协会（SHF）、国家储蓄和金融服务银行（BANSEFI）和国家公共工程和服务银行（BANOBRAS）等。按资金来源分为两类，一是商业贷款，但规模不大，如 1950 年农业的信贷支持率是 11%，1970 年降为 9.1%，2000 年则为 4%，2015 年仅为 1.4%。二是墨西哥农业部组织实施的农业无息贷款。以畜牧业贷款为例，2019 年的畜牧业贷款计划共 40 亿比索，其中与生产者相关的贷款类型有 3 类：生产部分、畜牧基础设施工程和设备组成部分、食品补充剂部分。该计划贷款为无息。

## （一）贷款条件

### 1. 畜群生产部分

牛生产者：个人小生产者，每个人最多申请 10 头小母牛或小牛犊；法人单位，每个成员最多申请 10 头小母牛，法人单位合计不超过 100 头小母牛。

种牛生产者：个人生产者，申请 1 头注册种牛；法人单位，每 25 头母牛申请 1 头种牛，最多 4 头种公牛。

山羊和绵羊生产者：个人生产者，最多申请 50 头一岁内羊羔；法人单位，每个成员最多 50 头羊羔或一岁内羊羔，合计不超过 500 头母羊。

种羊生产者：个人生产者，申请 2 头注册种公羊；法人单位，每 35 头母羊申请 1 头种公羊，最多 20 头种公羊。

猪生产者：个人小生产者，每个人最多申请 20 头；法人单位，每个成员最多 20 头，法人单位合计不超过 200 头。

种猪生产者：个人生产者，申请 1 头注册种猪；法人单位，每个成员申请 1 头种猪，法人单位合计最多申请 10 头种猪。

养蜂生产者：个人生产者，最多申请蜂王、核心群和蜂蜡的数量不超过蜂群数量的 50％，最多资助 200 群；法人单位，每个成员最多申请蜂群数量的 50％，法人单位合计不超过 200 群。

对于种畜和怀孕母畜，资金申请的参考价格不同。种畜可分为经遗传资源评估和亲子鉴定注册过的、经遗传资源评估注册过的、遗传注册过三类，每类的价格不同。如种牛的价格因类型不同，分别为每头 3.2 万比索、3.876 万比索和 3.99 万比索。种山羊的价格则分别为 0.627 万比索、1.254 万比索和 1.358 5 万比索。种猪的价格分别为 1.776 5 万比索和 1.881 0 万比索。

**2. 畜牧基础设施工程和设备组成部分**

主要分为两个大类。一是牛、绵羊、山羊和猪的基础设施和设备：主要包括用于水的存储、收集和传导的设备及基础设施、饮水器、喂食器、遮光设备、畜牧冲床和称重机，有助于延长寿命的栅栏等。个人申请不超过 10 万比索；法人单位，每个成员不超过 10 万比索，合计不超过 50 万比索。二是蜜蜂的保护、管理和提取设备：主要包括喷烟器、起刮刀、割蜜盖器、防护服和蜂蜜提取器。个人申请不超过 2 万比索；法人单位，每个成员不超过 50％的蜂群，合计不超过 4 万比索。

**3. 食品补充剂部分**

草原恢复和牧草生产：以包含种子、肥料、除草剂的技术包进行支持。个人不超过 10 公顷的草场，最多 10 万比索；法人单位每个成员不超过 10 公顷草场，总计不超过 50 万比索。

草地复原等：以包含种子、肥料、除草剂的技术包进行支持。个人不超过 10 公顷的草场，最多 10 万比索；法人单位每个成员不超过 10 公顷草场，总计不超过 50 万比索。

可持续农业生产造林：个人每公顷不超过 1.5 万比索，最多资助 8 公顷；法人单位不超过 50 万比索。

食品补充剂和其他：①矿物质和富含蛋白质的食物：小型畜牧生产者最多为 9 500 比索；法人单位每个成员不超过 9 500 比索，合计为 2.5 万比索。②旱季糖以及其他养蜂投入品：个人最多 4 万比索；法人单位每个成员最多 4 万比索，合计最多 10 万比索。

（二）申请范围和方式

该计划适用于全国，但优先在坎佩切州、恰帕斯州、格雷罗州、哈利斯科州、纳亚里特州、米却肯州、瓦哈卡州、金塔纳罗奥州、塔巴斯科州、塔毛利帕斯州、韦拉克鲁斯州、尤卡坦州和萨卡特卡斯州实施。

墨西哥农业部发布项目指南后，贷款者在规定的时间内提交申请表格，获得批准后可以得到贷款。

### （三）还款方式

贷款的还款方式按照畜种进行，不同畜种的还款方式不同。牛饲养者将分3次偿还：收到贷款27～36个月内，偿还贷款的30%，其后的第一年再偿还30%，第二年再偿还剩下的40%。对于绵羊和山羊，繁殖出第一个后代后，贷款者就可以还款。猪饲养者在收到贷款的20～24个月内偿还100%的贷款。蜂生产者应该在蜂蜜收获后还款。贷款可以提前偿还。

### （四）成效

2019年墨西哥畜牧贷款计划的原定目标是资助8 436家畜牧业生产单位，交付29 720头母畜和2 972匹种畜，惠及8 500多个家庭。2019年2—6月，共有18 938头小母牛和1 448头种公牛被送交到了180个城市的5 938家养牛户手中，其中63个城市处于偏远地区。

2020年畜牧业贷款计划原定为10亿比索，但并未执行。2021年墨西哥总统宣布将继续执行畜牧贷款计划，资助35个畜牧业生产单位和200群蜂以上的养蜂生产者，使7.5万个家庭受益，但尚未公布更详细的要求。

## 第五节　农业对外贸易和投资政策改革

20世纪30年代后半期到80年代中期，墨西哥对农业采取的是保护主义政策，外资和国内商业资本不允许直接经营农业。全国实行进口许可证的农产品有800多种，主要的大宗粮油作物都实行保护价收购。政府对农业在灌溉等基础设施、科学技术等方面投资力度也持续增加。全国的粮食和农业投入品产供销由专门的国有公司来运营。该时期墨西哥农业生产率和增长率也较高。1982年墨西哥陷入债务危机后，被迫开启经济改革，对外经济开放和贸易自由化程度越来越大。

## 一、贸易自由化改革

墨西哥是发展中国家中最早与世界两个最大贸易集团（北美自由贸易区和欧盟）签订自由贸易协定的国家，已与全球 52 个国家签署自由贸易协定。墨西哥充分发挥区位优势、资源优势、市场优势，成为外国投资重点关注的拉美国家。2018 年，美国、墨西哥、加拿大三国签署《美墨加贸易协定》，该协定于 2020 年 7 月正式生效。

按照加入关税和贸易总协定的承诺，墨西哥大幅度降低农产品关税，大范围取消进口限制。1990 年，将实行进口许可的农产品减少到 15 项。农产品进口关税降至 4%，一些重要农产品如大米、高粱、大豆、油料等关税几乎降至零。在 1994 年加入北美自由贸易区后，较大幅度地降低了关税和非关税限制。除对玉米、菜豆等少数产品保留 10～15 年的一定进口限制外，大部分商品在 5～10 年内逐步取消关税，并在 2008 年后全部开放本国农产品和服务市场。加入北美自由贸易协议并没有使墨西哥对外开放就此止步，墨西哥一直为对外开放而努力。2000 年 3 月，墨西哥和葡萄牙签署了自由贸易协定，同时，墨西哥也是第一个和欧盟成员国签订自由贸易协定的国家。

## 二、推动市场化改革，放宽外资准入限制

从 1988 年开始，墨西哥加速经济市场化改革进程，减少国家直接干预，改革国家公共机构，推进国有企业私有化。1989—1992 年，农村公共机构从 103 家减少到 26 家，国有农产品收储、运输、农业投入品等公司全部私有化。农村社会化服务体系几乎全部解体，在这一过程中，有些企业被外资所控制。农村信贷业务也由政府向商业银行转移。对重要农产品保护价政策仅保留了玉米和菜豆，其余产品价格均放开。

## 第四章 CHAPTER 4
# 墨西哥农业对外贸易情况 ▶▶▶

░░░░░░░ **第一节 农业贸易总体情况** ░░░░░░░

2020 年墨西哥农产品出口总额为 393 亿美元，同比增长 4.9%，超过印度和阿根廷成为全球第八大农产品出口国，主要出口产品为啤酒、鳄梨、龙舌兰酒和梅斯卡尔酒、番茄以及辣椒。前十大农产品出口国（地区）依序为欧盟、美国、巴西、中国、加拿大、印度尼西亚、泰国、墨西哥、印度和阿根廷。

## 一、农产品贸易总体情况

表 4-1 可以看出，从近 20 年情况来看，墨西哥农产品及食品在 2001—2014 年一直呈现逆差，2014 年之后呈现顺差状态，且顺差呈逐步扩大趋势。

**表 4-1 2001—2020 年墨西哥农产品及食品贸易总体情况**

单位：亿美元

| 年份 | 2001 | 2002 | 2003 | 2004 | 2005 | 2006 | 2007 | 2008 | 2009 | 2010 |
|---|---|---|---|---|---|---|---|---|---|---|
| 农产品及食品出口额 | 82.0 | 83.3 | 93.0 | 104.7 | 118.2 | 138.7 | 148.9 | 164.7 | 161.7 | 181.9 |
| 农产品及食品进口额 | 112.1 | 115.8 | 126.0 | 139.4 | 148.7 | 166.1 | 199.5 | 237.7 | 188.2 | 214.6 |
| 贸易顺差额 | −30.1 | −32.5 | −33.1 | −34.7 | −30.4 | −27.5 | −50.6 | −72.9 | −26.5 | −32.7 |
| 年份 | 2011 | 2012 | 2013 | 2014 | 2015 | 2016 | 2017 | 2018 | 2019 | 2020 |
| 农产品及食品出口额 | 220.0 | 228.0 | 243.9 | 257.3 | 268.4 | 292.4 | 327.8 | 351.0 | 374.5 | 392.8 |
| 农产品及食品进口额 | 268.3 | 275.6 | 271.4 | 279.1 | 255.8 | 256.5 | 270.2 | 282.0 | 285.1 | 268.6 |
| 贸易顺差额 | −48.3 | −47.6 | −27.5 | −21.8 | 12.6 | 35.9 | 57.7 | 69.0 | 89.4 | 124.2 |

## 二、农产品在总贸易额中的地位

2020 年，墨西哥贸易总额约 8 014 亿美元，其中农产品及食品贸易额 661 亿美元，占比 8.3%。可见，农产品及食品贸易在墨西哥对外贸易中的地位还是比较重要的。而且近 20 年来地位也是在逐步提升的，由 2001 年 5.9% 提高到 2020 年的 8.3%。

从进出口分项来看，农产品及食品进口额和出口额总体均呈增加趋势，但近年农产品及食品出口对出口贸易的贡献增加明显，2020 年农产品及食品出口额占总出口额比重达到 9.4%（表 4-2）。

表 4-2　墨西哥农业贸易占贸易总额的比重

单位：亿美元

| 年份 | 2001 | 2002 | 2003 | 2004 | 2005 | 2006 | 2007 | 2008 | 2009 | 2010 |
|---|---|---|---|---|---|---|---|---|---|---|
| 墨西哥贸易总额 | 3 267.6 | 3 294.0 | 3 354.5 | 3 847.9 | 4 360.3 | 5 060.5 | 5 537.5 | 5 998.5 | 4 641.0 | 5 997.9 |
| 农产品贸易总额 | 194.1 | 199.1 | 219.0 | 244.1 | 266.9 | 304.8 | 348.5 | 402.4 | 349.8 | 396.5 |
| 农产品贸易额占总贸易额比重（%） | 5.9 | 6.0 | 6.5 | 6.3 | 6.1 | 6.0 | 6.3 | 6.7 | 7.5 | 6.6 |
| 墨西哥进口总额 | 1 683.8 | 1 686.5 | 1 705.5 | 1 968.1 | 2 218.2 | 2 560.9 | 2 819.3 | 3 085.8 | 2 343.8 | 3 014.8 |
| 农产品进口总额 | 112.1 | 115.8 | 126.0 | 139.4 | 148.7 | 166.1 | 199.5 | 237.7 | 188.2 | 214.6 |
| 农产品进口总额占总进口额比重（%） | 6.7 | 6.9 | 7.4 | 7.1 | 6.7 | 6.5 | 7.1 | 7.7 | 8.0 | 7.1 |
| 墨西哥出口总额 | 1 583.9 | 1 607.5 | 1 649.1 | 1 879.8 | 2 142.1 | 2 499.6 | 2 718.2 | 2 912.6 | 2 297.1 | 2 983.1 |
| 农产品出口总额 | 82.0 | 83.3 | 93.0 | 104.7 | 118.2 | 138.7 | 148.9 | 164.7 | 161.7 | 181.9 |
| 农产品出口总额占总出口额比重（%） | 5.2 | 5.2 | 5.6 | 5.6 | 5.5 | 5.5 | 5.5 | 5.7 | 7.0 | 6.1 |

| 年份 | 2011 | 2012 | 2013 | 2014 | 2015 | 2016 | 2017 | 2018 | 2019 | 2020 |
|---|---|---|---|---|---|---|---|---|---|---|
| 墨西哥贸易总额 | 7 001.7 | 7 414.6 | 7 611.6 | 7 968.7 | 7 760.2 | 7 609.7 | 8 298.5 | 9 152.0 | 9 159.9 | 8 014.5 |
| 农产品贸易总额 | 488.3 | 503.6 | 515.3 | 536.4 | 524.2 | 548.9 | 598.0 | 633.1 | 659.5 | 661.4 |
| 农产品贸易额占总贸易额比重（%） | 7.0 | 6.8 | 6.8 | 6.7 | 6.8 | 7.2 | 7.2 | 6.9 | 7.2 | 8.3 |
| 墨西哥进口总额 | 3 508.4 | 3 707.5 | 3 812.1 | 3 999.8 | 3 952.3 | 3 870.6 | 4 203.7 | 4 642.8 | 4 552.9 | 3 833.1 |
| 农产品进口总额 | 268.3 | 275.6 | 271.4 | 279.1 | 255.8 | 256.5 | 270.2 | 282.0 | 285.1 | 268.6 |
| 农产品进口总额占总进口额比重（%） | 7.6 | 7.4 | 7.1 | 7.0 | 6.5 | 6.6 | 6.4 | 6.1 | 6.3 | 7.0 |

（续）

| 年份 | 2011 | 2012 | 2013 | 2014 | 2015 | 2016 | 2017 | 2018 | 2019 | 2020 |
|---|---|---|---|---|---|---|---|---|---|---|
| 墨西哥出口总额 | 3 493.3 | 3 707.1 | 3 799.5 | 3 968.9 | 3 807.9 | 3 739.0 | 4 094.8 | 4 509.2 | 4 607.0 | 4 181.4 |
| 农产品出口总额 | 220.0 | 228.0 | 243.9 | 257.3 | 268.4 | 292.4 | 327.8 | 351.0 | 374.5 | 392.8 |
| 农产品出口总额占总出口额比重（%） | 6.3 | 6.2 | 6.4 | 6.5 | 7.0 | 7.8 | 8.0 | 7.8 | 8.1 | 9.4 |

## 三、农产品及食品主要进出口品种

### （一）农产品出口品种及金额

墨西哥主要出口农产品及食品包括蔬菜、酒类、水果、肉类、谷物加工食品、糖及糖浆、水产品、活动物等（表4-3）。

表4-3 墨西哥农产品出口额

单位：万美元

| 年份 | 2016 | 2017 | 2018 | 2019 | 2020 | 2020年占比（%） |
|---|---|---|---|---|---|---|
| 食用蔬菜 | 668 730.7 | 669 785.8 | 721 044.1 | 748 121.5 | 851 843.5 | 21.6 |
| 饮料、酒类 | 449 913.3 | 566 355.1 | 673 006.6 | 749 831.0 | 810 678.6 | 20.5 |
| 食用水果 | 554 035.6 | 657 745.0 | 656 790.2 | 748 751.2 | 732 870.5 | 18.6 |
| 肉类 | 159 868.1 | 174 532.9 | 188 345.9 | 223 822.4 | 262 831.9 | 6.7 |
| 谷物制品 | 171 379.7 | 197 081.0 | 201 649.8 | 216 038.0 | 233 215.8 | 5.9 |
| 糖及糖浆 | 152 314.5 | 159 171.6 | 162 059.6 | 177 763.0 | 164 848.6 | 4.2 |
| 蔬菜、水果、坚果制品 | 135 416.5 | 163 935.4 | 167 239.0 | 166 809.8 | 152 759.6 | 3.9 |
| 杂项食品 | 90 424.7 | 101 912.7 | 108 039.3 | 111 993.2 | 118 900.7 | 3.0 |
| 水产品 | 87 528.9 | 101 794.6 | 112 451.4 | 110 802.9 | 90 452.8 | 2.3 |
| 活动物 | 66 262.2 | 68 871.5 | 76 347.2 | 83 356.3 | 89 150.8 | 2.3 |
| 可可及制品 | 66 078.4 | 68 542.0 | 65 561.0 | 74 326.8 | 68 652.2 | 1.7 |
| 咖啡、茶、香料等 | 41 253.2 | 51 324.9 | 48 694.8 | 43 975.3 | 57 116.4 | 1.4 |
| 动植物油脂 | 23 658.0 | 29 212.9 | 36 113.2 | 38 420.8 | 47 801.6 | 1.2 |
| 谷物 | 89 258.9 | 67 678.8 | 58 122.4 | 46 447.7 | 45 082.4 | 1.1 |
| 食物残渣 | 17 830.9 | 24 961.2 | 32 411.4 | 31 305.6 | 30 277.4 | 0.8 |
| 乳品、蛋类、蜂蜜等 | 26 609.8 | 35 526.3 | 45 069.0 | 27 810.6 | 29 907.4 | 0.8 |
| 烟草及制品 | 21 662.5 | 21 957.2 | 24 202.5 | 25 302.1 | 23 545.9 | 0.6 |
| 麦芽、淀粉、菊粉、小麦面筋等制粉工业产品 | 15 066.3 | 19 685.0 | 26 736.6 | 19 686.8 | 22 940.9 | 0.6 |

（续）

| 年份 | 2016 | 2017 | 2018 | 2019 | 2020 | 2020年占比（％） |
|---|---|---|---|---|---|---|
| 油籽 | 13 827.6 | 15 915.8 | 19 622.5 | 18 817.1 | 20 398.9 | 0.5 |
| 肉制品 | 14 542.1 | 23 694.5 | 21 671.0 | 18 825.7 | 20 396.5 | 0.5 |
| 树胶、树脂和其他植物汁液和提取物 | 13 900.6 | 13 728.5 | 14 306.9 | 14 408.4 | 14 246.2 | 0.4 |
| 活树和其他植物 | 7 641.9 | 8 153.0 | 8 256.2 | 8 788.5 | 8 619.2 | 0.2 |
| 植物编织材料 | 5 282.2 | 5 120.6 | 5 219.1 | 5 456.3 | 8 167.2 | 0.2 |
| 其他动物源性产品 | 4 036.4 | 4 535.0 | 4 934.8 | 5 679.6 | 6 301.4 | 0.2 |

### （二）农产品进口品种及金额

墨西哥主要进口农产品包括谷物、油籽、肉类、乳制品、油脂、水果等产品（表4-4）。

表4-4　墨西哥农产品进口额

单位：万美元

| 年份 | 2016 | 2017 | 2018 | 2019 | 2020 | 2020年占比（％） |
|---|---|---|---|---|---|---|
| 谷物 | 421 660.2 | 449 067.2 | 496 303.9 | 492 152.7 | 487 961.0 | 18.6 |
| 油籽 | 299 400.8 | 323 044.2 | 347 513.7 | 348 708.5 | 359 945.5 | 13.7 |
| 肉类 | 358 751.7 | 391 972.7 | 387 821.5 | 422 036.8 | 354 409.3 | 13.5 |
| 乳制品、禽蛋 | 165 095.7 | 183 825.0 | 178 614.4 | 210 012.2 | 187 104.7 | 7.1 |
| 食物残渣 | 161 795.3 | 155 548.2 | 159 768.7 | 161 312.0 | 159 867.8 | 6.1 |
| 杂项食用制品 | 138 796.8 | 134 685.0 | 143 094.4 | 147 694.6 | 145 959.4 | 5.6 |
| 动植物脂肪 | 128 745.8 | 137 965.1 | 126 222.5 | 111 940.6 | 126 007.9 | 4.8 |
| 食用水果 | 94 255.9 | 101 361.8 | 118 547.3 | 118 658.9 | 114 672.0 | 4.4 |
| 饮料和酒类 | 107 478.4 | 108 152.7 | 112 254.1 | 103 395.6 | 88 670.3 | 3.4 |
| 蔬菜水果制品 | 70 150.1 | 69 883.0 | 74 869.5 | 79 282.2 | 76 532.0 | 2.9 |
| 糖及糖浆 | 78 544.8 | 87 308.0 | 88 989.0 | 82 387.2 | 76 152.4 | 2.9 |
| 谷物制品 | 63 037.7 | 59 327.4 | 67 973.2 | 70 260.8 | 68 852.6 | 2.6 |
| 麦芽、淀粉、菊粉、小麦面筋等制粉工业产品 | 55 578.6 | 62 290.6 | 66 989.7 | 69 389.1 | 66 538.4 | 2.5 |
| 蔬菜 | 41 490.9 | 48 187.9 | 50 684.8 | 47 312.4 | 58 031.6 | 2.2 |
| 水产品 | 60 986.0 | 70 575.6 | 69 700.5 | 64 459.9 | 52 297.4 | 2.0 |
| 肉制品 | 46 138.8 | 48 345.1 | 50 268.9 | 48 592.2 | 44 544.4 | 1.7 |

（续）

| 年份 | 2016 | 2017 | 2018 | 2019 | 2020 | 2020 年占比（%） |
|---|---|---|---|---|---|---|
| 可可及制品 | 54 679.6 | 50 616.9 | 52 605.2 | 54 213.1 | 44 427.6 | 1.7 |
| 咖啡、茶及香料 | 39 005.8 | 32 597.5 | 33 736.0 | 34 416.7 | 28 909.1 | 1.1 |
| 动物制品 | 24 170.9 | 23 560.6 | 26 890.1 | 30 859.4 | 23 413.7 | 0.9 |
| 活动物 | 17 482.9 | 18 618.3 | 18 379.3 | 17 434.8 | 16 189.3 | 0.6 |
| 树胶、树脂和其他植物汁液和提取物 | 14 271.0 | 12 670.9 | 15 453.3 | 16 231.6 | 15 014.4 | 0.6 |
| 活树和其他植物 | 11 396.7 | 11 768.2 | 13 549.6 | 14 502.4 | 13 724.0 | 0.5 |
| 烟草及制品 | 10 511.1 | 11 584.6 | 12 695.6 | 12 378.8 | 8 737.2 | 0.3 |
| 植物编织材料 | 597.9 | 749.8 | 995.8 | 1 126.4 | 1 065.1 | 0.0 |

## 四、主要贸易伙伴

### （一）主要出口区域

墨西哥农产品及食品主要出口区域以美国为主，在墨西哥出口位居前列的蔬菜、饮料和酒、水果、肉类、糖及糖浆等产品中，出口到美国的市场份额分别达到 96.3%、87.7%、85.7%、60.2% 和 89.5%。对中国出口较多的产品是肉类和水果，且出口增长速度较快，2016—2020 年年均增长率分别为 440% 和 45%（表 4-5）。

表 4-5  2020 年墨西哥主要出口农产品及食品目的国（地区）

单位：千美元

| 品种 | 区域 | 出口金额 | 出口金额占比（%） | 2016—2020 年年均增速（%） |
|---|---|---|---|---|
| 蔬菜 | 世界 | 8 518 435 | 100.0 | 6 |
| | 美国 | 8 205 918 | 96.3 | 6 |
| | 加拿大 | 61 271 | 0.7 | 7 |
| | 土耳其 | 37 972 | 0.4 | 11 |
| | 日本 | 37 729 | 0.4 | 10 |
| | 其他地区 | 32 986 | 0.4 | —— |
| | 阿尔及利亚 | 27 707 | 0.3 | -12 |
| 饮料、酒类 | 世界 | 8 106 786 | 100.0 | 16 |
| | 美国 | 7 105 904 | 87.7 | 17 |
| | 其他地区 | 111 564 | 1.4 | 23 |
| | 澳大利亚 | 85 363 | 1.1 | 9 |

（续）

| 品种 | 区域 | 出口金额 | 出口金额占比（％） | 2016—2020 年年均增速（％） |
|---|---|---|---|---|
| 饮料、酒类 | 加拿大 | 80 920 | 1.0 | 10 |
| | 智利 | 76 360 | 0.9 | 9 |
| | 英国 | 69 151 | 0.9 | 1 |
| 水果 | 世界 | 7 328 705 | 100.0 | 7 |
| | 美国 | 6 277 251 | 85.7 | 8 |
| | 加拿大 | 309 374 | 4.2 | 7 |
| | 日本 | 238 985 | 3.3 | 5 |
| | 中国 | 75 244 | 1.0 | 45 |
| | 荷兰 | 69 103 | 0.9 | −6 |
| | 西班牙 | 66 098 | 0.9 | 8 |
| 肉类 | 世界 | 2 628 319 | 100.0 | 13 |
| | 美国 | 1 582 345 | 60.2 | 10 |
| | 日本 | 607 391 | 23.1 | 11 |
| | 中国 | 275 946 | 10.5 | 440 |
| | 韩国 | 57 569 | 2.2 | 0 |
| | 加拿大 | 54 971 | 2.1 | 35 |
| | 中国香港 | 35 623 | 1.4 | 18 |
| 糖和糖浆 | 世界 | 1 648 486 | 100.0 | 3 |
| | 美国 | 1 476 116 | 89.5 | 3 |
| | 其他地区 | 23 808 | 1.4 | 129 |
| | 德国 | 21 436 | 1.3 | 12 |
| | 危地马拉 | 20 037 | 1.2 | 0 |
| | 哥伦比亚 | 14 586 | 0.9 | −7 |
| | 西班牙 | 14 329 | 0.9 | 53 |
| 蔬菜水果制品 | 世界 | 1 527 596 | 100.0 | 3 |
| | 美国 | 1 204 464 | 78.8 | 3 |
| | 荷兰 | 73 064 | 4.8 | −4 |
| | 日本 | 53 154 | 3.5 | 7 |
| | 其他地区 | 22 031 | 1.4 | 242 |
| | 西班牙 | 21 611 | 1.4 | 17 |
| | 加拿大 | 16 852 | 1.1 | 4 |

## （二）主要进口来源

墨西哥农产品及食品主要进口自美国，在墨西哥进口份额较大的谷物、油籽、肉类、乳品等产品中，谷物、肉类、乳品禽蛋、食品工业残渣废料80%以上进口自美国，其次是加拿大。油籽和杂项食品自美国进口份额也分别在62.9%和76.8%。自中国进口的主要是一些豆类和配制的动物饲料（表4-6）。

表4-6 2020年墨西哥主要进口农产品及食品进口来源国（地区）

单位：千美元

| 品种 | 区域 | 进口金额 | 占比（%） | 2016—2020年年均增速（%） |
|---|---|---|---|---|
| 谷物 | 世界 | 4 879 610 | 100.0 | 4 |
| | 美国 | 4 050 166 | 83.0 | 3 |
| | 加拿大 | 331 210 | 6.8 | 5 |
| | 巴西 | 255 124 | 5.2 | 99 |
| | 法国 | 65 289 | 1.3 | 64 |
| | 乌拉圭 | 50 261 | 1.0 | 4 |
| | 巴拉圭 | 45 661 | 0.9 | — |
| 油籽 | 世界 | 3 599 455 | 100.0 | 5 |
| | 美国 | 2 264 432 | 62.9 | 7 |
| | 加拿大 | 567 018 | 15.8 | −5 |
| | 巴西 | 312 644 | 8.7 | 48 |
| | 中国 | 82 857 | 2.3 | 2 |
| | 泰国 | 49 947 | 1.4 | 5 |
| | 智利 | 44 921 | 1.2 | 7 |
| 肉类 | 世界 | 3 544 093 | 100.0 | 0 |
| | 美国 | 3 091 240 | 87.2 | 2 |
| | 加拿大 | 280 742 | 7.9 | 0 |
| | 智利 | 62 616 | 1.8 | −9 |
| | 尼加拉瓜 | 50 650 | 1.4 | 11 |
| | 其他地区 | 22 705 | 0.6 | — |
| | 西班牙 | 17 786 | 0.5 | 1 |
| 乳品和禽蛋 | 世界 | 1 871 047 | 100.0 | 4 |
| | 美国 | 1 568 198 | 83.8 | 6 |
| | 新西兰 | 165 007 | 8.8 | −3 |
| | 荷兰 | 37 719 | 2.0 | −4 |
| | 乌拉圭 | 23 900 | 1.3 | −11 |
| | 智利 | 20 806 | 1.1 | −1 |
| | 其他地区 | 17 999 | 1.0 | — |

（续）

| 品种 | 区域 | 进口金额 | 占比（%） | 2016—2020年年均增速（%） |
|---|---|---|---|---|
| 食品废料残渣 | 世界 | 1 598 678 | 100.0 | 0 |
| | 美国 | 1 410 181 | 88.2 | —1 |
| | 加拿大 | 51 915 | 3.2 | 14 |
| | 其他地区 | 37 365 | 2.3 | — |
| | 法国 | 27 049 | 1.7 | 12 |
| | 中国 | 20 648 | 1.3 | 4 |
| | 荷兰 | 9 125 | 0.6 | 34 |
| 杂项食品 | 世界 | 1 459 594 | 100.0 | 2 |
| | 美国 | 1 121 266 | 76.8 | 0 |
| | 危地马拉 | 62 220 | 4.3 | 38 |
| | 哥伦比亚 | 49 990 | 3.4 | 23 |
| | 其他地区 | 42 145 | 2.9 | — |
| | 西班牙 | 24 861 | 1.7 | 4 |
| | 中国 | 20 196 | 1.4 | 10 |

## 五、墨西哥农产品贸易特点

**1. 贸易集中度较高，美国仍然是墨西哥最大的贸易伙伴**

从贸易整体情况看，美国是墨西哥最大的贸易伙伴。2020年，墨西哥出口贸易额4 181亿美元，出口到美国3 308亿美元，占比79%。墨西哥进口贸易额3 833亿美元，从美国进口1 682亿美元，占比44%。就农产品贸易而言，墨西哥主要的农产品出口目的国和进口来源国均为美国。可以说，墨西哥农产品进出口贸易高度集中，尽管近年墨西哥致力于进出口市场多元化，从美国以外的其他国家如加拿大和巴西、乌拉圭等南美国家进口和向中国、日本等亚洲和欧洲国家出口在逐年增加，但美国仍然牢牢占据着第一大贸易伙伴的主体地位。

**2. 农产品贸易逆差从20世纪80年代一直持续到2014年**

从20世纪80年代起，墨西哥农产品及食品贸易一直呈现逆差，逆差一直持续至2014年，2008年逆差最高达到72.9亿美元。2015年起，农产品贸易才逐步转为顺差，2020年顺差为124.2亿美元。

**3. 农产品出口和进口品种较为集中**

农产品出口集中在水果、蔬菜、肉类、饮料酒类等少数几类产品上，这几类产品出口占到出口总额的比例达 67%。农产品进口集中在谷物、油籽、肉类、乳品禽蛋等产品上，这几类产品进口额占农产品进口总额比重达 53%。

## 第二节　农产品国际贸易战略和地位

### 一、墨西哥积极推动农产品出口战略

墨西哥政府制订了农业食品市场多样化的战略计划，与多国签订贸易协定推动国际农产品贸易。生效的贸易协定中降低关税的农产品包括香蕉、橙汁、龙舌兰糖浆、芦笋、番茄、豌豆、柑橘、鲜食葡萄、柠檬、硬粒小麦、白玉米、蜂蜜、牛肉和肉类内脏、家禽、粗糖、小麦、花卉、蛋制品、橘子汁、菠萝汁、甜品、糖果和酵母等。目前免税的产品包括咖啡、鳄梨、水果（浆果、芒果和木瓜等）、蔬菜（尤其是洋葱和辣椒）、饮料（龙舌兰酒、梅苏卡尔酒和啤酒）以及红花油等农产品。

全球新冠肺炎疫情暴发后，墨西哥政府将重点继续放在北美地区，保持与美国和加拿大之间的自由贸易。同时，通过《跨太平洋经济合作协定》扩大对亚太地区的出口，产品进入 6 个新市场：澳大利亚、新西兰、越南、文莱、新加坡和马来西亚。此外，墨西哥将寻求开始与日本签订《战略结盟协定》，以取得农产品关税优惠，并争取与韩国就建立《自由贸易协定》进行谈判。

墨西哥政府通过与中国政府签订鳄梨、浆果（黑莓、树莓和蓝莓）、牛肉、猪肉、玉米、烟草、乳制品、香蕉和高粱等 11 个农产品出口议定书，从而推动墨西哥农产品进入中国市场。

在太平洋联盟的框架内，墨西哥继续与秘鲁、智利和哥伦比亚合作，以增强地区间合作关系，实行物流一体化。

在中东地区，墨西哥继续开展肉类的清真认证工作，签署卫生协议书，推动墨西哥肉类出口到阿拉伯半岛国家（科威特、沙特阿拉伯、卡塔尔和阿拉伯联合酋长国）。

### 二、墨西哥在国际农产品贸易中的地位

2019 年，墨西哥农业出口额为 378.44 亿美元（农产品出口额为 181.06

亿美元，农业工业品出口额为 197.38 亿美元），同比增长 8.59%，占墨西哥全部出口额的 8.2%。其中农业、畜牧业和渔业出口占比为 3.9%，食品、烟和饮料出口占比为 4.3%。

蔬菜、饮料和水果是主要出口类别，分别占 21%、20% 和 20%，合计占比超过 60%，且出口增长也较快。2019 年胡椒和辣椒的出口额增加了17.93%（从 11.65 亿美元增至 13.74 亿美元）；鳄梨出口额增加了 16.02%（从 24.94 亿美元增至 28.93 亿美元）；甜瓜、西瓜和木瓜出口总额增加了12.88%（从 4.61 亿美元增至 5.21 亿美元）；葡萄和葡萄干出口额增长了46.93%（从 2 亿美元增至 2.94 亿美元）；新鲜草莓出口额增长了 41.53%（从近 4.13 亿美元增至 5.84 亿美元）；猪肉出口额增长了 31.72%（从 5.36 亿美元增至 7.06 亿美元）。

1995—2019 年，墨西哥农业出口额以年 7.86% 的速度递增（图 4-1）。

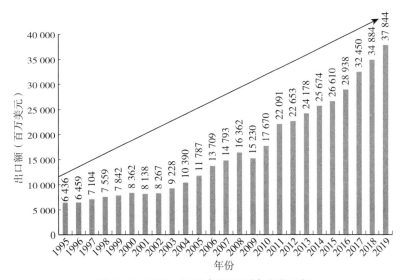

图 4-1 1995—2019 年墨西哥农业出口额

2019 年农产品和农产品加工品进口额为 287.52 亿美元，同比增加1.13%。超过 50% 的进口产品集中在 4 个类别：谷物占 18%，肉类占 15%，种子和油用水果占 13%，乳制品和其他动物产品占 8%。乳制品和其他动物源性产品进口量同比增长了 18%。

2019 年农产品出口额已超过旅游业（248.16 亿美元）、汽油出口（259.85亿美元）。墨西哥是美国农产品的 3 个主要进口国（墨西哥、土耳其和加拿大）之一，2013 年美国进口墨西哥农产品不足 180 亿美元，2019 年进口额已接近

290 亿美元，占美国全部农产品进口额的 21.6%。

2019 年，墨西哥是世界第八大农产品出口国，第一大啤酒、鳄梨、番茄、龙舌兰酒、芦笋出口国，第二大辣椒、柠檬出口国，第三大黄瓜、饼干出口国，第四大白菜花、绿菜花、莓果类、活牛、橙汁、碧根果和糖果出口国，第六大糖出口国。

### 三、墨西哥农业贸易存在的问题

墨西哥 80% 农产品出口到美国，20% 出口到德国、比利时等欧洲国家以及日本等。对美国高度依赖是很危险的，美国政策的任何一点变化都会给墨西哥农业生产造成严重影响。2019 年 5 月，美国单方面取消了 23 年前与墨西哥签订的番茄出口协议，墨西哥番茄出口商需要为产品进入美国支付 17.5% 的临时性补偿关税。番茄的生产和出口为墨西哥 17 个州提供了 40 万个直接就业岗位，并创造了超过 100 万个与此行业相关的物流行业、服务业等额外岗位。关税的增加，无疑影响到墨西哥番茄产业链的所有方面。

墨西哥已经认识到这种高度依赖产生的风险，正在积极开拓新的农产品出口渠道。但由于国内经济增长缓慢、治安形势不清、政策不确定性等因素影响，难以吸引国际资本对墨西哥长期投资，其农业现状和农产品贸易现状短期内难以有大的改变。

## 第三节　与主要贸易国的农产品贸易

墨西哥主要农产品贸易伙伴国有美国、加拿大、日本和中国。根据墨西哥经济部数据，2018 年墨西哥农产品进出口总额达 632.79 亿美元，其中与美国和加拿大农产品贸易额高达 507 亿美元，占比 80.1%。墨西哥与美国互为农产品第一大市场，美国对墨西哥出口总额 196 亿美元，墨西哥对美国出口总额 291 亿美元。

### 一、美国

墨美互为第一大贸易伙伴。2018 年墨西哥农产品对美国出口额为 291 亿美元，包括近 60 亿美元的新鲜蔬菜（其中番茄 20 亿美元）、60 亿美元的水果

（其中鳄梨 20 亿美元）和 36 亿美元的啤酒。2018 年，墨西哥进口美国农产品 196 亿美元，其中谷物 31 亿美元，大豆 17 亿美元，奶制品 14 亿美元，猪肉及猪肉制品 13 亿美元，牛肉及其制品 11 亿美元。美国是墨西哥最大的农业贸易伙伴，墨西哥 88％农产品出口美国。墨西哥是美国第一大农产品出口国，美国 69％的农产品出口墨西哥。

2019 年墨西哥与美国的农产品贸易额达 503.2 亿美元，同比增加了 3.3％。其中墨西哥向美国农产品出口额为 310.76 亿美元，占墨西哥全部农产品出口额的 82.1％，比 2018 年增加 6.8％。主要出口类别为水果（26％）、蔬菜（22％）、饮料（龙舌兰酒和啤酒）和醋（20％），谷物和蔬菜预制品、牛肉（均为 5％），糖和饼干（4％）。其中啤酒出口额为 39.56 亿美元，鳄梨 24.53 亿美元，番茄 19.84 亿美元，龙舌兰酒 18.19 亿美元，莓果（包括树莓和黑莓）13.16 亿美元，甜椒 12.33 亿美元，活牛 8.81 亿美元，草莓 8.42 亿美元，去骨牛肉 7.51 亿美元，碧根果 6.88 亿美元。

墨西哥自美国进口农产品 192.44 亿美元，进口类别分别为谷物（22％）、牛肉（16％）、种子和油料作物（12％），奶类、鸡蛋、蜂蜜、动物饲料（均为 8％），食品预制品（6％）。其中玉米 27.49 亿美元，大豆 18.67 亿美元，小麦 8.12 亿美元，奶粉 7.79 亿美元，去骨牛肉 7.08 亿美元，猪肉火腿 6.86 亿美元，大豆渣 6.40 亿美元、食品制剂 4.99 亿美元、淀粉废料 4.21 亿美元和果糖 3.528 亿美元。

墨西哥与美国的双边农产品贸易额从 2015 年的 407.52 亿美元增加到 2019 年 503.2 亿美元，墨西哥贸易顺差从 52.08 亿美元增加到 118.32 亿美元。

墨西哥高度重视美国市场。2019 年 11 月，墨西哥农业部长同美国农业部长会见，就鳄梨、番茄、蔗糖等产品进出口贸易交换意见。

为保证能够长期向美国出口番茄，针对番茄锈病，墨西哥植物保护局发布了相关法令（2019 年 8 月 8 日第 074 号通知），更新了植物检疫措施。2019 年 11 月，针对番茄褐色萎缩病，墨西哥卫生、安全和农业食品质量局为出口美国的番茄提供病毒检测技术，以保证产品顺利出口。

## 二、加拿大

2018 年墨西哥和加拿大贸易额为 248.45 亿美元，同比增长 2.7％。墨西哥对加拿大出口额 140.74 亿美元，同比增加 23.9％，加拿大成为仅次于美国的墨西哥第二大出口市场。1999—2018 年,加拿大对墨西哥累计直接投资额达 368.71 亿美元,占外国在墨西哥直接投资总额的 6.8%,位居美国、西班牙之后成为第三大在墨西哥投资来源国。

加拿大是墨西哥第四大农产品和海产品出口市场,农产品贸易额达 30.31 亿美元。墨西哥出口加拿大农产品 16.16 亿美元,其中畜牧产品 0.46 亿美元,蔬菜类 15.41 亿美元。墨西哥进口加拿大农产品 14.15 亿美元,其中畜牧产品 2.97 亿美元,蔬菜 11.93 亿美元。

## 三、日本

2018 年墨西哥对日本的农产品和水产品贸易额为 9.53 亿美元,其中出口额为 9.36 亿美元,进口额超过 1 700 万美元,贸易顺差为 9.18 亿美元。对日本主要出口产品是猪肉、鳄梨、蓝鳍金枪鱼、牛肉、橙汁、龙舌兰酒、南瓜、果胶和水果。从日本进口农产品有绿茶、南瓜籽、食品半成品、脂肪和植物油、鱼罐头、汤和发酵饮料。

## 四、中国

2018 年墨西哥和中国农产品贸易额为 14.53 亿美元,较 2017 年大幅上涨,增幅为 44%。墨西哥对中国出口总额 6.21 亿美元,比 2017 年上涨了 111%。2019 年墨西哥出口中国农产品总额超过 6.39 亿美元,其中水果等 1.85 亿美元,鱼等无脊椎动物 1.58 亿美元,啤酒、雪碧和醋等 0.998 亿美元,肉类 0.89 亿美元,动物饲料等 0.67 亿美元,棉花 0.32 亿美元,油料 566 万美元,蔬菜水果和坚果等半成品 259 万美元,动物 61 010 美元。

2019 年墨西哥从中国进口农产品总额为 6.34 亿美元,其中鱼等无脊椎动物 2.06 亿美元,棉花 1.25 亿美元,油料 7 495 万美元,肉、鱼及海产品半成品 7 447 万美元,咖啡、茶、咖啡伴侣和香料等 6 883 万美元,糖和糖制品 2 275 万美元,动物饲料等 2 014 万美元,可食用蔬菜及根茎类等 1 218 万美元,蔬菜水果坚果半成品 1 194 万美元,可食用水果坚果等 813 万美元,谷物、面粉、淀粉及奶制品等 771 万美元,可可及其制品 180 万美元,饮料、烈酒和醋等 77.258 万美元。

## 第四节　推动农产品贸易所采取的措施和对策

墨西哥农产品出口市场严重依赖美国，80％农产品出口到美国。推动农产品市场多元化是墨西哥政府当务之急。2019 年墨西哥农业部门继续致力于开发新的蔬菜水果出口市场，计划在美洲、亚洲、非洲和欧盟开发 38 个新的出口市场，商业化出口 90 种农产品。为此，2019 年墨西哥农业部主要采取了以下措施。

### 一、亚洲市场

在亚洲，墨西哥计划向包括中国、韩国、中国香港、印度和日本等在内的 15 个国家和地区出口农产品。

2019 年 2 月，墨西哥与卡塔尔就农产品进出口举行会谈，涉及的农产品包括牛肉、甘蔗、玉米、蔬菜、水果、糖、咖啡、蜂蜜、虾、金枪鱼等。

墨西哥政府非常重视中国市场，与中国签订了关于鳄梨、苜蓿、欧洲越橘、南瓜、芦笋、波斯柠檬和小麦的出口协议。

2019 年 5 月，墨西哥农业部长访问中国，签署了墨西哥香蕉输华植物检疫要求的议定书。据此协议，墨西哥的塔巴斯科、恰帕斯和韦拉克鲁斯 3 个州的香蕉可以出口到中国。2020 年 1 月，第一批墨西哥香蕉出口到中国 39 吨，其中 20 吨来自塔巴斯科州，19 吨来自恰帕斯州。

2019 年 11 月，墨西哥经济部长率团访问上海，参加第二届中国国际进口博览会。来自哈利斯科州、萨卡特卡斯州等 55 家墨西哥企业参会，展示和推广墨西哥香蕉、鳄梨、牛肉、猪肉、调味料、咖啡、龙舌兰等。

除中国、日本外，亚洲的另一个重要市场是韩国，墨西哥向韩国主要出口食用葡萄。2019 年 5 月和 11 月，韩方两次访问墨西哥，就索诺拉州的葡萄出口问题进行会谈。2020 年，韩国授权墨西哥的 10 个包装厂和 19 个生产厂家可以向韩国出口葡萄。2020 年 6 月，索诺拉州 125 吨鲜食葡萄分 8 批出口到韩国。

2019 年 7 月，阿拉伯联合酋长国粮食安全部长访问墨西哥，双方就农业和畜牧领域知识共享和培训以及墨西哥农产品出口等问题举行会谈。双方同意借助墨西哥-迪拜空中货运路线加强墨西哥农产品出口，并将迪拜作为向阿曼、科威特、巴拉迪和约旦等国的分销中心。

## 二、美洲市场

墨西哥寻求与巴西、智利、哥伦比亚和委内瑞拉等 16 个国家缔结农产品出口协议，计划出口鳄梨、咖啡、波斯柠檬、芒果、可可、桃、仙人掌、食用葡萄、面粉、谷物和种子。2019 年 5 月，在二十国集团（G20）农业部长会议期间，墨西哥和巴西就大米和豆类进出口达成协议，墨西哥同意进口巴西大米，巴西同意进口墨西哥豆类。6 月双方签署议定书，内容是杜兰戈州、齐瓦瓦州和萨卡特卡斯州向巴西出口豆类。

## 三、欧洲市场

墨西哥积极加强与比利时、波兰等国在农产品贸易上的合作。2019 年 2 月墨西哥与比利时农业贸易团达成协议，墨西哥向比利时出口水果、咖啡、无籽柠檬、香蕉、可可、鹰嘴豆、天然蜂蜜、马肉、冷藏或冷冻大西洋和太平洋金枪鱼等产品。比利时向墨西哥出口大麦芽、小麦面筋、大米粉、小麦粉、蔬菜、优良马匹、鱼饲料、奶粉、奶酪、黄油等。

## 四、大洋洲市场

2019 年 3 月，墨西哥和新西兰政府签署农业合作谅解备忘录，内容是墨西哥向新西兰市场出口啤酒、香蕉、龙舌兰酒、水果罐头、医药工业用动物产品、咖啡、果胶酶、调味汁、速溶咖啡、酸橙汁。新西兰向墨西哥出口羊肉、干酪、甜奶酪、奶粉、黄油、奇异果和毛线。

# 第五章 CHAPTER 5
# 墨西哥种植业发展情况 ▶▶▶

## 第一节　主要粮食作物种植情况

### 一、玉米

玉米起源于 8 000 多年前的墨西哥瓦哈卡州中心山谷，是墨西哥最重要的作物。玉米是玛雅文明和阿兹特克文明的支柱。玉米不仅仅是填饱肚子的粮食，而且是印第安人宗教崇拜的对象，被印第安人奉为太阳之子。玉米一直是美洲印第安人的主要栽培作物和食物来源。

全世界大约有 300 个玉米品种，墨西哥有 59 个，其中 35 个是在瓦哈卡州发现的。广泛种植的玉米品种有 Cónicos 和 Tuxpeños，而其他品种，如 Tepecintle 和哈拉，则在特定地区少量种植。2012 年，《联邦政府公报》公布了《确定玉米来源和遗传多样性中心的协定》。据此在下加利福尼亚州、齐瓦瓦州、科阿韦拉州、新莱昂州、塔毛利帕斯州、锡那罗亚州和索诺拉州设立了玉米起源和遗传多样性中心。在墨西哥，白玉米用于加工成食品，如传统的玉米饼和玉米粽子等，还可用于加工玉米油和其他产品。黄玉米主要用于饲养牲畜和加工淀粉。

（一）墨西哥玉米生产情况

**1. 整体生产情况**

墨西哥是国际第八大玉米生产国。按用途分，墨西哥玉米可以分为饲用、食用和鸽子用玉米。墨西哥食用玉米的生产分春夏和秋冬两个类型。其种植情况如表 5-1 所示。从表 5-1 中可以看出，墨西哥春夏玉米的种植总面积呈下降趋势，秋冬玉米的种植则略有增长，总播种面积呈下降趋势。单产呈增长趋势。秋冬玉米单产高于春夏玉米。2009—2018 年玉米总产量呈增长趋势。2019 年玉米总产量比 2018 年下降了 4.3%。

表 5-1 2009—2019 年墨西哥玉米生产情况

| 年份 | 播种面积（百万公顷） | | | 总产量（百万吨） | | | 平均产量（千克/亩） | | |
|---|---|---|---|---|---|---|---|---|---|
| | 春夏 | 秋冬 | 合计 | 春夏 | 秋冬 | 合计 | 春夏 | 秋冬 | 合计 |
| 2009 | 6.6 | 1.2 | 7.8 | 13.6 | 6.7 | 20.3 | 137.37 | 372.22 | 173.50 |
| 2010 | 6.7 | 1.5 | 8.2 | 16.6 | 4.4 | 21.0 | 165.17 | 195.56 | 171.54 |
| 2011 | 6.3 | 1.0 | 7.3 | 13.2 | 5.5 | 18.7 | 139.68 | 366.67 | 170.78 |
| 2012 | 6.3 | 1.1 | 7.4 | 16.6 | 5.2 | 21.8 | 175.66 | 315.15 | 198.17 |
| 2013 | 6.4 | 1.0 | 7.4 | 17.5 | 5.3 | 22.8 | 182.29 | 353.33 | 205.41 |
| 2014 | 6.4 | 1.2 | 7.6 | 18.0 | 7.3 | 25.3 | 187.50 | 405.55 | 219.05 |
| 2015 | 6.4 | 1.3 | 7.7 | 17.3 | 8.5 | 25.3 | 180.21 | 435.90 | 224.24 |
| 2016 | 6.4 | 1.2 | 7.6 | 19.7 | 7.9 | 27.6 | 205.21 | 438.89 | 238.96 |
| 2017 | 6.3 | 1.2 | 7.5 | 19.9 | 7.9 | 27.8 | 210.58 | 438.89 | 247.11 |
| 2018 | 6.2 | 1.3 | 7.5 | 19.2 | 8.6 | 27.6 | 206.45 | 441.03 | 250.45 |
| 2019 | 5.9 | 1.3 | 7.2 | 18.4 | 8.2 | 26.6 | 207.91 | 420.51 | 246.30 |

**2. 不同品种玉米的生产情况**

表 5-2 显示，2019 年墨西哥种植的玉米种类有蓝玉米（Maíz grano azul）、彩色玉米（Maíz grano de color）、黄玉米（Maíz grano amarillo）、宽玉米（Maíz grano pozolero）和白玉米（Maíz grano blanco）。其中，白玉米的播种面积最大，占比为 91.2%；产量和产值最高，2019 年总产量的 87.5% 出自白玉米。其次是黄玉米，播种面积占比为 8.2%，产量占比为 12.2%。彩色玉米居第三位，蓝玉米最低。从单产看，白玉米单产最高，蓝玉米单产最低。

表 5-2 2019 年墨西哥各种类玉米生产情况

| 品种 | 播种面积（公顷） | 产量（吨） | 单产（吨/公顷） | 产值（万比索） |
|---|---|---|---|---|
| 蓝玉米 | 7 858.00 | 11 876.41 | 1.51 | 4 545.63 |
| 彩色玉米 | 26 365.09 | 49 131.03 | 1.86 | 17 835.54 |
| 黄玉米 | 587 825.12 | 3 328 539.12 | 5.66 | 1 262 981.19 |
| 宽玉米 | 6 917.68 | 21 274.18 | 3.08 | 8 518.82 |
| 白玉米 | 6 528 620.99 | 23 817 421.68 | 3.65 | 9 330 693.52 |
| 合计 | 7 157 586.88 | 27 228 242.42 | 3.80 | 10 624 574.71 |

**3. 各州玉米的生产情况**

2017—2019 年春夏玉米和秋冬玉米的主要生产州种植情况如表 5 - 3、表 5 - 4 和表 5 - 5 所示。从表 5 - 3 可以看出，春夏玉米的主要生产州是哈利斯科州、米却肯州、墨西哥州、瓜纳华托州和齐瓦瓦州，这几个州 2018 年和 2019 年的产量均占当年春夏玉米总产量的 55% 以上。

**表 5 - 3　2017—2019 年墨西哥春夏玉米生产情况**

单位：万吨

| | 2017 年 | 2018 年 | 2018 年占比（%） | 2019 年 | 2019 年占比（%） |
|---|---|---|---|---|---|
| 哈利斯科州 | 399.8 | 382.1 | 19.9 | 352.9 | 20.9 |
| 米却肯州 | 187.4 | 195.8 | 10.2 | 179.2 | 10.6 |
| 墨西哥州 | 221.8 | 192.1 | 10.0 | 166.6 | 9.8 |
| 瓜纳华托州 | 164.2 | 169.4 | 8.8 | 149.0 | 8.8 |
| 齐瓦瓦州 | 120.1 | 147.9 | 7.7 | 138.0 | 8.2 |
| 其他州 | 894.4 | 836.3 | 43.5 | 705.7 | 41.7 |
| 全国总计 | 1 987.7 | 1 923.6 | 100.0 | 1 691.4 | 100.0 |

表 5 - 4 显示，墨西哥秋冬玉米主要生产州 2017—2019 年的生产情况。锡那罗亚州、塔毛利帕斯州、索诺拉州、韦拉克鲁斯州和恰帕斯州是墨西哥秋冬玉米的前五大生产州。2018 年和 2019 年这五大州的产量分别占当年秋冬玉米总产量的 90% 以上。

**表 5 - 4　2017—2019 年墨西哥秋冬玉米生产情况**

单位：万吨

| | 2017 年 | 2018 年 | 2018 年占比（%） | 2019 年 | 2019 年占比（%） |
|---|---|---|---|---|---|
| 锡那罗亚州 | 514.3 | 560.8 | 65.2 | 554.7 | 66.3 |
| 塔毛利帕斯州 | 92.7 | 101.9 | 11.8 | 95.3 | 11.4 |
| 索诺拉州 | 51.9 | 66.0 | 7.7 | 41.1 | 4.9 |
| 韦拉克鲁斯州 | 49.4 | 44.8 | 5.2 | 50.5 | 6.0 |
| 恰帕斯州 | 18.2 | 19.1 | 2.2 | 21.6 | 2.6 |
| 其他州 | 66.7 | 67.9 | 7.9 | 73.3 | 8.8 |
| 全国合计 | 793.2 | 860.5 | 100.0 | 836.5 | 100.0 |

从表 5 - 5 可以看出，2019 年锡那罗亚州是食用玉米产量第一大州，其产量远远超过其他 9 个州。从单产看，锡那罗亚州的单产远远高于其他州。在前十大州中，恰帕斯州食用玉米单产最低，仅为锡那罗亚州玉米单产的 16%。

表5-5  2019年墨西哥各州食用玉米生产情况

| | 播种面积（公顷） | 收获面积（公顷） | 总产量（吨） | 单产（吨/公顷） | 总产值（万比索） |
|---|---|---|---|---|---|
| 锡那罗亚州 | 557 279.25 | 556 430.84 | 6 440 204.90 | 11.57 | 2 351 361.37 |
| 哈利斯科州 | 589 681.06 | 589 681.06 | 3 818 364.89 | 6.48 | 1 663 729.55 |
| 米却肯州 | 441 388.01 | 416 775.01 | 1 945 027.31 | 4.67 | 773 394.87 |
| 墨西哥州 | 475 809.03 | 469 318.66 | 1 865 010.36 | 3.97 | 6 832 478.05 |
| 瓜纳华托州 | 397 589.70 | 378 083.70 | 1 722 978.37 | 4.56 | 632 454.59 |
| 齐瓦瓦州 | 214 769.12 | 214 493.12 | 1 417 389.66 | 6.61 | 515 646.28 |
| 格雷罗州 | 491 301.24 | 453 209.95 | 1 292 294.44 | 2.85 | 559 091.03 |
| 恰帕斯州 | 689 822.29 | 672 812.27 | 1 255 419.51 | 1.87 | 478 674.31 |
| 韦拉克鲁斯州 | 574 332.80 | 510 627.49 | 1 113 138.53 | 2.18 | 471 334.40 |
| 普埃布拉州 | 532 963.63 | 517 820.96 | 1 026 623.80 | 1.98 | 419 225.83 |

### （二）玉米供需及进出口情况

#### 1. 玉米供需情况

表5-6显示，2017—2019年白玉米的产量不断下降，进口量始终大于出口量，2017年和2018年的产量大于当年消费总量，但2019年产不足需，且库存急剧下降。

2017—2019年黄玉米进口量不断增加，且进口量远大于其产量，出口很少，因此供应总量不断增加，期末库存量也不断增加。

表5-6  2017—2019年墨西哥白玉米和黄玉米的供需情况

单位：万吨

| 项目 | | 白玉米 | | | 黄玉米 | | |
|---|---|---|---|---|---|---|---|
| | | 2017年 | 2018年 | 2019年 | 2017年 | 2018年 | 2019年 |
| 供应 | 供应总量 | 2 751.9 | 2 767.3 | 2 553.4 | 2 117.3 | 2 220.1 | 2 342.5 |
| | 期初库存量 | 210.6 | 248.5 | 270.1 | 308.2 | 337.8 | 372.5 |
| | 产量 | 2 438.4 | 2 428.3 | 2 180.7 | 318.6 | 355.7 | 347.4 |
| | 进口量 | 102.9 | 90.5 | 102.6 | 1 490.5 | 1 526.6 | 1 622.6 |
| 需求 | 需求总量 | 2 503.4 | 2 509.1 | 2 502.5 | 1 779.5 | 1 862.2 | 1 912.4 |
| | 出口量 | 90.9 | 58.5 | 70.7 | 0.6 | 0.4 | 0.3 |
| | 消费总量 | 2 293.8 | 2 332.0 | 2 323.1 | 1 749.4 | 1 830.4 | 1 880.0 |
| | 其他 | 118.7 | 118.6 | 108.7 | 29.5 | 31.4 | 32.1 |
| 期末库存量 | | 248.5 | 258.2 | 50.9 | 337.8 | 357.9 | 430.1 |

**2. 玉米进口情况**

表 5-7 显示，2009—2019 年墨西哥玉米进口量呈逐年增长趋势。其中，黄玉米进口占 80% 以上。2019 年玉米进口量 1 725.2 万吨，94.1% 为黄玉米，主要原因是黄玉米国际价格的提高。

表 5-7 2009—2019 年墨西哥玉米进口量变化

单位：万吨

| 年份 | 黄玉米进口量 | 白玉米进口量 | 总进口量 |
| --- | --- | --- | --- |
| 2009 | 766.8 | 34.3 | 801.1 |
| 2010 | 680.0 | 113.3 | 793.3 |
| 2011 | 925.9 | 161.2 | 1 087.1 |
| 2012 | 507.6 | 58.8 | 566.4 |
| 2013 | 1 025.4 | 81.7 | 1 107.1 |
| 2014 | 1 033.1 | 88.0 | 1 121.1 |
| 2015 | 1 288.3 | 102.8 | 1 391.1 |
| 2016 | 1 363.7 | 98.3 | 1 462.0 |
| 2017 | 1 490.5 | 102.9 | 1 593.4 |
| 2018 | 1 526.6 | 90.5 | 1 617.1 |
| 2019 | 1 622.6 | 102.6 | 1 725.2 |

2012 年墨西哥自 5 个国家进口玉米，2017 年进口国家增加到 13 个。2017 年墨西哥 95.8% 的进口玉米来自美国。2018 年墨西哥从美国、巴西、阿根廷、澳大利亚、匈牙利和印度等国进口玉米。

**3. 玉米出口情况**

墨西哥是世界第十大玉米出口国，主要出口到 17 个国家，包括委内瑞拉（58%）、肯尼亚（33%）和美国（4%）及其他国家。表 5-8 显示，2009—2019 年墨西哥出口白玉米，其出口曲线为倒 V 形，2015 年达到峰值 153.4 万吨，之后逐年下降。2019 年墨西哥出口量为 71.0 万吨。

表 5-8 2009—2019 年墨西哥玉米出口量

单位：万吨

| 年份 | 黄玉米出口量 | 白玉米出口量 | 总出口量 |
| --- | --- | --- | --- |
| 2009 | 0.0 | 63.0 | 63.0 |
| 2010 | 0.0 | 7.4 | 7.4 |
| 2011 | 0.0 | 39.4 | 39.4 |
| 2012 | 0.1 | 49.2 | 49.3 |

（续）

| 年份 | 黄玉米出口量 | 白玉米出口量 | 总出口量 |
|---|---|---|---|
| 2013 | 0.4 | 46.3 | 46.7 |
| 2014 | 0.8 | 74.9 | 75.7 |
| 2015 | 3.5 | 149.9 | 153.4 |
| 2016 | 0.6 | 148.6 | 149.2 |
| 2017 | 0.6 | 90.9 | 91.5 |
| 2018 | 0.4 | 58.5 | 58.9 |
| 2019 | 0.3 | 70.7 | 71.0 |

2012年墨西哥玉米出口到14个国家，2017年出口国家增加到29个。委内瑞拉是墨西哥玉米第一大出口国，2018年委内瑞拉共进口了152 166 479美元的墨西哥玉米，占墨西哥全部玉米出口额的76%，占全部出口量的79.7%。此外，出口目的国还有意大利、肯尼亚、美国、危地马拉、哥斯达黎加、加拿大、英国、古巴、荷兰等。

（三）政府为推动玉米生产采取的措施

2019年的"社会可持续农业市场计划"中包括支持恰帕斯州、尤卡坦州等27个州的玉米、高粱和大豆等生产以及锡那罗亚州玉米供应等。如为保证玉米生产和市场供应，锡那罗亚州投入资金2.864亿比索，收购1 447 995吨玉米。生产者玉米价格不低于3 600比索/吨，销售者价格不低于3 800比索/吨。

为更好推动玉米生产，2020年墨政府推出"墨西哥玉米战略计划"（Maiz por Mexico），加大玉米生产扶持力度，从技术、资金、加工等方面助力墨西哥玉米增产。为增加玉米产量，墨农业农村发展部在恰帕斯州、尤卡坦州、塔毛利帕斯州和中部河谷地区部署战略性种植土地。2020年4月13日，墨西哥总统签署颁布了促进和保护本地玉米的联邦法律《la Ley Federal para el Fomentoy Protección del Maíz Nativo》。

2020年4月，墨西哥发布了2020年度《保证价格计划操作规则》，在2019—2020年秋冬和2020年春夏生产周期，对种植规模不超过50公顷、利用临时或灌溉用地生产的中等规模玉米生产商，提供4 150比索/吨的保证价格，最多资助数量600吨，以增加中等规模玉米生产商收入，激励其保证玉米生产，从而减少玉米进口。

2020 年 4 月，墨西哥还公布了"福利生产计划"，总预算 110 亿比索。该计划面向中小规模生产者，60% 的受益人集中在贫困和偏远东南部地区，主要资助玉米、豆类、小麦、大米、苋菜、奇亚籽、咖啡和甘蔗等生产者。

（四）玉米衍生产品生产

**1. 玉米黑丹**

玉米黑丹是玉米黑粉菌，在被西班牙人殖民之前已经存在，是墨西哥的传统食品和美食。墨西哥人认为，玉米黑丹除具有重要营养价值外，还具有一定保健功能，如抗氧化、降胆固醇、免疫调节、抗癌、抗微生物、抗糖尿病和降压等。每年 6—11 月，在普埃布拉州，90% 的玉米都用来生产玉米黑丹。玉米黑丹需要专门的种植和生产技术，包括玉米种植、玉米芽接种、收获等，新鲜的玉米黑丹在常温下很难长时间保存，需要采摘后在低温下包装保存。

**2. 玉米皮工艺品**

在墨西哥，玉米皮也被充分利用，用作各种工艺品，比较常见的是将其染成各种颜色，编成圣诞花环。还可用于制作各种小动物、娃娃，甚至做成书包。

**3. 玉米饮料**

墨西哥的很多饮料中都含有玉米，每个地区都有独特饮料，如西北部地区的饮料"pinzate""tejuino"，东北部地区的饮料"tesguino"，中西部地区的饮料"atole de aguamiel""atole blanco""atole de mezquite""kamata""sendecho""tejuino"，中部地区的饮料"achocote""atole blanco""charagua""chilatole""ostoche""quebranta huesos""sendecho""tejuino"，南部—东南部的饮料"atole agrio""chicha""chorote""guarapo""pinole""pozol""tanchua""tejate""texcalate"等。这些饮料中都含有玉米。

# 二、小麦

小麦占墨西哥家庭谷物消费总支出的 40%。2018 年墨西哥人均消费小麦 56.1 千克。墨西哥将小麦分成 5 种类型：高硬（类型 1）、中硬（类型 2）、软（类型 3）、短硬（类型 4）、晶体（类型 5）。各类型所占比例如下：高硬占比

12%、中硬占比1%、软占比1%、短硬占比27%、晶体占比59%。

## （一）小麦生产情况

### 1. 总体生产情况

墨西哥小麦分为面包用小麦和硬粒小麦。从表5-9可以看出，墨西哥面包用小麦主要是在冬季种植。2010—2019年中，2015年面包用小麦播种面积最大，达45.8万公顷。2018年播种面积最少，只有29.9万公顷。2015年面包用小麦产量最高，达178万吨。2013年产量最低，只有105.5万吨。2019年面包用小麦播种面积为34.4万公顷，同比增加15.0%；产量为156.4万吨，同比增加13.7%。由于政府推行"价格担保计划"激励，使得全国小麦播种面积增加。

表5-9　2010—2019年墨西哥面包用小麦播种面积和产量

| | 类别 | 2010年 | 2011年 | 2012年 | 2013年 | 2014年 | 2015年 | 2016年 | 2017年 | 2018年 | 2019年 |
|---|---|---|---|---|---|---|---|---|---|---|---|
| 播种面积<br>（万公顷） | 冬小麦 | 29.3 | 31.8 | 21.5 | 23.7 | 27.6 | 36.1 | 27.5 | 25.8 | 22.6 | 27.3 |
| | 春小麦 | 10.7 | 9.5 | 8.4 | 9.3 | 9.6 | 9.7 | 8.0 | 7.0 | 7.3 | 7.1 |
| | 总面积 | 40.0 | 41.3 | 29.9 | 33.0 | 37.2 | 45.8 | 35.5 | 32.8 | 29.9 | 34.4 |
| 产量<br>（万吨） | 冬小麦 | 151.7 | 170.5 | 113.1 | 88.3 | 142.3 | 160.7 | 140.1 | 129.7 | 124.4 | 141.3 |
| | 春小麦 | 20.5 | 6.6 | 18.1 | 17.2 | 19.8 | 17.3 | 15.2 | 12.7 | 13.2 | 15.1 |
| | 总产量 | 172.2 | 177.1 | 131.2 | 105.5 | 162.1 | 178.0 | 155.3 | 142.4 | 137.6 | 156.4 |

墨西哥硬粒小麦主要在冬季种植。从表5-10可以看出，2010—2019年，面包用小麦播种面积多于硬粒小麦。2015年硬粒小麦的播种面积最大，达37.8万公顷。2018年播种面积最少，只有24.4万公顷。2016年硬粒小麦的产量最高，达231万吨。2018年产量最低，只有156.7万吨。2019年硬粒小麦播种面积为25.8万公顷，比上年增加5.7%；产量为173.7万吨，同比增加了10.8%。由于国际小麦价格上涨，带动墨西哥小麦播种面积和产量均有增长。

表5-10　2010—2019年墨西哥硬粒小麦播种和产量

| | 类别 | 2010年 | 2011年 | 2012年 | 2013年 | 2014年 | 2015年 | 2016年 | 2017年 | 2018年 | 2019年 |
|---|---|---|---|---|---|---|---|---|---|---|---|
| 播种面积<br>（万公顷） | 冬小麦 | 29.8 | 30.0 | 28.8 | 35.1 | 33.9 | 37.6 | 37.2 | 33.3 | 24.3 | 25.7 |
| | 春小麦 | 0.2 | 0.2 | 0.2 | 0.2 | 0.2 | 0.2 | 0.1 | 0.2 | 0.1 | 0.1 |
| | 总面积 | 30.0 | 30.2 | 29.0 | 35.3 | 34.1 | 37.8 | 37.3 | 33.5 | 24.4 | 25.8 |

（续）

| 类别 | | 2010 年 | 2011 年 | 2012 年 | 2013 年 | 2014 年 | 2015 年 | 2016 年 | 2017 年 | 2018 年 | 2019 年 |
|---|---|---|---|---|---|---|---|---|---|---|---|
| 产量<br>（万吨） | 冬小麦 | 195.2 | 185.6 | 195.9 | 230.0 | 204.6 | 192.7 | 230.8 | 207.7 | 156.6 | 173.5 |
| | 春小麦 | 0.3 | 0.1 | 0.2 | 0.3 | 0.3 | 0.4 | 0.2 | 0.2 | 0.1 | 0.2 |
| | 总产量 | 195.5 | 185.7 | 196.1 | 230.3 | 204.9 | 193.1 | 231.0 | 207.9 | 156.7 | 173.7 |

### （二）小麦供需及进出口情况

#### 1. 小麦供需情况

表 5－11 显示，2019 年面包用小麦和硬粒小麦的产量均比 2018 年有所增长，但由于消费总量增长，面包用小麦最终库存量为 87.6 万吨，较 2018 年同比下降 7.4%；而硬粒小麦最终库存量为 42.9 万吨，较 2018 年同比下降 5.5%。

**表 5－11　2018 和 2019 年墨西哥面包用小麦供需情况**

单位：万吨

| 项目 | | 面包用小麦 | | 硬粒小麦 | |
|---|---|---|---|---|---|
| | | 2018 年 | 2019 年 | 2018 年 | 2019 年 |
| 供应 | 供应总量 | 717.2 | 736.4 | 200.4 | 218.7 |
| | 期初库存 | 105.4 | 93.5 | 43.0 | 45.0 |
| | 产量 | 137.6 | 156.4 | 156.7 | 173.7 |
| | 进口量 | 474.2 | 486.5 | 0.7 | 0.0 |
| 需求 | 需求总量 | 622.6 | 648.8 | 155.0 | 175.8 |
| | 出口量 | 0.0 | 0.0 | 60.4 | 71.3 |
| | 消费总量 | 614.4 | 641.0 | 89.6 | 99.8 |
| | 其他 | 8.2 | 7.8 | 5.0 | 4.7 |
| 期末库存 | | 94.6 | 87.6 | 45.4 | 42.9 |

#### 2. 小麦进出口情况

表 5－12 显示，2019 年面包用小麦进口量为 486.5 万吨，比 2018 年增加了 3.0%。硬粒小麦的出口在 2016 年前呈增长趋势，2016 年达到顶峰 138.8 万吨，此后陡降至 70 多万吨。2019 年度出口量为 71.3 万吨，比 2018 年增加了 18.0%。

表 5 - 12　2010—2019 年墨西哥小麦进出口情况

单位：万吨

| 年份 | 面包用小麦进口量 | 硬粒小麦出口量 |
|---|---|---|
| 2010 | 349.0 | 51.1 |
| 2011 | 461.2 | 75.6 |
| 2012 | 409.8 | 58.7 |
| 2013 | 427.0 | 83.1 |
| 2014 | 459.6 | 119.7 |
| 2015 | 424.4 | 111.9 |
| 2016 | 483.7 | 138.8 |
| 2017 | 472.7 | 73.2 |
| 2018 | 474.2 | 60.5 |
| 2019 | 486.5 | 71.3 |

### 3. 小麦进出口国家

表 5 - 13 显示，墨西哥硬粒小麦主要出口到阿尔及利亚、委内瑞拉等国，2018 年出口到这两个国家的占比超过 80%；2018 年从美国和加拿大进口了 60.1% 和 18.7% 的面包用小麦。

表 5 - 13　2018 年墨西哥小麦主要进出口国家及比例

| 国家 | 硬粒小麦出口 | | | | | 面包用小麦进口 | | | | |
|---|---|---|---|---|---|---|---|---|---|---|
| | 阿尔及利亚 | 委内瑞拉 | 土耳其 | 危地马拉 | 荷兰 | 美国 | 加拿大 | 俄罗斯 | 乌克兰 | 阿根廷 |
| 比例（%） | 42.0 | 39.0 | 10.0 | 7.0 | 2.0 | 60.1 | 18.7 | 17.4 | 3.1 | 0.7 |

### 4. 小麦进出口价格

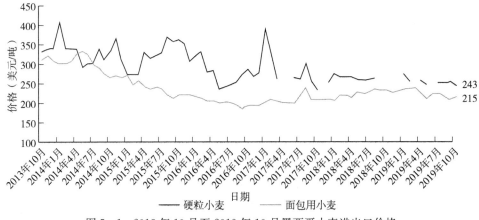

图 5 - 1　2013 年 10 月至 2019 年 10 月墨西哥小麦进出口价格

图 5-1 显示，从 2013 年 10 月至 2019 年 10 月，除个别月份外，硬粒小麦和面包用小麦进出口价格总体上呈下降趋势。2014 年 1 月硬粒小麦进出口价格超过 400 美元/吨，2019 年 10 月价格已经降为 243 美元/吨。面包用小麦价格总体上低于硬粒小麦，2014 年 4 月面包用小麦价格曾接近 350 美元/吨，2019 年 10 月价格已经降为 215 美元/吨。

## 第二节 水果种植业

水果是墨西哥重要的农业经济支柱之一。2017 年墨西哥是世界第六大水果生产国，也是第四大水果出口国。全国果园面积 160 万公顷，水果产量 2 050 万吨。墨西哥既出口新鲜水果，也出口干果、果酱和果汁。

墨西哥主产水果中，产量最大的是脐橙，其次是柠檬和香蕉，鳄梨位居第四。从出口看，鳄梨出口量最大，其次是柠檬，第三至第五是西瓜、香蕉和芒果。从出口量与产量的比例看，树莓出口占比最大，60.13% 用于出口，其次是西瓜，50.34% 用于出口；第三是鳄梨，49.41% 用于出口；第四是葡萄，47.10% 用于出口；第五是碧根果，43.80% 用于出口（表 5-14）。

表 5-14 2017 年墨西哥各种水果产量及出口量

| 水果 | 产量（吨） | 出口量（吨） | 出口占比（%） |
|---|---|---|---|
| 脐橙 | 4 629 758 | 75 644 | 1.63 |
| 柠檬 | 2 513 391 | 729 650 | 29.03 |
| 香蕉 | 2 229 519 | 577 976 | 25.92 |
| 鳄梨 | 2 029 886 | 1 003 002 | 49.41 |
| 芒果 | 1 958 491 | 424 072 | 21.65 |
| 西瓜 | 1 331 508 | 670 284 | 50.34 |
| 木瓜 | 961 768 | 164 007 | 17.05 |
| 菠萝 | 945 210 | 88 129 | 9.32 |
| 苹果 | 714 149 | 931 | 0.13 |
| 草莓 | 658 436 | 283 419 | 43.04 |
| 甜瓜 | 605 134 | 137 458 | 22.72 |
| 仙人掌果 | 470 232 | 17 054 | 3.63 |
| 葡萄柚 | 441 873 | 22 932 | 5.19 |
| 葡萄 | 415 889 | 195 899 | 47.10 |
| 番石榴 | 324 666 | 12 528 | 3.86 |

（续）

| 水果 | 产量（吨） | 出口量（吨） | 出口占比（%） |
|---|---|---|---|
| 黑莓 | 270 399 | 70 086 | 25.92 |
| 椰子 | 198 216 | 20 789 | 10.49 |
| 碧根果 | 147 198 | 64 474 | 43.80 |
| 树莓 | 120 184 | 72 262 | 60.13 |

此外，墨西哥还有很多小众水果，其年产量见表 5 - 15。这些小众水果在不同时间和地区上市，极大地丰富了墨西哥水果种类，构成了墨西哥色彩各异、口味独特的水果产业。

**表 5 - 15    2017 年墨西哥小众水果及产量**

单位：吨

| 名称 | 产量 | 名称 | 产量 | 名称 | 产量 | 名称 | 产量 | 名称 | 产量 |
|---|---|---|---|---|---|---|---|---|---|
| 菠萝蜜 | 22 193 | 南克 | 7 742 | 小火龙果 | 4 678 | 番荔枝 | 379 | 金星果 | 61 |
| 荔枝 | 20 742 | 火龙果 | 5 530 | 西番莲 | 1 081 | 秘鲁番荔枝 | 259 | 柿子 | 53 |
| 红毛丹 | 9 681 | 榅桲 | 5 030 | 杨桃 | 628 | 枇杷 | 69 | 山竹 | 35 |

## 一、鳄梨

鳄梨（*Persea americana*），俗称牛油果，名字来自纳瓦特语"ahuacatl"，意思是"树的睾丸"。鳄梨在美洲大约有 90 种。其自然分布是以中美洲为中心，从热带的哥伦比亚至墨西哥南部的高山亚热带地区。除食用新鲜果实外，可以冷冻、脱水鳄梨果肉，其油提取物可以用于化妆品行业，鳄梨叶子、种子和树皮还可用作药物和生产染料。在墨西哥，鳄梨树通常种在咖啡园、可可园和房屋后院。

墨西哥是世界最重要的鳄梨生产国和出口国。在过去十年中，墨西哥鳄梨平均种植面积为 174 484 公顷，平均产量为 156 万吨。墨西哥有 28 个州生产鳄梨，米却肯州是墨西哥鳄梨生产和出口最大州，产量占比 80%，单产略高于全国平均水平。

（一）鳄梨生产情况

表 5 - 16 显示，近十年墨西哥的鳄梨生产以年平均速度 6.5% 增长，产量

和产值均呈增长趋势。2019 年的鳄梨栽种面积、产量和产值均达到近年的最高，产量 230.1 万吨，同比增长 5.3%，产值 494.8 亿比索，同比增长 18.1%。

表 5-16　2008—2019 年墨西哥鳄梨生产情况

| 年份 | 2008 | 2009 | 2010 | 2011 | 2012 | 2013 | 2014 | 2015 | 2016 | 2017 | 2018 | 2019 |
|---|---|---|---|---|---|---|---|---|---|---|---|---|
| 播种面积（万公顷） | 12.2 | 12.9 | 13.4 | 14.2 | 15.1 | 16.8 | 17.6 | 18.7 | 20.5 | 21.8 | 23.2 | 23.4 |
| 产量（万吨） | 116.2 | 123.1 | 110.7 | 126.4 | 131.6 | 146.8 | 152.1 | 164.4 | 188.9 | 199.8 | 218.5 | 230.1 |
| 产值（亿比索） | 124.6 | 150.7 | 141.7 | 181.4 | 166.1 | 180.6 | 207.2 | 225.5 | 302.7 | 397.1 | 419.1 | 494.8 |
| 单产（吨/公顷） | 10.3 | 10.1 | 9.0 | 10.0 | 10.1 | 10.2 | 9.9 | 9.9 | 10.5 | 10.8 | 10.6 | 10.7 |

### （二）鳄梨的进出口情况

#### 1. 鳄梨的供需情况

2018 年墨西哥人均鳄梨消费量为 7.9 千克，鳄梨产量占全部水果产量的 9.4%。表 5-17 显示，2018 年鳄梨产量、需求总量和出口量均有增长，由于墨西哥国内鳄梨的价格不断上涨，导致消费量下降了 10.4%。

表 5-17　2017 年和 2018 年墨西哥鳄梨供需情况

单位：万吨

| | | 2017 年 | 2018 年 | 2018 年与 2017 年比较（%） |
|---|---|---|---|---|
| 供应 | 供应总量 | 199.8 | 218.5 | 9.4 |
| | 产量 | 199.8 | 218.5 | 9.4 |
| | 进口量 | 0.0 | 0.0 | — |
| 需求 | 需求总量 | 199.8 | 218.5 | 9.4 |
| | 出口量 | 89.7 | 119.8 | 33.6 |
| | 消费量 | 110.1 | 98.7 | —10.4 |

#### 2. 进口情况

表 5-18 显示，墨西哥鳄梨出口多于进口。近十年来，鳄梨进口量变动很大，2009 年、2015 年和 2017 年墨西哥没有进口鳄梨。进口最多的年份是 2010 年，由于当年墨西哥气候不好，国内鳄梨产量下降，导致当年进口量达近十年的最高点 6 598 吨，进口额也达近年最高点 802.5 万美元。

表 5 - 18　2008—2018 年墨西哥鳄梨进出口情况

| 年份 | 进口量（吨） | 进口额（万美元） | 出口量（吨） | 出口额（万美元） |
|---|---|---|---|---|
| 2008 | 393 | 50.2 | 270 928 | 57 719.3 |
| 2009 | 0 | 0.0 | 337 977 | 64 541.2 |
| 2010 | 6 598 | 802.5 | 326 127 | 59 401.0 |
| 2011 | 940 | 201.0 | 347 209 | 88 764.2 |
| 2012 | 923 | 64.6 | 494 481 | 87 790.8 |
| 2013 | 2 211 | 236.3 | 563 492 | 108 693.5 |
| 2014 | 73 | 9.1 | 648 729 | 139 525.4 |
| 2015 | 0 | 0.0 | 863 503 | 163 246.3 |
| 2016 | 18 | 0.7 | 926 597 | 210 298.1 |
| 2017 | 0 | 0.0 | 896 557 | 290 106.3 |
| 2018 | 497 | 140.0 | 1 196 837 | 274 400.0 |

数据来源：FAOSTAT，2018 年数据来自 panorama 2019。

墨西哥鳄梨的主要进口来源国家是秘鲁、美国、多米尼加和英国。

**3. 出口情况**

墨西哥鳄梨出口一直呈增长趋势。2017 年墨西哥鳄梨出口至 37 个国家。2018 年鳄梨出口量是 2008 年的 4.4 倍，鳄梨的出口额是 2008 年的 4.8 倍。表 5 - 19 显示，鳄梨出口的主要目的国是美国、加拿大、日本、荷兰、中国、西班牙、法国、洪都拉斯、厄瓜多尔、英国等。2018 年墨西哥向美国的鳄梨出口额达 2 112 434 940 美元，占比 77.0%。

表 5 - 19　2018 年墨西哥鳄梨主要出口国家及占比

| 国家 | 美国 | 加拿大 | 日本 | 荷兰 | 其他国家 | 合计 |
|---|---|---|---|---|---|---|
| 占比（%） | 77 | 7 | 6 | 1 | 9 | 100 |

## 二、柠檬

墨西哥是世界第一大柠檬生产国和出口国。

### （一）柠檬的生产情况

表 5 - 20 显示，墨西哥柠檬栽种面积、单产、总产量、产值近十年都呈增长趋势。柠檬生产年平均增长速度为 1.4%。最近十年，柠檬的栽种面积以

2.9%的年均速度增长。

表 5-20　2008—2019 年墨西哥柠檬生产情况

| 年份 | 2008 | 2009 | 2010 | 2011 | 2012 | 2013 | 2014 | 2015 | 2016 | 2017 | 2018 | 2019 |
|---|---|---|---|---|---|---|---|---|---|---|---|---|
| 栽种面积（万公顷） | 15.31 | 14.63 | 15.34 | 16.66 | 16.65 | 16.95 | 17.16 | 17.60 | 18.06 | 19.38 | 20.07 | 20.46 |
| 产量（万吨） | 222.89 | 196.63 | 189.14 | 213.29 | 205.52 | 212.06 | 218.73 | 232.61 | 241.59 | 251.34 | 253.32 | 266.09 |
| 产值（万比索） | 483.03 | 419.96 | 543.71 | 630.57 | 490.91 | 651.02 | 898.97 | 895.01 | 1 032.63 | 1 262.55 | 1 387.37 | 1 725.59 |
| 单产（吨/公顷） | 15.03 | 14.01 | 13.15 | 14.26 | 13.78 | 14.12 | 14.13 | 14.53 | 14.92 | 14.72 | 14.52 | 14.71 |

数据来源：SIAP。

2018 年墨西哥柠檬产量为 253.32 万吨，占全部水果产量的 11.0%，人均柠檬消费量为 14.4 千克。

### （二）柠檬进出口情况

#### 1. 总体进出口情况

墨西哥是世界第一大柠檬出口国。表 5-21 显示，2010—2018 年墨西哥柠檬进口很少，2018 年进口最多，约 0.4 万吨；柠檬出口呈增长趋势。近五年柠檬出口年均增速 8.7%。2018 年更是达到最高点 73.37 万吨。

表 5-21　2010—2018 年墨西哥柠檬进出口量

| 年份 | 2010 | 2011 | 2012 | 2013 | 2014 | 2015 | 2016 | 2017 | 2018 |
|---|---|---|---|---|---|---|---|---|---|
| 出口量（万吨） | 45.22 | 47.12 | 62.76 | 53.36 | 52.55 | 62.39 | 66.76 | 72.92 | 73.37 |
| 进口量（万吨） | 0.06 | 0.3 | 0.14 | 0.12 | 0.29 | 0.16 | 0.26 | 0.29 | 0.40 |

#### 2. 柠檬供需情况

2019 年墨西哥全国柠檬产量 266.1 万吨，比 2018 年增长 5.0%。2019 年柠檬消费量为 194.9 万吨，比 2018 年增长 5.4%。在出口方面，2019 年柠檬出口比 2018 年增长 9.0%（表 5-22）。

表 5-22　2018—2019 年墨西哥柠檬供需情况

| 类型 | 项目 | 2018 年 | 2019 年 | 2019 年与 2018 年比较（%） |
|---|---|---|---|---|
| | 总供应量（万吨） | 253.7 | 266.5 | 5.0 |
| 供应 | 产量（万吨） | 253.3 | 266.1 | 5.1 |
| | 进口量（万吨） | 0.4 | 0.4 | 2.6 |

（续）

| 类型 | 项目 | 2018 年 | 2019 年 | 2019 年与 2018 年比较（%） |
|---|---|---|---|---|
| 需求 | 需求总量（万吨） | 258.4 | 274.9 | 6.4 |
| | 出口量（万吨） | 73.4 | 80.0 | 9.0 |
| | 消费量（万吨） | 185.0 | 194.9 | 5.4 |

### 3. 各品种出口情况

表 5 - 23 显示，墨西哥出口的柠檬品种主要是波斯柠檬，2012—2018 年波斯柠檬出口量总体上呈增长趋势。2018 年波斯柠檬出口量达 66.5 万吨，占全部出口量的 91%。相对于波斯柠檬，墨西哥柠檬和其他柠檬的出口量少，两者份额合计不足 10%。

表 5 - 23　2012—2018 年墨西哥各品种柠檬出口量

单位：万吨

| 年份 | 2012 | 2013 | 2014 | 2015 | 2016 | 2017 | 2018 |
|---|---|---|---|---|---|---|---|
| 波斯柠檬 | 55.6 | 46.7 | 45.2 | 54.5 | 59.1 | 64.6 | 66.5 |
| 墨西哥柠檬 | 4.0 | 4.0 | 5.8 | 3.6 | 3.0 | 3.3 | 3.2 |
| 其他品种 | 3.2 | 2.6 | 1.5 | 4.2 | 4.7 | 5.0 | 3.6 |
| 合计 | 62.8 | 53.3 | 52.5 | 62.3 | 66.8 | 72.9 | 73.3 |

### 4. 主要出口目的国

2018 年，墨西哥柠檬主要出口国是美国、荷兰和英国。其中，美国比例最高，为 91%。荷兰和英国的占比分别是 4% 和 2%（表 5 - 24）。

表 5 - 24　2018 年墨西哥柠檬主要出口国及比例

| 国家 | 美国 | 荷兰 | 英国 | 其他国家 | 合计 |
|---|---|---|---|---|---|
| 比例（%） | 91 | 4 | 2 | 3 | 100 |

## 三、草莓

墨西哥是世界草莓第三大生产国。草莓是墨西哥水果中产值最高的水果之一。2018 年，墨西哥草莓产量占全部水果产量的 2.8%，人均草莓消费量为 3.2 千克。

### （一）草莓生产情况

近十年，墨西哥草莓生产呈不断增长趋势，栽种面积、产量、产值、单产均呈增长趋势。2019 年草莓产量同比增长 31.8%，达到 10 年来最高 86.13 万吨，产值达 205.84 亿比索（表 5-25）。

表 5-25　2008—2019 年墨西哥草莓生产情况

| 年份 | 2008 | 2009 | 2010 | 2011 | 2012 | 2013 | 2014 | 2015 | 2016 | 2017 | 2018 | 2019 |
| --- | --- | --- | --- | --- | --- | --- | --- | --- | --- | --- | --- | --- |
| 栽种面积（万公顷） | 0.62 | 0.67 | 0.66 | 0.70 | 0.91 | 0.86 | 1.00 | 1.02 | 1.11 | 1.39 | 1.37 | 1.68 |
| 产量（万吨） | 20.89 | 23.30 | 22.67 | 22.89 | 36.04 | 37.95 | 45.90 | 39.26 | 46.82 | 65.84 | 65.36 | 86.13 |
| 产值（亿比索） | 14.82 | 19.53 | 21.03 | 25.15 | 43.36 | 41.74 | 54.72 | 57.79 | 78.27 | 126.42 | 134.02 | 205.84 |
| 单产（吨/公顷） | 33.86 | 34.09 | 36.08 | 32.80 | 41.60 | 44.66 | 46.05 | 38.98 | 42.22 | 47.54 | 47.88 | 52.43 |

### （二）草莓进出口情况

**1. 进出口情况**

墨西哥有五分之三的草莓出口国外。表 5-26 显示，2010—2018 年墨西哥草莓进出口均呈增长趋势。2018 年，草莓出口量为 26.84 万吨，为 2010 年的 4.1 倍；出口额约 6.99 亿美元，为 2010 年的 4.9 倍。2018 年进口最多，进口量 2.03 万吨。

表 5-26　2010—2018 年墨西哥草莓进出口量

| 年份 | 2010 | 2011 | 2012 | 2013 | 2014 | 2015 | 2016 | 2017 | 2018 |
| --- | --- | --- | --- | --- | --- | --- | --- | --- | --- |
| 出口量（万吨） | 6.60 | 7.69 | 11.36 | 10.78 | 11.33 | 9.23 | 10.26 | 12.62 | 26.84 |
| 出口额（亿美元） | 1.42 | 1.42 | 2.24 | 2.09 | 2.33 | 2.25 | 3.11 | 4.28 | 6.99 |
| 进口量（万吨） | 1.25 | 1.24 | 1.23 | 1.63 | 1.76 | 1.51 | 1.57 | 1.75 | 2.03 |
| 进口额（万美元） | 1 088.80 | 1 357.50 | 1 987.60 | 2 867.30 | 2 990.70 | 3 258.60 | 3 622.30 | 3 995.30 | 4 460.00 |

数据来源：FAOSTAT，2018 年数据来自 Panorama agroalimento。

**2. 主要出口国家**

2012 年墨西哥草莓出口 20 个国家，2017 年出口国家增至 37 个。美国是墨西哥草莓主要出口目的国，2018 年出口量达 25.6 万吨，占墨西哥总出口量的 95.3%。加拿大是墨西哥草莓第二大出口目的国，出口量 9 079 吨。

## 四、黑莓

黑莓（*Rubus ulmifolius*）是墨西哥水果中产值最高的水果之一。2018 年，墨西哥黑莓产量 287 125 吨，是世界第一大黑莓生产国，产量占全部水果产量的 1.2%；人均黑莓消费量为 1.7 千克。

## （一）全国生产情况

表 5 - 27 显示，2008—2019 年墨西哥黑莓的栽种面积、单产、产量和产值总体上呈增长趋势，2019 年单产、总产量和产值均达 12 年来最高点。其中，产量是 2008 年的 2.52 倍，产值是 2008 年的 5.5 倍，单产是 2008 年的 1.26 倍。2018 年栽种面积最大，为 1.33 万公顷，是 2008 年的 1.62 倍。

表 5 - 27　2008—2019 年墨西哥黑莓生产情况

| 年份 | 2008 | 2009 | 2010 | 2011 | 2012 | 2013 | 2014 | 2015 | 2016 | 2017 | 2018 | 2019 |
| --- | --- | --- | --- | --- | --- | --- | --- | --- | --- | --- | --- | --- |
| 栽种面积（万公顷） | 0.82 | 0.81 | 0.82 | 1.13 | 1.15 | 1.21 | 1.25 | 1.30 | 1.31 | 1.28 | 1.33 | 1.32 |
| 产量（万吨） | 11.84 | 11.60 | 6.16 | 13.56 | 13.98 | 12.90 | 15.29 | 12.31 | 24.85 | 27.04 | 28.71 | 29.80 |
| 产值（亿比索） | 23.77 | 27.82 | 14.29 | 36.02 | 38.70 | 40.96 | 51.11 | 37.57 | 92.59 | 105.58 | 105.98 | 130.68 |
| 单产（吨/公顷） | 18.33 | 17.40 | 9.63 | 12.64 | 12.24 | 10.85 | 12.25 | 12.30 | 19.17 | 21.53 | 21.81 | 23.10 |

## （二）黑莓进出口情况

### 1. 总体进出口情况

表 5 - 28 显示，2008—2018 年墨西哥黑莓出口一直呈增长趋势。2018 年墨西哥出口了 77 389 吨黑莓，比 2017 年出口量增长 10.4%；出口额达 4.05 亿美元，比 2017 年增长 26.4%。

黑莓进口整体也呈增长趋势，2016 年达最高点 270 万美元，之后有所下降。

表 5 - 28　2008—2018 年墨西哥黑莓进出口情况

| 年份 | 2008 | 2009 | 2010 | 2011 | 2012 | 2013 | 2014 | 2015 | 2016 | 2017 | 2018 |
| --- | --- | --- | --- | --- | --- | --- | --- | --- | --- | --- | --- |
| 出口额（亿美元） | 1.09 | 1.26 | 1.51 | 1.58 | 2.05 | 2.07 | 2.22 | 2.80 | 3.15 | 3.21 | 4.05 |
| 进口额（万美元） | 10 | 4 | 102 | 40 | 60 | 80 | 110 | 220 | 270 | 250 | 220 |

数据来源：Panorama agroalimento。

### 2. 黑莓主要进出口国家

2018 年，墨西哥黑莓出口至 30 个国家，主要出口到美国。2018 年，墨西哥出口到美国的黑莓 70 446 吨，占全部出口量的 91.0%；出口额达 365 932 904 美元，占比 88.9%。还出口到荷兰、英国、意大利、德国、加拿大、西班牙、比利时、阿拉伯联合酋长国、俄罗斯和法国等国家。

墨西哥黑莓进口主要来自美国、塞尔维亚、智利、中国和波兰。

## 五、脐橙

墨西哥橙子根据种子、果皮和消费方式不同，可以分为四大类：橙子（blancas）、脐橙（navel）、血橙（sanguinas）和甜橙（sucreña）。罗伯逊脐橙（*Citrus sinensis* L.）（以下简称脐橙）是墨西哥人喜欢的水果之一，不仅可以作为水果直接食用，而且可以加工成果汁、果酱，还可以提取精油，做成化妆品。脐橙是墨西哥水果中产值第四高的水果。

### （一）全国生产情况

表 5 - 29 显示，近十年墨西哥的脐橙栽种面积比较稳定，基本上在 34 万公顷左右，产量基本为 400 万～480 万吨。2018 年，脐橙产量达 4 737 990 吨，占全部水果产量的 20.5%，成为世界第四大脐橙生产国。2018 年人均消费脐橙 37.4 千克。2019 年，脐橙产量 473.67 万吨，产值为 94.61 亿比索。

表 5 - 29　2008—2019 年墨西哥脐橙生产情况

| 年份 | 2008 | 2009 | 2010 | 2011 | 2012 | 2013 | 2014 | 2015 | 2016 | 2017 | 2018 | 2019 |
|---|---|---|---|---|---|---|---|---|---|---|---|---|
| 栽种面积（万公顷） | 34.47 | 33.94 | 33.94 | 33.55 | 33.31 | 33.57 | 33.48 | 33.77 | 33.53 | 33.54 | 33.98 | 34.26 |
| 产量（万吨） | 429.72 | 419.35 | 405.16 | 407.97 | 366.68 | 441.00 | 453.34 | 451.55 | 460.33 | 462.98 | 473.80 | 473.67 |
| 产值（亿比索） | 40.80 | 41.61 | 48.77 | 59.04 | 60.24 | 55.12 | 67.28 | 68.34 | 78.98 | 86.22 | 101.87 | 94.61 |
| 单产（吨/公顷） | 12.70 | 12.57 | 12.11 | 12.36 | 11.34 | 13.75 | 14.09 | 14.18 | 14.63 | 14.43 | 14.50 | 14.37 |

### （二）进出口情况

#### 1. 总体进出口情况

墨西哥脐橙进出口量均不大。出口量约占其产量的 9%。表 5 - 30 显示，2010—2018 年墨西哥脐橙出口均呈增长趋势，进口量相对稳定，出口多于进口。2017 年，脐橙出口量为 7.55 万吨，达到近年的最高点，为 2010 年的 3.3 倍。2017 年脐橙出口额约 3 024.2 万美元，为 2010 年的 4.1 倍。

2012 年进口量最多，达 3.55 万吨，比 2010 年增长 57.8%。2018 年脐橙进口额创历史最高水平，达 1 200.0 万美元，是 2010 年的 2.1 倍。

表 5 - 30　2010—2018 年墨西哥脐橙进出口情况

| 年份 | 2010 | 2011 | 2012 | 2013 | 2014 | 2015 | 2016 | 2017 | 2018 |
|---|---|---|---|---|---|---|---|---|---|
| 出口量（万吨） | 2.30 | 1.65 | 2.19 | 2.92 | 4.90 | 4.92 | 5.59 | 7.55 | 7.41 |
| 出口额（万美元） | 733.4 | 699.3 | 592.7 | 837.6 | 1 959.3 | 1 747.5 | 1 944.9 | 3 024.2 | 2 810.0 |
| 进口量（万吨） | 2.25 | 2.51 | 3.55 | 2.79 | 2.62 | 2.54 | 3.26 | 1.66 | 2.12 |
| 进口额（万美元） | 565.5 | 510.7 | 1 083.2 | 844.1 | 856.4 | 967.9 | 1 082.6 | 781.3 | 1 200.0 |

数据来源：FAOSTAT，2018 年数据来自 Panorama agroalimento。

表 5 - 31 显示，墨西哥出口的脐橙产品不仅仅是鲜果，还有果汁、精油和果皮等。其中，果汁出口额最高，精油次之，鲜果和果皮居后。墨西哥是世界第三大脐橙精油出口国，2018 年出口额为 5 100 万美元。也是第四大橙汁出口国，2018 年出口额达 4.69 亿美元。

表 5 - 31　2012—2018 年墨西哥脐橙及其相关产品出口额

| 年份 | 2012 | 2013 | 2014 | 2015 | 2016 | 2017 | 2018 |
|---|---|---|---|---|---|---|---|
| 果汁（亿美元） | 1.95 | 2.97 | 3.04 | 2.97 | 3.31 | 5.40 | 4.69 |
| 精油（万美元） | 900 | 900 | 1 600 | 2 200 | 3 500 | 6 400 | 5 100 |
| 鲜果（万美元） | 600 | 800 | 2 000 | 1 800 | 1 900 | 3 000 | 2 800 |
| 果皮（万美元） | 300 | 300 | 700 | 1 000 | 400 | 800 | 1 100 |

**2. 主要出口国家**

美国是墨西哥脐橙的主要出口国，其次是日本、英国和以色列。2018 年，墨西哥出口美国 69 478 吨脐橙，占其总出口量的 93.7%，进口额为 25 603 244 美元，占总出口额的 91.1%。

## 六、芒果

芒果是墨西哥水果中产值第六高的水果。2018 年墨西哥芒果产量达 1 867 298 吨，产量占全部水果产量的 8.1%，为世界第五大生产国。2018 年墨西哥人均消费芒果 11.5 千克。芒果产业为墨西哥全国创造了 23 453 个永久性就业、24 253 个临时工作、150 万个日工和 6.7 万个包装日工岗位。

（一）全国生产情况

表 5 - 32 显示，墨西哥的芒果栽种面积比较稳定，维持在 18 万～21 万公

顷。产量为 140 万～210 万吨，最近五年呈小幅度增长趋势。2019 年，墨西哥芒果栽种面积、单产、产量、产值均为历史最高水平。

表 5 - 32　2008—2019 年墨西哥芒果生产情况

| 年份 | 2008 | 2009 | 2010 | 2011 | 2012 | 2013 | 2014 | 2015 | 2016 | 2017 | 2018 | 2019 |
| --- | --- | --- | --- | --- | --- | --- | --- | --- | --- | --- | --- | --- |
| 栽种面积（万公顷） | 18.30 | 18.39 | 18.31 | 17.48 | 18.68 | 18.70 | 18.69 | 19.10 | 19.33 | 20.15 | 20.26 | 20.61 |
| 产量（万吨） | 171.65 | 150.93 | 163.26 | 153.67 | 146.52 | 160.38 | 145.19 | 177.55 | 188.82 | 195.85 | 186.73 | 208.90 |
| 产值（亿比索） | 37.82 | 39.92 | 43.48 | 40.60 | 41.10 | 46.22 | 48.48 | 54.39 | 60.15 | 74.34 | 84.53 | 91.08 |
| 单产（吨/公顷） | 9.96 | 8.88 | 9.33 | 8.75 | 8.39 | 9.00 | 8.26 | 9.72 | 10.21 | 10.38 | 9.92 | 10.79 |

### （二）芒果进出口情况

#### 1. 总体进出口情况

表 5 - 33 显示，2008—2018 年墨西哥芒果进出口均呈增长趋势，出口多于进口。2019 年芒果出口量为 402 253 吨，2020 年上半年出口量为 82 100 吨。2019 年芒果进口量为 2 745 吨，2020 年上半年进口量为 1 250 吨。

表 5 - 33　2008—2018 年墨西哥芒果进出口额

| 年份 | 2008 | 2009 | 2010 | 2011 | 2012 | 2013 | 2014 | 2015 | 2016 | 2017 | 2018 |
| --- | --- | --- | --- | --- | --- | --- | --- | --- | --- | --- | --- |
| 出口额（万美元） | 9 620 | 12 800 | 15 400 | 16 000 | 19 200 | 23 000 | 21 400 | 34 300 | 35 000 | 37 500 | 38 800 |
| 进口额（万美元） | 220 | 280 | 280 | 290 | 580 | 560 | 400 | 510 | 550 | 700 | 850 |

数据来源：Panorama agroalimento。

#### 2. 芒果主要出口国家

墨西哥芒果出口 40 多个国家。美国是墨西哥芒果的主要出口国。2018年，墨西哥向美国出口 309 838 035 美元芒果，占墨西哥芒果出口额的79.9%；其他出口目的国还包括日本、西班牙、法国、比利时、荷兰、瑞士、智利、奥地利和英国等。2020 年 1—5 月，墨西哥芒果出口到 18 个国家，其中86%（7.04 万吨）出口到美国，12%（1 万吨）出口到加拿大，1%（700吨）出口到日本。

## 第三节　蔬菜种植业

## 一、番茄

番茄（*Solanum lycopersicum* L.）是墨西哥最重要的蔬菜。番茄是墨西哥美食中最常用的蔬菜之一，墨西哥人不仅直接食用，也会将番茄做成调味酱，红酱汁的主要成分之一就是番茄。

## （一）全国生产情况

墨西哥番茄产量占世界总产量的2%，是世界番茄第一大出口国。2018年墨西哥番茄的人均消费量是16.8千克，产量占当年墨西哥蔬菜总产量的22.6%。表5-34显示，最近六年墨西哥番茄的产量持续增加，年均增长5.0%。2018年番茄产量为341.9万吨，同比增长5.5%。

表5-34  2013—2018年墨西哥番茄生产情况

单位：万吨

| 年份 | 2013 | 2014 | 2015 | 2016 | 2017 | 2018 |
|------|------|------|------|------|------|------|
| 春夏季番茄产量 | 119.9 | 141.0 | 158.0 | 175.9 | 178.8 | 200.3 |
| 秋冬季番茄产量 | 146.5 | 151.8 | 159.0 | 140.1 | 145.2 | 141.6 |
| 合计 | 266.4 | 292.8 | 317.0 | 316.0 | 324.0 | 341.9 |

## （二）番茄出口情况

墨西哥是世界第十大番茄生产国，也是番茄的主要出口国。番茄出口在墨西哥出口农产品中排名第二。墨西哥是番茄出口大国，但进口却很少。表5-35显示，从总体上看，墨西哥番茄出口量呈增长趋势。出口番茄中，98%是沙拉用番茄和球型番茄，2%是圣女果。

表5-35  2014—2019年墨西哥番茄出口情况

单位：万吨

| 年份 | 2014 | 2015 | 2016 | 2017 | 2018 | 2019* |
|------|------|------|------|------|------|-------|
| 番茄出口量 | 137.87 | 154.25 | 152.28 | 166.19 | 166.25 | 37.84 |
| 圣女果出口量 | 2.69 | 2.78 | 3.13 | 3.72 | 4.11 | 1.08 |
| 合计 | 140.56 | 157.03 | 155.41 | 169.91 | 170.36 | 38.92 |

注：* 数据截至2019年12月。

2018年，墨西哥番茄主要出口到美国，占比为99.6%，出口其他国家仅占0.4%。表5-36显示，美国的番茄消费取决于美国和墨西哥的番茄生产。墨西哥出口到美国的番茄占美国消费量的50%左右，从2016年之后，墨西哥出口到美国的番茄数量超过了美国本国产的番茄数量。

表 5 - 36 2014—2018 年美国的番茄消费量情况

单位：万吨

| 年份 | 2014 | 2015 | 2016 | 2017 | 2018 |
|---|---|---|---|---|---|
| 美国自墨西哥进口量 | 141.3 | 142.5 | 160.6 | 159.5 | 168.3 |
| 美国本国产量 | 153.6 | 151.6 | 127.5 | 131.4 | 128.3 |
| 美国自其他国家进口量 | 16.9 | 14.3 | 17.9 | 19.3 | 17.3 |
| 合计 | 311.8 | 308.4 | 306.0 | 310.2 | 313.9 |

## 二、辣椒

墨西哥"辣椒"（chile）一词来自纳瓦特尔语 chilli 或 xilli。许多专家认为，辣椒起源于墨西哥。考古证据表明，公元前 7000 年—前 2555 年，墨西哥普埃布拉州的特瓦坎（Tehuacán，Puebla）和塔毛利帕斯州的奥坎波（Ocampo，Tamaulipas）种植了辣椒。1803 年，当亚历杭德罗·德洪堡旅行到墨西哥时，他认为辣椒是墨西哥的植物，在他的《关于新西班牙王国的政治论文》中，他称，"墨西哥人称为辣椒的植物对墨西哥人极其重要，就像食盐对白人一样"。从文化上讲，辣椒是墨西哥人身份的象征，由于其对美食的影响，因此是各种文化的重要组成部分。

辣椒通过刺激唾液和胃液，更有助于人们消化玉米和豆类。因此，典型的墨西哥食物是玉米、豆类和辣椒三者的混合，辣椒、玉米、豆类三者的结合更有营养价值，相互平衡并相互促进，在中美洲人民的饮食中发挥了重要作用。阿兹特克人和玛雅人几乎吃的所有东西中都有辣椒，他们还用带有辣椒的玉米粉来治疗感冒，增强体质，缓解抑郁症。此外，辣椒除了在营养上的重要性外，

图 5 - 2 《门多萨法典》第 60 页：用辣椒对 11～14 岁儿童进行惩罚

在战争中还被赋予了许多不同的用途，可以用来制作烟幕弹和催泪瓦斯，甚至在家庭中被用来惩罚孩子（图 5-2）。

（一）全国生产情况

2018 年，辣椒产量占墨西哥所有蔬菜产量 20.2%。2017 年和 2018 年墨西哥人均消费辣椒分别为 18.1 千克和 18.4 千克。

**1. 近年辣椒生产情况**

表 5-37 显示，2008—2019 年墨西哥辣椒栽种面积基本保持在 13.5 万~17.4 万公顷。辣椒的单产和产值呈增长趋势。2012—2017 年辣椒的年增长率为 6.7%。2018 年，由于辣椒播种面积增加，产量达到最高 337.93 万吨，超过了 2017 年的 329.69 万吨。

表 5-37　2008—2019 年墨西哥辣椒产量情况

| 年份 | 栽种面积（公顷） | 产量（万吨） | 单产（吨/公顷） | 产值（亿比索） |
|---|---|---|---|---|
| 2008 | 146 453.74 | 205.24 | 15.61 | 112.86 |
| 2009 | 144 109.63 | 198.16 | 14.11 | 110.39 |
| 2010 | 148 758.88 | 233.56 | 16.22 | 132.25 |
| 2011 | 152 742.37 | 213.17 | 14.76 | 120.99 |
| 2012 | 138 188.21 | 237.97 | 17.48 | 132.84 |
| 2013 | 136 053.46 | 229.44 | 17.26 | 146.20 |
| 2014 | 148 968.51 | 273.26 | 19.05 | 178.96 |
| 2015 | 153 565.06 | 278.23 | 18.71 | 225.85 |
| 2016 | 173 146.15 | 327.99 | 19.28 | 241.42 |
| 2017 | 161 285.22 | 329.69 | 20.55 | 291.25 |
| 2018 | 157 931.37 | 337.93 | 21.55 | 300.63 |
| 2019 | 152 772.55 | 323.82 | 21.65 | 327.62 |

**2. 辣椒的有机生产和设施生产情况**

墨西哥辣椒既有大田种植，也有塑料大棚、温室、遮阳棚等设施生产，其中大田生产是主要的生产方式，设施辣椒的栽种面积只占总面积的 4.4%，产量占比为 22.2%。墨西哥有机辣椒的生产很少，只有 26.70 公顷，不足 0.02%（表 5-38）。

表 5 - 38　2019 年墨西哥辣椒的设施生产和有机生产情况

| 类型 | 分类 | 播种面积（公顷） | 产量（吨） | 产值（万比索） |
|---|---|---|---|---|
| 设施生产 | 塑料大棚 | 13.60 | 739.00 | 597.82 |
| | 遮阳棚 | 4 534.81 | 354 801.06 | 435 655.63 |
| | 温室 | 2 021.44 | 248 881.05 | 365 891.31 |
| | 大田 | 143 007.29 | 2 112 972.42 | 2 474 010.12 |
| 有机生产 | 有机生产 | 26.70 | 778.74 | 1 504.44 |
| | 常规生产 | 149 550.41 | 2 716 614.79 | 3 274 650.44 |
| | 合计 | 149 577.11 | 2 717 393.53 | 3 276 154.88 |

**3. 辣椒种植者和农场情况**

2017 年墨西哥种植辣椒的农场有 47 353 个，其中生产新鲜辣椒的农场有 32 421 个，生产干辣椒的农场有 14 932 个。生产干辣椒的农场主要位于圣路易斯波托西州、萨卡特卡斯州和瓦哈卡州。干辣椒生产者有 11 700 人，其中女性占 15%。2017 年干辣椒产值 65.59 亿比索，产量 12 万吨。

**（二）辣椒进出口情况**

**1. 进口情况**

表 5 - 39 显示，墨西哥进口的干辣椒多于绿辣椒，绿辣椒出口多于干辣椒。2008—2012 年墨西哥干辣椒进口数量和金额呈下降趋势，后面几年有所恢复。

2008—2017 年绿辣椒进口量总体上呈下降趋势。2017 年进口量为 2 099 吨，为 2008 年的 29.6%；进口额为 131.5 万美元，为 2008 年的 42%。

进口绿辣椒 92% 来自美国。进口干辣椒 48% 来自中国，其余为秘鲁（占比 20%）、印度（占比 13%）和智利（占比 7%）。

表 5 - 39　2008—2018 年墨西哥辣椒进出口情况

| 年份 | 类型 | 进口量（吨） | 进口额（万美元） | 出口量（吨） | 出口额（万美元） |
|---|---|---|---|---|---|
| 2008 | 干辣椒 | 46 448 | 9 651.4 | 7 573 | 1 250.7 |
| | 绿辣椒 | 7 086 | 312.8 | 580 864 | 62 353.7 |
| | 合计 | 53 534 | 9 964.2 | 588 437 | 63 604.4 |
| 2009 | 干辣椒 | 39 995 | 6 311.9 | 9 313 | 1 545.1 |
| | 绿辣椒 | 4 767 | 150.8 | 608 644 | 56 259.3 |
| | 合计 | 44 762 | 6 462.7 | 617 957 | 57 804.4 |

（续）

| 年份 | 类型 | 进口量（吨） | 进口额（万美元） | 出口量（吨） | 出口额（万美元） |
|---|---|---|---|---|---|
| 2010 | 干辣椒 | 27 590 | 5 511.0 | 9 303 | 2 281.6 |
| | 绿辣椒 | 6 440 | 238.6 | 644 560 | 60 759.7 |
| | 合计 | 34 030 | 5 749.6 | 653 863 | 63 041.3 |
| 2011 | 干辣椒 | 24 693 | 5 519.6 | 11 007 | 3 497.5 |
| | 绿辣椒 | 4 713 | 170.9 | 699 657 | 63 686.6 |
| | 合计 | 29 406 | 5 690.5 | 710 664 | 67 184.1 |
| 2012 | 干辣椒 | 28 831 | 6 139.1 | 17 306 | 3 584.9 |
| | 绿辣椒 | 6 473 | 263.4 | 767 860 | 77 348.1 |
| | 合计 | 35 304 | 6 402.5 | 785 166 | 80 933.0 |
| 2013 | 干辣椒 | 20 757 | 4 499.6 | 22 143 | 4 559.9 |
| | 绿辣椒 | 3 616 | 186.7 | 793 501 | 86 765.9 |
| | 合计 | 24 373 | 4 686.3 | 815 644 | 91 325.8 |
| 2014 | 干辣椒 | 22 492 | 5 362.8 | 21 732 | 4 449.5 |
| | 绿辣椒 | 3 853 | 208.3 | 818 040 | 89 220.6 |
| | 合计 | 26 345 | 5 571.1 | 839 772 | 93 670.1 |
| 2015 | 干辣椒 | 34 204 | 8 437.7 | 23 532 | 5 063.9 |
| | 绿辣椒 | 2 639 | 172.8 | 856 890 | 92 543.9 |
| | 合计 | 36 843 | 8 610.5 | 880 422 | 97 607.8 |
| 2016 | 干辣椒 | 38 521 | 8 207.2 | 29 913 | 4 962.4 |
| | 绿辣椒 | 2 125 | 154.4 | 949 662 | 110 609.4 |
| | 合计 | 40 646 | 8 361.6 | 979 575 | 115 571.8 |
| 2017 | 干辣椒 | 31 562 | 7 258.9 | 27 255 | 4 961.3 |
| | 绿辣椒 | 2 099 | 131.5 | 1 037 394 | 98 469.8 |
| | 合计 | 33 661 | 7 390.4 | 1 064 649 | 103 431.1 |
| 2018 | 合计 | 31 332 | 7 690.0 | 1 102 333 | 84 400 |

数据来源：FAOSTAT，2018 年数据来自 PANPRAMA AGROALIMENTARIO 2019。

**2. 出口情况**

表 5 - 39 显示，2008—2017 年墨西哥干辣椒出口量和出口额呈增长趋势；2017 年干辣椒出口量达 27 255 吨，为 2008 年出口量的 3.6 倍。

2008—2017 年墨西哥绿辣椒出口量总体上呈上升趋势。2017 年绿辣椒出口量最大，达 1 037 394 吨，为 2008 年的 1.8 倍。2016 年是 10 年来绿辣椒出口额最高年份（110 609.4 万美元）。

99% 的墨西哥新鲜辣椒出口美国。塞拉诺辣椒（serrano）和 jalapeño 辣椒在美国市场很受欢迎，需求量很高，美国人很喜欢这两种辣椒。墨西哥出口的辣椒的 5％用于鲜食，90％制成罐装辣椒。

### （三）墨西哥推动辣椒产业发展的工作

墨西哥政府采取以下措施促进辣椒产业发展：促进初级产品加工业发展，生产诸如辣椒素等副产品；将信息技术应用于不同产区辣椒生产上；开展全国性的防治病虫害运动；促进辣椒的有机生产，以增加出口；鼓励墨西哥杂交辣椒种质资源保存并促进其栽培技术提高。

## 三、土豆

土豆（Solanum tuberosum L.）是墨西哥产值最高的第三大蔬菜。2012 年墨西哥是世界土豆的第三十四大生产国，产量为 1 801 618 吨；2017 年墨西哥土豆产量为 1 715 499 吨，占全部块茎作物产量的 92.8％，是世界第三十一大土豆生产国，人均年消费量为 14.8 千克。2018 年土豆产量增加至 1 802 592 吨，占全部块茎作物产量的 92.1％，成为世界第三十五大土豆生产国，人均年消费量为 15.4 千克。

### （一）全国生产情况

表 5 - 40 显示，2008—2019 年墨西哥土豆的栽种面积基本上稳定在 5.5 万～6.5 万公顷。2011 年土豆栽种面积最大，为 6.91 万公顷，2009 年最少，只有 5.44 万公顷。除 2011 年外，其他年度产量基本稳定在 150 万～180 万吨，产值和单产总体上呈增长趋势，2018 年产量和产值均达 12 年来的最高点，产量是 2008 年的 1.08 倍，产值比 2008 年增加了 78.3％。2019 年土豆单产最高，是 2008 年的 1.1 倍。

表 5 - 40　2008—2019 年墨西哥土豆生产情况

| 年份 | 2008 | 2009 | 2010 | 2011 | 2012 | 2013 | 2014 | 2015 | 2016 | 2017 | 2018 | 2019 |
|---|---|---|---|---|---|---|---|---|---|---|---|---|
| 栽种面积（万公顷） | 6.11 | 5.44 | 5.56 | 6.91 | 6.89 | 6.22 | 6.15 | 6.40 | 6.45 | 5.93 | 6.03 | 5.97 |
| 产量（万吨） | 167.01 | 150.05 | 153.66 | 143.32 | 180.16 | 162.99 | 167.88 | 172.73 | 179.68 | 171.55 | 180.26 | 178.39 |
| 产值（亿比索） | 78.45 | 113.36 | 116.22 | 90.70 | 106.79 | 113.63 | 119.84 | 116.69 | 108.23 | 112.73 | 141.65 | 139.87 |
| 单产（吨/公顷） | 27.72 | 27.74 | 27.76 | 26.27 | 26.81 | 26.78 | 27.34 | 27.14 | 27.93 | 28.95 | 29.89 | 30.52 |

## （二）土豆进出口情况

### 1. 总体进出口情况

墨西哥既有新鲜土豆进出口，也包括冷冻土豆进出口。新鲜土豆出口多于冷冻土豆，冷冻土豆进口多于新鲜土豆。

表 5-41 显示，墨西哥新鲜土豆进口量多于出口量，2008—2018 年新鲜土豆出口量基本稳定在 1 300～2 400 吨。2016 年出口量最高，达 2 357 吨。2018 年出口额最高，达 150.0 万美元。新鲜土豆进口量总体上呈增长趋势。2018 年进口量和进口额均达到 12 年来的最高点 13.20 万吨和 0.60 亿美元。

表 5-41　2008—2018 年墨西哥新鲜土豆进出口情况

| 年份 | 2008 | 2009 | 2010 | 2011 | 2012 | 2013 | 2014 | 2015 | 2016 | 2017 | 2018 |
|---|---|---|---|---|---|---|---|---|---|---|---|
| 出口量（吨） | 1 709 | 1 384 | 1 494 | 1 522 | 1 626 | 1 672 | 1 856 | 1 631 | 2 357 | 2 173 | 2 176 |
| 出口额（万美元） | 79.8 | 66.1 | 77.1 | 70.1 | 71.8 | 61.9 | 91.2 | 51.9 | 64.1 | 122.4 | 150.0 |
| 进口量（万吨） | 6.48 | 8.44 | 10.26 | 9.17 | 9.41 | 9.62 | 10.34 | 12.28 | 11.08 | 11.69 | 13.20 |
| 进口额（亿美元） | 0.38 | 0.37 | 0.42 | 0.49 | 0.42 | 0.44 | 0.49 | 0.46 | 0.42 | 0.48 | 0.60 |

资料来源：FAOSTAT，2018 年数据来自 Panorama agroalimento。

表 5-42 显示，墨西哥冷冻土豆进口量多于出口量，出口量变动很大。在 2014 年前墨西哥冷冻土豆出口量基本在 100 吨以上，2012 年出口量最多，达 1 084 吨。2014 年后出口量锐减，2017 年只出口了 7 吨，成为 10 年来的最低点。2012 年出口额最高，达 123.7 万美元。2017 年出口额最低，仅有 2.2 万美元。

2008—2017 年墨西哥冷冻土豆进口量总体上呈增长趋势。2016 年冷冻土豆进口量达到 10 年来的最高点 16.31 万吨，2017 年冷冻土豆进口额最高，达 1.77 亿美元。

表 5-42　2008—2017 年墨西哥冷冻土豆进出口情况

| 年份 | 2008 | 2009 | 2010 | 2011 | 2012 | 2013 | 2014 | 2015 | 2016 | 2017 |
|---|---|---|---|---|---|---|---|---|---|---|
| 出口量（吨） | 122 | 139 | 199 | 302 | 1 084 | 732 | 17 | 43 | 18 | 7 |
| 出口额（万美元） | 8.1 | 13.2 | 15.9 | 20.7 | 123.7 | 84.8 | 6.4 | 8.9 | 9.0 | 2.2 |
| 进口量（万吨） | 12.31 | 10.73 | 11.88 | 11.86 | 12.28 | 12.52 | 14.11 | 15.15 | 16.31 | 15.82 |
| 进口额（亿美元） | 1.29 | 1.10 | 1.18 | 1.28 | 1.39 | 1.42 | 1.61 | 1.63 | 1.73 | 1.77 |

数据来源：FAOSTAT。

**2. 土豆主要进出口国家**

墨西哥土豆主要出口伯利兹，2017 年伯利兹进口了 1 206 582 美元的墨西哥土豆，占墨西哥土豆总出口额的 98.0%。2018 年伯利兹土豆进口额为 1 446 543 美元，占当年墨西哥土豆总出口额的 96.4%。

墨西哥主要从美国进口土豆，2017 年墨西哥进口了 11.8 万吨美国土豆，进口额达 4 920 万美元，其他土豆进口自中国等 7 个国家。2018 年墨西哥自美国进口了 13.1 万吨土豆，占其全部土豆进口量的 99.2%。

## 四、芦笋

芦笋（*Asparagus officinalis* L.）是墨西哥产值第四高的蔬菜。墨西哥是世界芦笋第三大生产国。2012 年墨西哥芦笋产量为 119 789 吨；2017 年产量增至 245 681 吨，占墨西哥全部蔬菜产量的 1.5%，人均年芦笋消费量为 0.7 千克。2018 年产量继续增长至 277 682 吨，占其全部蔬菜产量的 1.7%，比 2017 年增长了 13.0%，人均年消费量为 0.9 千克。

（一）全国生产情况

表 5 - 43 显示，2008—2019 年墨西哥芦笋栽种面积、产量和产值均呈增长趋势，2019 年栽种面积和产值均最大，分别为 3.44 万公顷和 104.36 亿比索。2018 年产量最高，达 27.77 万吨，是 2008 年的 5.19 倍。

单产总体上呈增长趋势，2017 年单产达 12 年来的最高点 9.40 吨/公顷，是 2008 年的 2.21 倍。

表 5 - 43　2008—2019 年墨西哥芦笋生产情况

| 年份 | 2008 | 2009 | 2010 | 2011 | 2012 | 2013 | 2014 | 2015 | 2016 | 2017 | 2018 | 2019 |
|---|---|---|---|---|---|---|---|---|---|---|---|---|
| 栽种面积（万公顷） | 1.30 | 1.31 | 1.32 | 1.60 | 1.72 | 1.93 | 2.13 | 2.39 | 2.56 | 2.78 | 3.43 | 3.44 |
| 产量（万吨） | 5.35 | 6.40 | 7.47 | 8.54 | 11.98 | 12.64 | 17.02 | 19.81 | 21.69 | 24.57 | 27.77 | 27.22 |
| 产值（亿比索） | 16.87 | 22.66 | 24.12 | 28.05 | 36.54 | 44.32 | 58.51 | 64.85 | 79.71 | 100.18 | 101.44 | 104.36 |
| 单产（吨/公顷） | 4.26 | 5.07 | 5.81 | 5.80 | 7.38 | 7.09 | 8.33 | 8.91 | 8.75 | 9.40 | 9.02 | 8.83 |

（二）芦笋进出口情况

**1. 总体进出口情况**

表 5 - 44 显示，2008—2018 年墨西哥芦笋出口保持增长趋势，出口量多

于进口量。2018 年芦笋出口量最高。2017 年出口额最高，达 4.60 亿美元。2018 年墨西哥出口了 16.96 万吨芦笋，出口额达 3.08 亿美元。

芦笋进口量则不稳定，年度间变化大。2018 年芦笋进口量和进口额均达到 12 年来最高点 893 吨和 330 万美元。

表 5 - 44　2008—2018 年墨西哥芦笋进出口情况

| 年份 | 2008 | 2009 | 2010 | 2011 | 2012 | 2013 | 2014 | 2015 | 2016 | 2017 | 2018 |
|---|---|---|---|---|---|---|---|---|---|---|---|
| 出口量（万吨） | 6.35 | 6.84 | 8.32 | 8.62 | 11.22 | 9.79 | 12.97 | 10.57 | 14.11 | 16.09 | 16.96 |
| 出口额（亿美元） | 1.02 | 1.46 | 2.17 | 2.30 | 2.25 | 2.65 | 2.51 | 2.85 | 3.87 | 4.60 | 3.08 |
| 进口量（吨） | 413 | 449 | 577 | 613 | 410 | 484 | 598 | 507 | 688 | 562 | 893 |
| 进口额（万美元） | 149.3 | 143.3 | 186.8 | 203.7 | 160.4 | 184.4 | 217.9 | 209.8 | 280.6 | 243.7 | 330.0 |

数据来源：FAOSTAT，2018 年数据来自 Panorama agroalimento。

**2. 芦笋主要进出口国家**

2012 年墨西哥芦笋出口 9 个国家，2017 年出口国家增至 13 个。

美国是墨西哥芦笋的主要出口国，2017 年美国进口了 160 830 吨芦笋，占墨西哥全部出口量的 99.9%，进口额为 278 708 612 美元。此外，澳大利亚和加拿大也进口了墨西哥芦笋。

2018 年美国进口墨西哥 307 626 690 美元芦笋，占墨西哥芦笋总出口额的 99.7%。西班牙、智利、日本、加拿大、伯利兹、新西兰、巴拿马、中国和哥斯达黎加也进口了墨西哥芦笋。

墨西哥主要从秘鲁、美国、中国、智利和西班牙进口芦笋。

# 五、洋葱

洋葱（*Capsicum annuum* L.）是墨西哥产值第五高的蔬菜。2012 年墨西哥是世界洋葱的第十三大生产国，产量为 1 238 602 吨；2017 年产量为 1 620 318 吨，占墨西哥全部蔬菜产量的 10.0%，是世界第十大洋葱生产国，人均年洋葱消费量为 10.5 千克。2018 年洋葱产量突增为 3 379 289 吨，成为世界第二大洋葱生产国，占全部蔬菜产量的 20.2%，人均年消费量 18.4 千克。

（一）全国生产情况

表 5 - 45 显示，2008—2016 年墨西哥洋葱栽种面积呈增长趋势，之后呈

下降趋势。2016 年洋葱栽种面积最大，产量最高，单产最高。2008—2019 年洋葱产值呈增长趋势，2019 年产值达 118.94 亿比索，为 12 年来的最高点。

表 5 - 45 2008—2019 年墨西哥洋葱生产情况

| 年份 | 2008 | 2009 | 2010 | 2011 | 2012 | 2013 | 2014 | 2015 | 2016 | 2017 | 2018 | 2019 |
|---|---|---|---|---|---|---|---|---|---|---|---|---|
| 栽种面积（万公顷） | 4.36 | 4.28 | 4.51 | 4.86 | 4.44 | 4.36 | 4.82 | 5.08 | 5.25 | 5.21 | 5.04 | 4.81 |
| 产量（万吨） | 124.62 | 119.58 | 126.62 | 139.89 | 123.86 | 127.00 | 136.81 | 151.90 | 163.50 | 162.03 | 157.26 | 148.71 |
| 产值（亿比索） | 46.58 | 36.74 | 52.94 | 45.66 | 42.18 | 50.80 | 56.65 | 63.93 | 78.72 | 81.19 | 79.56 | 118.94 |
| 单产（吨/公顷） | 29.12 | 28.66 | 28.24 | 29.68 | 29.08 | 29.57 | 28.85 | 29.26 | 31.75 | 31.36 | 31.35 | 31.01 |

### （二）洋葱进出口情况

#### 1. 总体进出口情况

墨西哥只有干洋葱进出口。干洋葱出口量多于进口量。2008—2018 年出口量呈增长趋势。2018 年出口量达到最高，为 43.39 万吨。2015 年出口额为 11 年的最高点。2017 年墨西哥洋葱出口量为 42.32 万吨，出口额达 2.33 亿美元。2018 年墨西哥出口了 43.39 万吨洋葱，出口额达 2.42 亿美元。

洋葱进口量则不稳定，年度间变化较大。2017 年洋葱进口量和进口额均为 11 年来的最高点，为 9.69 万吨。2018 年进口了 9.00 万吨洋葱，进口额达 0.45 亿美元（表 5 - 46）。

表 5 - 46 2008—2018 年墨西哥干洋葱进出口情况

| 年份 | 2008 | 2009 | 2010 | 2011 | 2012 | 2013 | 2014 | 2015 | 2016 | 2017 | 2018 |
|---|---|---|---|---|---|---|---|---|---|---|---|
| 出口量（万吨） | 28.00 | 31.15 | 32.74 | 37.01 | 37.47 | 37.80 | 38.81 | 38.62 | 41.29 | 42.32 | 43.39 |
| 出口额（亿美元） | 3.01 | 2.77 | 2.55 | 3.01 | 3.08 | 3.64 | 3.12 | 4.34 | 4.16 | 2.33 | 2.42 |
| 进口量（万吨） | 9.54 | 5.43 | 5.68 | 3.39 | 3.45 | 5.67 | 7.75 | 6.71 | 5.99 | 9.69 | 9.00 |
| 进口额（亿美元） | 0.38 | 0.13 | 0.18 | 0.11 | 0.15 | 0.33 | 0.44 | 0.31 | 0.26 | 0.55 | 0.45 |

数据来源：FAOSTAT，2017 年和 2018 年数据来自 Panorama agroalimento。

#### 2. 洋葱主要进出口国家

2012 年墨西哥洋葱出口 16 个国家，2017 年出口国家增至 20 个。

美国是墨西哥洋葱的主要出口国，2017 年美国进口了 225 863 310 美元墨西哥洋葱，占墨西哥全部洋葱出口额的 96.9%。其余墨西哥洋葱出口危地马拉和萨尔瓦多。2018 年美国进口墨西哥 235 702 253 美元洋葱，占墨西哥洋葱总出口额的 97.4%。此外，墨西哥洋葱还出口萨尔瓦多、西班牙、加拿大、意大利、危地马拉、荷兰、伯利兹、阿联酋和多米尼加。

墨西哥自美国、中国、西班牙、法国、加拿大、日本、巴西、德国和阿根廷进口洋葱。

## 六、黄瓜

黄瓜（*Cucumis sativus* L.）是墨西哥产值第六高的蔬菜。2017 年墨西哥人均年黄瓜消费量为 1.6 千克，黄瓜产量占全部蔬菜产量的 5.9%。2018 年人均年消费量为 2.4 千克，产量占全部蔬果产量的 6.4%。

2012 年墨西哥是世界黄瓜的第八大生产国，产量为 640 508 吨；2017 年产量增长为 956 005 吨，是世界第七大黄瓜生产国；2018 年产量继续增长，达到 1 072 048 吨，成为世界第六大黄瓜生产国。

### （一）全国生产情况

表 5-47 显示，2008—2019 年墨西哥黄瓜栽种面积基本稳定在 1.5 万～2 万公顷。其中，2017 年栽种面积最大，为 2.02 万公顷；2009 年最少，只有 1.47 万公顷。2008—2019 年墨西哥黄瓜产量、产值和单产总体上呈增长趋势，2018 年产量、产值和单产均达到 12 年来的最高点。其中，2018 年产量是最低年 2011 年的 2.52 倍，产值是最低年 2009 年的 4.51 倍，单产是最低年 2011 年的 1.88 倍。

表 5-47 2008—2019 年墨西哥黄瓜生产情况

| 年份 | 2008 | 2009 | 2010 | 2011 | 2012 | 2013 | 2014 | 2015 | 2016 | 2017 | 2018 | 2019 |
|---|---|---|---|---|---|---|---|---|---|---|---|---|
| 栽种面积（万公顷） | 1.75 | 1.47 | 1.65 | 1.64 | 1.53 | 1.58 | 1.69 | 1.80 | 1.89 | 2.02 | 1.96 | 1.62 |
| 产量（万吨） | 50.22 | 43.36 | 47.74 | 42.54 | 64.05 | 63.74 | 70.76 | 81.78 | 88.63 | 95.60 | 107.20 | 82.65 |
| 产值（亿比索） | 14.66 | 14.05 | 20.10 | 21.28 | 24.21 | 33.64 | 35.69 | 39.99 | 48.15 | 55.02 | 63.30 | 54.96 |
| 单产（吨/公顷） | 29.33 | 29.66 | 30.50 | 29.06 | 41.85 | 41.06 | 42.10 | 45.81 | 47.64 | 47.37 | 54.70 | 51.29 |

### （二）黄瓜进出口情况

#### 1. 总体进出口情况

表 5-48 显示，2009—2018 年墨西哥黄瓜出口量多于进口量。出口量总体上呈增加趋势。2018 年黄瓜出口量最高，达 77.49 万吨。2016 年出口额最高，

达 4.83 亿美元。2018 年墨西哥出口了 77.49 万吨黄瓜，出口额达 3.47 亿美元。

2014 年后没有进口黄瓜。2008—2013 年黄瓜进口总体呈增长趋势。2012 年黄瓜进口量和进口额均达到 12 年来最高点 2 460 吨和 292.9 万美元。

表 5 - 48　2008—2018 年墨西哥黄瓜进出口情况

| 年份 | 2008 | 2009 | 2010 | 2011 | 2012 | 2013 | 2014 | 2015 | 2016 | 2017 | 2018 |
|---|---|---|---|---|---|---|---|---|---|---|---|
| 出口量（万吨） | 69.99 | 49.14 | 49.88 | 49.70 | 54.03 | 58.49 | 61.09 | 65.52 | 69.36 | 76.14 | 77.49 |
| 出口额（亿美元） | 4.21 | 2.61 | 2.63 | 2.53 | 3.60 | 4.41 | 4.10 | 4.37 | 4.83 | 3.14 | 3.47 |
| 进口量（吨） | 34 | 572 | 818 | 1 154 | 2 460 | 2 061 | 0 | 0 | 0 | 0 | 0 |
| 进口额（万美元） | 2.7 | 118.7 | 179.4 | 172.8 | 292.9 | 246.0 | 0 | 0 | 0 | 0 | 0 |

数据来源：FAOSTAT，2017 年和 2018 年数据来自 Panorama agroalimento。

**2. 黄瓜主要进出口国家**

2012 年墨西哥黄瓜出口 2 个国家，2017 年出口国家增至 5 个。

美国是墨西哥黄瓜的主要出口国，2017 年美国进口了 754 806 吨黄瓜，金额为 309 011 171 美元，占墨西哥全部黄瓜出口额的 98.4%。其次是加拿大，进口了 6 430 吨墨西哥黄瓜。

2018 年墨西哥生产的黄瓜 72.3% 出口国外，美国进口墨西哥 336 835 786 美元黄瓜，占墨西哥黄瓜总出口额的 97.1%。其他进口国家有加拿大、英国、哥斯达黎加、古巴、日本、德国和法国。

# 七、仙人掌

仙人掌（*Opuntia* spp.）是墨西哥产值第十高的蔬菜。2017 年墨西哥人均消费仙人掌 6.3 千克，仙人掌产量占全部蔬菜产量的 5.1%。2018 年人均消费 6.4 千克，产量占全部蔬菜产量的 5.1%。在墨西哥，仙人掌鳞茎既可以作为蔬菜食用，也可以作为饲料饲喂牲畜，仙人掌果实还可以作为水果食用。另外，仙人掌还被用来生产胭脂。

（一）品种资源情况

根据植物学家 Leia Scheinvar 的资料显示，世界上约有 200 种仙人掌，其中 101 种生长在墨西哥，68 种是墨西哥特有的。为保护仙人掌，墨西哥人将特瓦坎-库卡特兰生物圈保护区确认为地方性仙人掌保护地。

（二）全国生产情况

表 5-49 显示，2008—2019 年墨西哥仙人掌栽种面积保持稳定，一直在
1.20 万～1.31 万公顷。2013 年栽种面积最大，为 1.31 万公顷；2009 年最少，
不足 1.20 万公顷。产量、产值和单产总体上呈增长趋势，2019 年总产量和产
值均达 12 年来的最高点。其中，2018 年产量是最低年 2008 年的 1.25 倍，产
值是最低年 2011 年的 1.57 倍，2014 年单产最高，达 74.99 吨/公顷，是最低
年 2008 年的 1.30 倍。

表 5-49　2008—2019 年墨西哥仙人掌生产情况

| 年份 | 2008 | 2009 | 2010 | 2011 | 2012 | 2013 | 2014 | 2015 | 2016 | 2017 | 2018 | 2019 |
|---|---|---|---|---|---|---|---|---|---|---|---|---|
| 栽种面积（万公顷） | 1.20 | 1.20 | 1.25 | 1.26 | 1.25 | 1.31 | 1.20 | 1.26 | 1.26 | 1.27 | 1.29 | 1.28 |
| 产量（万吨） | 68.31 | 74.43 | 72.38 | 77.74 | 85.65 | 78.68 | 82.46 | 81.27 | 81.09 | 82.95 | 85.35 | 89.18 |
| 产值（亿比索） | 15.40 | 14.33 | 16.71 | 13.41 | 14.00 | 19.26 | 16.17 | 15.30 | 20.63 | 17.42 | 21.00 | 24.25 |
| 单产（吨/公顷） | 57.65 | 63.36 | 59.32 | 63.83 | 70.76 | 62.84 | 74.99 | 67.51 | 66.32 | 68.70 | 68.67 | 71.22 |

表 5-50 显示，2008—2019 年墨西哥饲料用仙人掌的栽种面积相对稳定，
2016 年后基本维持在 1.70 万公顷上下。2011 年饲料用仙人掌栽种面积最大，
为 1.86 万公顷，2008 年最少，为 1.44 万公顷。产量和产值总体上呈增长趋
势，2017 年总产量和产值均达 12 年来的最高点。其中，2017 年产量是最低年
2009 年的 1.66 倍，产值是最低年 2009 年的 2.18 倍。单产总体上呈下降趋势，
2008 年单产最高，达 34.36 吨/公顷，是最低年 2019 年的 3.33 倍。

表 5-50　2008—2019 年墨西哥饲料用仙人掌生产情况

| 年份 | 2008 | 2009 | 2010 | 2011 | 2012 | 2013 | 2014 | 2015 | 2016 | 2017 | 2018 | 2019 |
|---|---|---|---|---|---|---|---|---|---|---|---|---|
| 栽种面积（万公顷） | 1.44 | 1.81 | 1.81 | 1.86 | 1.77 | 1.60 | 1.63 | 1.68 | 1.73 | 1.72 | 1.70 | 1.73 |
| 产量（万吨） | 14.82 | 11.83 | 20.85 | 15.07 | 13.39 | 14.07 | 14.00 | 16.70 | 18.03 | 19.66 | 17.72 | 16.77 |
| 产值（亿比索） | 0.44 | 0.40 | 0.66 | 0.50 | 0.46 | 0.54 | 0.56 | 0.69 | 0.80 | 0.87 | 0.74 | 0.71 |
| 单产（吨/公顷） | 34.36 | 26.11 | 18.01 | 15.18 | 12.10 | 14.87 | 14.81 | 10.72 | 11.54 | 11.64 | 10.88 | 10.31 |

（三）仙人掌进出口情况

**1. 总体进出口情况**

2008—2018 年墨西哥仙人掌出口量呈增长趋势，除 2017 年和 2018 年有
很少的进口外，墨西哥仙人掌出口量明显多于进口量。2018 年仙人掌出口量

最高。2009 年出口额最低。2017 年墨西哥出口了 49 663 吨仙人掌，出口额为 1 600 万美元。2018 年出口量为 51 657 吨，比 2017 年增长了 4.0%，出口额 为 1 930 万美元，比 2017 年增加 21.1%。

除 2017 年和 2018 年分别有 400 美元和 10 美元的进口额外，其他年度墨 西哥没有仙人掌进口（表 5 - 51）。

表 5 - 51　2008—2018 年墨西哥仙人掌进出口情况

| 年份 | 2008 | 2009 | 2010 | 2011 | 2012 | 2013 | 2014 | 2015 | 2016 | 2017 | 2018 |
|---|---|---|---|---|---|---|---|---|---|---|---|
| 出口额（万美元） | 370 | 290 | 360 | 410 | 950 | 800 | 940 | 1 270 | 1 400 | 1 600 | 1 930 |
| 进口额（美元） | 0 | 0 | 0 | 0 | 0 | 0 | 0 | 0 | 0 | 400 | 10 |

数据来源：Panorama agroalimento。

**2. 仙人掌主要进出口国家**

2012 年墨西哥仙人掌出口 6 个国家，2017 年出口国家增至 15 个。

美国是墨西哥仙人掌的主要出口国，2017 年美国进口了 15 809 152 美元 仙人掌，占墨西哥全部仙人掌出口额的 98.8%。此外，墨西哥仙人掌还出口 到捷克和韩国。

2018 年美国进口墨西哥 19 224 360 美元仙人掌，占墨西哥仙人掌总出口 额的 99.6%。此外，墨西哥仙人掌还出口到韩国、日本、捷克、泰国、萨尔 瓦多、阿联酋、英国、瑞士。

2017 年和 2018 年墨西哥进口的仙人掌来自美国。

## 第四节　其他经济作物

## 一、甘蔗

甘蔗原产于印度。随着殖民活动，甘蔗也被带到了墨西哥，并成为墨西哥 的重要收入来源，对墨西哥经济和社会都产生了较大的影响。墨西哥制糖业创 造了超过 44 万个直接就业机会，间接就业覆盖了超过 220 万人。甘蔗生产主 要分布在全国 16 个州 227 个城市，人口覆盖超过 1 200 万人。

2018 年全国甘蔗总产量为 5 638.54 万吨，其中仅 600 万吨用于制糖。甘 蔗主要用于榨糖，也可以作肥料、动物饲料或造纸。甘蔗汁用于制造工业酒精 和酒精饮料。甘蔗最初被种植在韦拉克鲁斯州，目前该州继续占据甘蔗种植首位，其产量占全国产量的 1/3 以上。

## （一）甘蔗糖生产情况

表 5-52 显示，2008—2019 年甘蔗栽种面积为 71 万～86 万公顷，总体呈增长趋势，产量和产值也呈增长趋势。2019 年甘蔗栽种面积、产量和产值均为 12 年来的最高点。2009 年栽种面积、产量和产值均处于 12 年来的最低点。单产始终在 69～78 吨/公顷。其中，2013 年单产最高，达 78.16 吨/公顷；2012 年单产最低，只有 69.30 吨/公顷，是 2013 年单产的 88.7%。

**表 5-52　2008—2019 年墨西哥甘蔗生产情况**

| 年份 | 2008 | 2009 | 2010 | 2011 | 2012 | 2013 | 2014 | 2015 | 2016 | 2017 | 2018 | 2019 |
|---|---|---|---|---|---|---|---|---|---|---|---|---|
| 栽种面积（万公顷） | 73.84 | 71.94 | 73.48 | 77.42 | 77.72 | 84.52 | 82.87 | 82.69 | 84.90 | 83.61 | 84.75 | 85.61 |
| 产量（万吨） | 5 109.07 | 4 876.42 | 5 042.16 | 4 973.53 | 5 094.65 | 6 118.21 | 5 668.27 | 5 539.61 | 5 644.68 | 5 695.50 | 5 638.54 | 5 889.43 |
| 产值（亿比索） | 203.91 | 189.13 | 312.50 | 303.70 | 338.08 | 314.97 | 262.31 | 266.74 | 309.95 | 384.12 | 440.75 | 458.99 |
| 单产（吨/公顷） | 73.89 | 70.41 | 71.63 | 69.67 | 69.30 | 78.16 | 74.39 | 73.02 | 72.27 | 73.78 | 73.12 | 75.35 |

数据来源：siap。

## （二）食糖进出口情况

### 1. 甘蔗糖供需情况

表 5-53 显示，2014—2017 年墨西哥甘蔗糖的供应总量不断增长。2017—2018 年全国食糖产量增长 0.2%。墨西哥食糖出口大于进口，与 2016 年相比，墨西哥食糖出口增长 17.1%。

**表 5-53　2014—2017 年墨西哥甘蔗糖供需情况**

单位：万吨

| 类型 | 项目 | 2014 年 | 2015 年 | 2016 年 | 2017 年 | 变化情况*（%） |
|---|---|---|---|---|---|---|
| 供应 | 供应总量 | 682.4 | 694.5 | 704.3 | 709.5 | 0.7 |
| | 初始量 | 83.1 | 81.1 | 103.7 | 100.2 | −3.4 |
| | 产量 | 598.5 | 611.7 | 595.7 | 597.0 | 0.2 |
| | 进口量 | 0.8 | 1.7 | 4.8 | 13.0 | 170.8 |
| 需求 | 需求总量 | 601.3 | 590.8 | 604.0 | 614.4 | 1.7 |
| | 出口 | 160.5 | 152.0 | 152.5 | 178.6 | 17.1 |
| | 消费总量 | 440.8 | 438.7 | 451.5 | 435.6 | −3.5 |
| 最终盘量 | | 81.1 | 103.7 | 100.2 | 95.1 | −5.1 |

注：* 为 2017 年与 2016 年的比较。

**2. 进出口情况**

表 5 - 54 显示，墨西哥甘蔗糖出口多于进口。2010—2013 年出口总体上呈增长趋势，2013 年后总体上呈下降趋势。2013 年出口额达到 11 年来的最高点，是最低年 2008 年的 3.24 倍。2017 年墨西哥出口了 1 118 717 吨甘蔗糖，出口额为 6.65 亿美元；2018 年墨西哥甘蔗糖出口量为 1 392 595 吨，比 2017 年增长 24.5%；出口额为 7.13 亿美元，比 2017 年增长 7.2%。

2009—2013 年甘蔗进口总体上呈下降趋势，2010 年进口额为 11 年来的最高点，达 3.27 亿美元。2016 年进口额为 11 年来的最低点，只有 0.53 亿美元。2017 年墨西哥进口了 120 045 吨甘蔗糖，进口额为 0.77 亿美元；2018 年墨西哥甘蔗糖进口量为 178 608 吨，比 2017 年增长 48.8%；进口额为 1.08 亿美元，比 2017 年增加 40.3%。

表 5 - 54　2008—2018 年墨西哥甘蔗糖进出口情况

| 年份 | 2008 | 2009 | 2010 | 2011 | 2012 | 2013 | 2014 | 2015 | 2016 | 2017 | 2018 |
|---|---|---|---|---|---|---|---|---|---|---|---|
| 出口额（亿美元） | 4.03 | 5.08 | 6.83 | 12.12 | 8.23 | 13.04 | 9.07 | 8.07 | 7.24 | 6.65 | 7.13 |
| 进口额（亿美元） | 0.92 | 3.25 | 3.27 | 2.83 | 2.71 | 1.34 | 0.87 | 0.84 | 0.53 | 0.77 | 1.08 |

数据来源：Panaroma agroalimentario 2019。

**3. 甘蔗糖主要进出口国家**

2012 年墨西哥从 30 个国家进口甘蔗糖，2017 年进口国增至 39 个。2017 年墨西哥从美国进口 41 000 吨甘蔗糖，占全部进口量的 34.2%。

2018 年墨西哥从美国、加拿大、危地马拉、巴西、尼加拉瓜、巴拉圭、德国、比利时、荷兰和中国进口甘蔗糖。

2012 年墨西哥甘蔗糖出口到 19 个国家，2017 年出口增至 24 个国家。2016 年，甘蔗糖的主要出口目的国是美国，占甘蔗糖总出口量的 67.2%。其次是加拿大 6.6%，新加坡 2.5%，委内瑞拉 1.6%。2017 年墨西哥出口了 579 216 791 美元甘蔗糖到美国，占其全部出口额的 87.1%；2018—2019 年度墨西哥出口占全国 21.2% 的甘蔗糖到美国，出口额为 652 392 605 美元，占其全部出口额的 91.4%。其次是出口摩洛哥的 20.9%，加拿大的 10.2%，乌兹别克斯坦的 9.3%，出口其他国家占比 38.4%。在 2019 年，墨西哥出口了 200 万吨糖，同比减少了 23.1%。

**4. 墨西哥政府为促进甘蔗生产所采取的行动**

2019 年开始，为了保护墨西哥甘蔗生产，农业部为甘蔗生产者（拥有 20

公顷的临时地或 5 公顷的灌溉地），每人补助 7 300 比索。

## 二、高粱

高粱是墨西哥最大的谷物饲料，是畜牧业均衡饲料配方中的主要成分。墨西哥高粱种植分两个季节，其中春夏季播种时间是 6—8 月，收获时间是 11 月至次年 1 月。秋冬季播种时间是 1—3 月，收获时间是 7—9 月。2018 年，65% 的产量来自临时用地。最近几年，高粱受蚜虫危害较重。

### （一）高粱生产情况

表 5 - 55 显示，2010—2015 年墨西哥春夏高粱播种面积多于秋冬高粱，2016—2019 年秋冬高粱播种面积多于春夏高粱。2014 年前高粱播种面积相对保持稳定，从 2014 年开始，受黄蚜虫危害，高粱播种面积下降，近年更是持续走低。近 10 年高粱的产量变化则更大。除 2013 年产量达到最高值 841 万吨，之后产量呈下降趋势。2019 年产量为 462 万吨。从单产看，春夏高粱和秋冬高粱的合计平均单产为 200～260 千克/亩。其中，春夏高粱 2018 年单产最高，秋冬高粱 2013 年单产最高。

表 5 - 55　2010—2019 年墨西哥高粱生产情况

| 年份 | 播种面积（百万公顷） | | | 总产量（百万吨） | | | 平均产量（千克/亩） | | |
|---|---|---|---|---|---|---|---|---|---|
| | 春夏 | 秋冬 | 合计 | 春夏 | 秋冬 | 合计 | 春夏 | 秋冬 | 合计 |
| 2010 | 1.07 | 0.97 | 2.04 | 4.01 | 3.37 | 7.38 | 249.8 | 231.6 | 241.2 |
| 2011 | 1.00 | 0.90 | 1.90 | 3.05 | 3.35 | 6.40 | 203.3 | 248.1 | 224.6 |
| 2012 | 1.03 | 0.95 | 1.98 | 3.62 | 2.54 | 6.16 | 234.3 | 178.2 | 207.4 |
| 2013 | 1.06 | 1.10 | 2.16 | 3.77 | 4.64 | 8.41 | 237.1 | 281.2 | 259.6 |
| 2014 | 0.97 | 0.85 | 1.82 | 3.75 | 2.57 | 6.32 | 257.7 | 201.6 | 231.5 |
| 2015 | 0.91 | 0.88 | 1.79 | 2.62 | 2.94 | 5.56 | 191.9 | 222.7 | 207.1 |
| 2016 | 0.66 | 0.87 | 1.53 | 2.07 | 2.59 | 4.66 | 209.1 | 198.5 | 203.1 |
| 2017 | 0.59 | 0.79 | 1.38 | 2.26 | 2.34 | 4.60 | 255.4 | 197.5 | 222.2 |
| 2018 | 0.54 | 0.84 | 1.38 | 2.19 | 2.31 | 4.50 | 270.4 | 183.3 | 217.4 |
| 2019 | 0.52 | 0.89 | 1.41 | 2.01 | 2.61 | 4.62 | 257.7 | 195.5 | 218.4 |

（二）高粱进出口情况

**1. 高粱供需情况**

表 5 - 56 显示，相比 2018 年度，2019 年度高粱的供应量增长，需求量下降，因此最终库存量增长了 50.9%。

表 5 - 56　2018—2019 年墨西哥高粱供需情况

单位：万吨

| | 项目 | 2018 年 | 2019 年 | 2019 年与 2018 年比较（%） |
|---|---|---|---|---|
| 供应 | 供应总量 | 567.4 | 597.6 | 5.3 |
| | 初始量 | 58.1 | 69.7 | 20.0 |
| | 产量 | 450.8 | 462.2 | 2.5 |
| | 进口量 | 58.5 | 65.7 | 12.3 |
| 需求 | 需求总量 | 497.7 | 492.4 | −1.1 |
| | 出口量 | 0.0 | 0.0 | 0.0 |
| | 消费总量 | 472.8 | 467.7 | −1.1 |
| | 其他 | 24.9 | 24.7 | −0.8 |
| 最终盘量 | | 69.7 | 105.2 | 50.9 |

**2. 高粱进口情况**

墨西哥进口的高粱 100% 来自美国。墨西哥高粱进口量年度差异非常大。最近 10 年，2010 年进口量最高，达 243.8 万吨。2011 年进口额最高，为 6.47 亿美元。2014 年进口量最低，仅有 1.3 万吨。2014 年进口额最低，为 0.13 亿美元（表 5 - 57）。总体上看，最近几年高粱进口量和进口额都有所下降。

表 5 - 57　2010—2019 年墨西哥高粱进口情况

| 年份 | 进口量（万吨） | 进口额（亿美元） |
|---|---|---|
| 2010 | 243.8 | 3.97 |
| 2011 | 130.5 | 6.47 |
| 2012 | 185.0 | 4.78 |
| 2013 | 13.6 | 3.20 |
| 2014 | 1.3 | 0.13 |
| 2015 | 65.9 | 0.40 |
| 2016 | 57.0 | 1.12 |
| 2017 | 8.5 | 0.68 |
| 2018 | 58.5 | 0.37 |
| 2019 | 66.8 | — |

2013 年和 2014 年墨西哥高粱进口量减少的原因是国内高粱产量提高。2015 年高粱受到黄蚜虫危害，此后高粱进口增加。2019 年由于国际高粱价格下降，墨西哥高粱进口量达 66.8 万吨，比 2018 年增长 14.2%。

图 5-3 显示，2014 年 3 月至 2019 年 11 月，高粱进口价格总体上呈下降趋势，其中 2014 年 11 月价格最高，达 250 美元/吨，2015 年 1 月价格曾低至不足 140 美元/吨。2019 年 11 月价格为 187 美元/吨。

图 5-3　2014 年 3 月至 2019 年 11 月墨西哥进口高粱价格

### 3. 高粱出口情况

相比进口，墨西哥高粱出口很少，2017 年出口量最多，为 6 817 吨；出口额达 160 万美元。2018 年出口高粱 2 332 吨，比 2017 年减少 65.8%；出口额达 70 万美元，比 2017 年下降 56.3%。2013 年墨西哥高粱没有出口（表 5-58）。

表 5-58　2008—2018 年墨西哥高粱出口情况

| 年份 | 2008 | 2009 | 2010 | 2011 | 2012 | 2013 | 2014 | 2015 | 2016 | 2017 | 2018 |
|---|---|---|---|---|---|---|---|---|---|---|---|
| 出口额（万美元） | 1.0 | 3.0 | 5.0 | 20.0 | 10.0 | 0.0 | 110.0 | 30.0 | 150.0 | 160.0 | 70.0 |

## 三、棉花

墨西哥是世界第六大产棉国和第九大棉花种植国。在纳瓦特语中，棉花又被称为 ichcaxihuitl，意思是"羊粪便"。墨西哥有中美洲和南美洲 18 个棉花品种中的 14 个。墨西哥棉花主要用于纺织工业的纤维，以及种子用于榨取食用油。

2016 年下加利福尼亚州被墨西哥国家卫生、营养和食品质量服务局认定是没有棉铃虫的州。

（一）棉花生产情况

墨西哥棉花分为春夏季和秋冬季，主要生产周期在春夏季，产量超过总产量的94%。表5-59显示，从2010年至今，墨西哥棉花年产量变化较大。2018年产量最高。其次是2017年。2018年墨西哥棉花种植面积达23.9万公顷，达到近年的最大面积；产量是1 163 000吨，比2017年增长15%。产值为140.004 54亿比索。棉花平均产量为每公顷8 800千克。在2019年，棉花产量为32.55万吨，149.33万包。2019年春夏季，由于播种面积减少，因此产量为145.05万包，同比下降20.2%。最近五年中，由于使用高产种子和防治棉铃虫，棉花单产显著增加。

表5-59　2010—2019年墨西哥棉花产量情况

单位：万包

| 年份 | 2010 | 2011 | 2012 | 2013 | 2014 | 2015 | 2016 | 2017 | 2018 | 2019 |
|---|---|---|---|---|---|---|---|---|---|---|
| 春夏 | 69.30 | 118.07 | 105.59 | 93.87 | 136.25 | 94.41 | 77.09 | 157.52 | 181.84 | 145.05 |
| 秋冬 | 1.75 | 1.75 | 0.43 | 2.06 | 0.87 | 1.25 | 4.49 | 4.82 | 4.08 | 4.28 |
| 合计 | 71.05 | 119.82 | 106.02 | 95.93 | 137.12 | 95.66 | 81.58 | 162.34 | 185.92 | 149.33 |

（二）墨西哥棉花进出口情况

1. 供需情况

表5-60显示，2017—2019年墨西哥棉花供应和需求最高年在2018年，供应总量为312.9万包，需求总量在273.9万包。产量、出口量均在2018年最高。2017年棉花进口量最多。2017—2019年墨西哥国内棉花消费量逐年增长。从最终盘量看，三年来墨西哥棉花盘量逐年减少。

表5-60　2017—2019年墨西哥棉花供需情况

单位：万包

| 类型 | 项目 | 2017年 | 2018年 | 2019年 | 变化情况*（%） |
|---|---|---|---|---|---|
| 供应 | 供应总量 | 289.3 | 312.9 | 273.4 | -12.7 |
|  | 初始量 | 38.8 | 50.0 | 39.1 | -21.8 |
|  | 产量 | 162.3 | 185.9 | 149.3 | -19.7 |
|  | 进口量 | 88.2 | 77.0 | 85.0 | 10.4 |
| 需求 | 需求总量 | 239.3 | 273.9 | 247.5 | -9.6 |
|  | 出口量 | 46.8 | 76.4 | 45.0 | -41.1 |
|  | 消费总量 | 192.5 | 197.5 | 202.5 | 2.5 |
| 最终盘量 |  | 50.0 | 39.0 | 25.9 | -33.6 |

注：* 为2019年与2018年的比较。

### 2. 棉花进口情况

墨西哥既是棉花进口国，又是出口国，进口量多于出口量。2014—2016年墨西哥棉花进口逐年增长，2016年达到六年来的最高点，为98.96万包。2017—2019年逐年下降。2019年10—12月，墨西哥棉花进口达18.66万包，同比减少4.9%，比最近五年的平均水平减少12.3%（图5-4）。

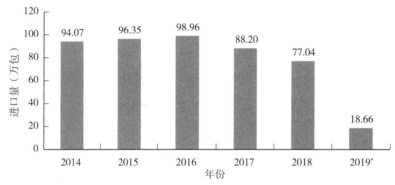

图5-4 2014—2019年墨西哥棉花进口情况

注：* 数据截至2019年12月。

2018年墨西哥皮棉进口量的93.0%来自美国（表5-61）。

表5-61 2018年墨西哥棉花进口情况

| 国家 | 美国 | 阿根廷 | 其他国家 |
|---|---|---|---|
| 进口比例（%） | 93.0 | 0.4 | 6.6 |

### 3. 出口情况

2014—2018年墨西哥棉花出口逐年增长。2019年已经出口了12.22万包棉花，分别占上年出口量的23.8%和最近五年平均出口量的34.8%（图5-5）。

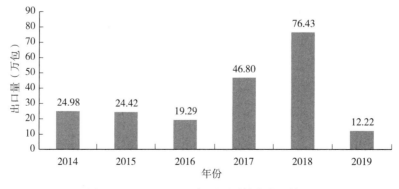

图5-5 2014—2019年墨西哥棉花出口情况

2018 年，19％的墨西哥棉花出口巴基斯坦，15％出口土耳其，13％出口中国，9％出口越南，8％出口印度（表 5 - 62）。

表 5 - 62　2018 年墨西哥棉花出口情况

| 国家 | 巴基斯坦 | 土耳其 | 中国 | 越南 | 印度 | 其他国家 |
|---|---|---|---|---|---|---|
| 进口比例（％） | 19 | 15 | 13 | 9 | 8 | 36 |

（三）近年来政府在推动棉花生产方面所做的工作

2001 年，美国与墨西哥合作开展棉花病虫害防控计划以拯救墨西哥棉花，根据美国和墨西哥的双边协议，双方在下加利福尼亚州、科阿韦拉州、杜兰戈州、齐瓦瓦州、索诺拉州和塔毛利帕斯州共同应对棉花的两大害虫：墨西哥棉铃象和棉铃虫。当时墨联邦政府投入了 8.5 亿比索。得益于棉花病虫害防控计划，2002—2019 年墨西哥棉花种植面积达到 200 万公顷。其中，2009 年墨西哥棉花产量为 27.9 万吨。2019 年以上 6 个州的棉花播种面积达 223 835 公顷。

2020 年，墨西哥和美国继续在塔毛利帕斯州的大湖山谷合作消灭墨西哥棉铃象，美国农业部计划提供 3 000 万比索，墨西哥政府投入 3 100 万比索。

# 四、豆类

（一）豆类的历史

豆类种植在墨西哥有 9 000 年的历史。豆类是墨西哥人饮食和经济的重要组成部分和基本食物之一，其对墨西哥人的意义仅次于玉米，也是墨西哥最重要的食物。豆类在墨西哥饮食中占 60％以上份额。豆类包括花、种子和茎在内的所有部分都可以食用。

目前，世界上已知豆类超过 150 种，其中 70 种分布在墨西哥。墨西哥被认为是各种豆类的起源地之一。墨西哥豆类可以分为 7 个类型：黑色、黄色、白色、紫色、浅黄、花豆、斑点豆。墨西哥北部（主要在锡那罗亚州）还有硫黄色品种，大部分黑豆则种植在纳亚里特州、萨卡特卡斯州以及墨西哥中部和南部地区。

墨西哥几乎所有地方都能种植豆子。墨西哥豆类的商业生产主要集中于中北部。中南部地区拥有超过 57 万名本地豆类品种生产者，对于墨西哥具有重要作用。豆类因区域和消费偏好会出现种植偏好，如黑色豆子主要在墨西哥东南部纳亚里特州和萨卡特卡斯州种植，粉色豆子主要种植在墨西哥中部和东北部，白豆主要在西部和西北部。

（二）豆类生产情况

表 5 - 63 显示，墨西哥豆类的主要生产周期是春夏，春夏季豆类的种植面积和产量都高于秋冬季，春夏季产量占全年产量的 77%。近 5 年，豆类种植面积相对稳定，春夏季面积基本为 140 万～150 万公顷，秋冬季面积为 20 万～30 万公顷；2015 年和 2016 年，由于杜兰戈州、萨卡特卡斯州和圣路易斯波托西州降水少，导致产量有所下降。2018 年，由于豆类价格低，因此豆类种植面积比上年减少 4.1%，产量也下降了 7.2%。从单产看，秋冬季单产高于春夏季。

表 5 - 63　2012—2018 年墨西哥豆类生产情况

| 年份 | 播种面积（万公顷） | | | 总产量（万吨） | | | 平均产量（千克/亩） | | |
|---|---|---|---|---|---|---|---|---|---|
| | 春夏 | 秋冬 | 合计 | 春夏 | 秋冬 | 合计 | 春夏 | 秋冬 | 合计 |
| 2012 | 146.0 | 24.3 | 170.3 | 81.6 | 25.3 | 106.9 | 37.3 | 69.4 | 41.8 |
| 2013 | 158.8 | 28.7 | 187.5 | 104.1 | 29.5 | 133.6 | 43.7 | 68.5 | 47.5 |
| 2014 | 148.7 | 22.0 | 170.7 | 97.9 | 19.3 | 117.2 | 43.9 | 58.5 | 45.8 |
| 2015 | 145.9 | 21.8 | 167.7 | 77.6 | 21.6 | 99.2 | 35.5 | 66.1 | 39.4 |
| 2016 | 141.4 | 24.9 | 166.3 | 87.3 | 30.4 | 117.7 | 41.2 | 81.4 | 47.2 |
| 2017 | 142.9 | 27.4 | 170.3 | 87.7 | 33.8 | 121.5 | 40.9 | 82.2 | 47.6 |
| 2018 | 140.3 | 23.1 | 163.4 | 84.2 | 28.5 | 112.7 | 40.0 | 82.3 | 46.0 |

（三）豆类进出口情况

**1. 豆类供需情况**

2017 年墨西哥人均豆类消费量为 10.2 千克，2018 年人均豆类消费量为 10.5 千克。墨西哥豆类需求总量的 89% 来自国内生产，8.7% 来自进口。由于 2018 年豆类产量下降，进口减少，因此 2018 年供应总量比 2017 年下降了 0.7%，但需求量却增加了 2.2%。因此，2018 年最终盘量将比 2017 年减少 11.1%（表 5 - 64）。

表 5 - 64　2017 年和 2018 年墨西哥豆类供需情况

单位：万吨

| 类型 | 项目 | 2017 年 | 2018 年 | 2018 年与 2017 年比较（％） |
|---|---|---|---|---|
| 供应 | 供应总量 | 160.2 | 159.0 | −0.7 |
| | 初始量 | 20.2 | 35.1 | 73.8 |
| | 产量 | 121.5 | 112.7 | −7.2 |
| | 进口量 | 18.5 | 11.2 | −39.5 |
| 需求 | 需求总量 | 125.1 | 127.8 | 2.2 |
| | 出口量 | 4.8 | 3.4 | −29.2 |
| | 消费总量 | 106.6 | 112.0 | 5.1 |
| | 其他 | 13.7 | 12.4 | −9.5 |
| 最终盘量 | | 35.1 | 31.2 | −11.1 |

## 2. 豆类进口情况

表 5 - 65 显示，墨西哥进口豆类以黑豆为主，2007—2018 年豆类进口量变化较大，其中 2011 年进口量最高，达 20.9 万吨。2013 年进口量最低，仅有 6.1 万吨。2018 年墨西哥进口了 11.2 万吨豆类，比 2017 年减少了 39.1％。

表 5 - 65　2007—2018 年墨西哥豆类进口情况

单位：万吨

| 年份 | 黑豆进口量 | 白豆进口量 | 其他豆进口量 | 总进口量 |
|---|---|---|---|---|
| 2007 | 4.4 | 0.3 | 3.4 | 8.1 |
| 2008 | 8.5 | 0.3 | 6.2 | 15.0 |
| 2009 | 8.1 | 0.3 | 3.0 | 11.4 |
| 2010 | 9.1 | 0.3 | 1.7 | 11.1 |
| 2011 | 8.4 | 0.5 | 12.0 | 20.9 |
| 2012 | 8.1 | 0.6 | 8.0 | 16.7 |
| 2013 | 4.9 | 0.1 | 1.1 | 6.1 |
| 2014 | 7.1 | 0.4 | 1.6 | 9.1 |
| 2015 | 9.0 | 1.2 | 7.2 | 17.4 |
| 2016 | 5.6 | 0.7 | 4.4 | 10.7 |
| 2017 | 10.6 | 0.5 | 7.3 | 18.4 |
| 2018 | 0.0 | 11.2 | 0.0 | 11.2 |

2017 年墨西哥豆类进口来自美国、加拿大和阿根廷 3 个国家，占比分别为 86.55％、9.18％和 4.27％。塔毛利帕斯州的拉来多市进口量最大，其次是科阿韦拉州的彼德拉斯内格拉斯。

图 5-6 显示，从 2013 年 7 月至 2019 年 5 月，虽然黑豆和其他豆类进口价格有涨跌起伏变化，但总体趋势是下降。大多数时间黑豆价格高于其他豆类。2014 年 9 月后，黑豆和其他豆类进口价格跌至 1 000 美元/吨以下。2019 年 5 月黑豆进口价格为 804 美元/吨，其他豆类价格为 733 美元/吨。

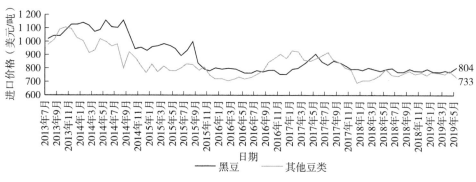

图 5-6　2013 年 7 月至 2019 年 5 月墨西哥豆类进口价格

### 3. 豆类出口情况

2007—2018 年墨西哥豆类出口量在几万吨浮动，其中以其他豆类出口居多。黑豆出口量比较少，只有 2016 年出口了 4.7 万吨，2017 年出口了 2.0 万吨，其他年度出口量没有超过 0.6 万吨。白豆出口只有 2013 年、2017 年和 2018 年。2018 年出口豆类 3.9 万吨，全部为白豆，无黑豆和其他豆类，总出口量比 2017 年减少了 18.8%（表 5-66）。

表 5-66　2007—2018 年墨西哥豆类出口情况

单位：万吨

| 年份 | 黑豆出口量 | 白豆出口量 | 其他豆出口量 | 总出口量 |
|---|---|---|---|---|
| 2007 | 0.2 | 0.0 | 2.2 | 2.4 |
| 2008 | 0.4 | 0.0 | 1.9 | 2.3 |
| 2009 | 0.1 | 0.0 | 2.4 | 2.5 |
| 2010 | 0.2 | 0.0 | 3.5 | 3.7 |
| 2011 | 0.1 | 0.0 | 1.6 | 1.7 |
| 2012 | 0.1 | 0.0 | 2.3 | 2.4 |
| 2013 | 0.6 | 0.2 | 5.9 | 6.7 |
| 2014 | 0.3 | 0.0 | 3.4 | 3.7 |
| 2015 | 0.2 | 0.0 | 2.6 | 2.8 |
| 2016 | 4.7 | 0.0 | 3.0 | 7.7 |
| 2017 | 2.0 | 0.1 | 2.7 | 4.8 |
| 2018 | 0.0 | 3.9 | 0.0 | 3.9 |

2017年墨西哥豆类出口到以下国家：美国（占比43%）、委内瑞拉（占比38%）、秘鲁（占比13%）、安哥拉（占比2%）、其他国家（占比4%）。韦拉克鲁斯州的韦拉克鲁斯港出口量最大，其次是索诺拉州的诺加莱斯。

图5-7显示，从2013年7月至2019年5月，虽然黑豆和其他豆类的进口价格有涨跌的起伏变化，但总体趋势是略下降。大多数时间其他豆类价格高于黑豆。2019年5月黑豆出口价格为966美元/吨，其他豆类价格为1 317美元/吨。

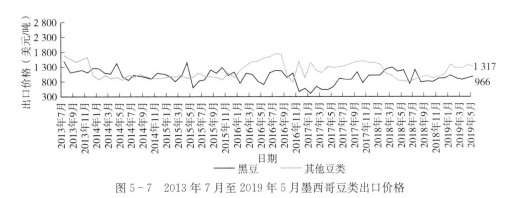

图5-7 2013年7月至2019年5月墨西哥豆类出口价格

### （四）墨西哥在促进豆类生产方面所采取的措施

由于经济变化、城市化、家庭规模缩小、人口迁徙和流动，其他蛋白质替代豆类导致豆类价格波动等原因，墨西哥豆类消费目前面临着巨大变化，消费量从2006年120万吨下降到2020年的100万吨。

为推动豆类生产，2019年由墨西哥政府下发的"社会可持续农业市场计划"中包括纳亚里特州的芸豆生产，该计划即政府在纳亚里特州投入500万比索，收购5 000吨芸豆，收购价格不低于11比索/千克。

2020年，墨西哥政府宣布启动"墨西哥的财富：捍卫豆类的消费"项目，该项目由该国农业部等七部委共同组织，通过在水果树间种植豆类，加强科学与技术合作，来推动技术提升，鼓励小生产者生产豆类。该计划支持30公顷以下临时用地或5公顷灌溉用地，产量限定在15吨以下，首次规定豆类担保价格，每吨豆子收购价格为14 500比索。

## 五、苜蓿

苜蓿（*Medicago sativa* L.）是墨西哥产值最高的饲料作物。2017年墨西哥苜蓿产量为 33 785 861 吨，占全部饲料作物产量的 27.3%。2018 年苜蓿产量为 33 711 846 吨，占全部饲料作物产量的 27.6%。

## （一）全国生产情况

2008—2019 年墨西哥苜蓿的栽种面积比较稳定，基本维持在 38 万～39.20 万公顷。产量、产值和单产均呈增长趋势。2012 年栽种面积最大，为 39.12 万公顷；2010 年栽种面积最少，为 38.34 万公顷。2019 年产量和产值均最大，分别为 3 470.58 万吨和 200.45 亿比索。2011 年产量最低，为 2 824.75 万吨；2008 年产值最低，只有 102.35 亿比索。2019 年单产达 12 年来的最高点，为 89.24 吨/公顷，比单产最低年 2008 年提高了 17.7%（表 5 - 67）。

表 5 - 67　2008—2019 年墨西哥苜蓿生产情况

| 年份 | 2008 | 2009 | 2010 | 2011 | 2012 | 2013 | 2014 | 2015 | 2016 | 2017 | 2018 | 2019 |
|---|---|---|---|---|---|---|---|---|---|---|---|---|
| 栽种面积（万公顷） | 39.09 | 38.57 | 38.34 | 38.78 | 39.12 | 38.98 | 38.76 | 38.67 | 38.72 | 38.55 | 38.70 | 38.90 |
| 产量（万吨） | 2 934.17 | 2 949.47 | 2 911.06 | 2 824.75 | 3 101.99 | 3 127.08 | 3 153.81 | 3 257.50 | 3 312.00 | 3 378.59 | 3 371.18 | 3 470.58 |
| 产值（亿比索） | 102.35 | 105.72 | 110.19 | 130.55 | 151.32 | 145.37 | 146.77 | 154.90 | 160.60 | 168.79 | 185.22 | 200.45 |
| 单产（吨/公顷） | 75.85 | 77.10 | 77.06 | 75.04 | 79.98 | 80.71 | 81.69 | 84.75 | 85.67 | 87.70 | 87.30 | 89.24 |

## （二）苜蓿进出口情况

### 1. 总体进出口情况

墨西哥苜蓿进出口分为苜蓿粉和颗粒进出口以及新鲜苜蓿进出口。2008—2018 年墨西哥苜蓿粉及颗粒出口量多于进口量，进出口量年度间变化很大，2008 年进口量和出口量均为 10 年来的最高点。2009—2013 年出口量不足 700 吨。2012 年出口量最少，出口量和出口额均为 10 年来最低点。2014 年后出口量增长到 2 000 吨以上。

墨西哥苜蓿粉和颗粒进口量总体上呈递减趋势。2008 年进口量和进口额均达到 10 年来最高点 2 517 吨和 78.1 万美元。2015 年出口量最低，只有 63 吨，出口额只有 5.2 万美元，为 10 年来最低点（表 5 - 68）。

表 5 - 68　2008—2017 年墨西哥苜蓿粉及颗粒进出口情况

| 年份 | 2008 | 2009 | 2010 | 2011 | 2012 | 2013 | 2014 | 2015 | 2016 | 2017 |
|---|---|---|---|---|---|---|---|---|---|---|
| 出口量（吨） | 5 028 | 649 | 429 | 600 | 410 | 443 | 2 368 | 2 318 | 2 113 | 3 044 |
| 出口额（万美元） | 208.7 | 124.9 | 126.2 | 219.5 | 121.6 | 151.1 | 204.9 | 132.0 | 270.7 | 386.5 |
| 进口量（吨） | 2 517 | 517 | 612 | 482 | 217 | 283 | 130 | 63 | 153 | 116 |
| 进口额（万美元） | 78.1 | 18.4 | 15.6 | 12.6 | 9.0 | 7.1 | 9.0 | 5.2 | 8.9 | 5.4 |

数据来源：FAOSTAT。

表 5 - 69 显示，2008—2018 年墨西哥新鲜苜蓿出口量多于进口量，进出口量年度间变化大。2018 年新鲜苜蓿出口额最高，达 2 220 万美元，为 11 年来最高点。2010 年出口额最低，只有 20 万美元。2017 年墨西哥出口了 38 310 吨新鲜苜蓿，出口额达 1 170 万美元。2018 年出口苜蓿 113 535 吨，比 2017 年增长了 196%；出口额达 2 220 万美元，比 2017 年增长了 89.7%。

新鲜苜蓿进口量则不稳定，年度间变化大。2012 年进口额最高，达 163.1 万美元，为 11 年来最高点。2013 年出口额最低，只有 0.8 万美元。2017 年墨西哥进口了 4 354 吨新鲜苜蓿，进口额达 38.9 万美元。2018 年进口苜蓿 120 吨，比 2017 年下降了 97.2%；出口额达 8 万美元，比 2017 年下降了 79.4%。

表 5 - 69　2008—2018 年墨西哥新鲜苜蓿进出口情况

| 年份 | 2008 | 2009 | 2010 | 2011 | 2012 | 2013 | 2014 | 2015 | 2016 | 2017 | 2018 |
|---|---|---|---|---|---|---|---|---|---|---|---|
| 出口额（万美元） | 1 130 | 30 | 20 | 1 240 | 640 | 1 150 | 1 540 | 1 190 | 690 | 1 170 | 2 220 |
| 进口额（万美元） | 9.0 | 97.5 | 19.0 | 16.4 | 163.1 | 0.8 | 1.0 | 15.2 | 10.5 | 38.9 | 8.0 |

数据来源：Panorama agroalimento。

## 2. 苜蓿主要进出口国家

2012 年墨西哥苜蓿出口 4 个国家，2017 年出口国家增至 5 个。

美国是墨西哥苜蓿的主要出口国，2017 年美国进口了墨西哥 89.2% 的出口苜蓿，进口额为 10 288 195 美元。阿联酋进口了 10%。此外，哥伦比亚也进口了墨西哥苜蓿。

2018 年美国进口了墨西哥 98 000 吨苜蓿，占墨西哥总出口量的 86.3%；进口额为 18 560 550 美元，占墨西哥全部出口额的 83.6%。此外，2018 年墨西哥苜蓿还出口阿联酋 15 240 吨、日本 249 吨苜蓿，剩余的 46 吨出口到哥斯达黎加。

墨西哥苜蓿进口主要来自美国、法国和西班牙。

## 六、饲料用玉米

玉米（Zea mays L.）是墨西哥产值第二高的饲料作物。2012 年饲料玉米产量为 1 206.3 万吨，占全部饲料作物产量的 10.4%。2017 年饲料玉米产量为 1 666.9 万吨，占全部饲料作物产量的 13.5%。2018 年饲料玉米产量为 1 746.4 万吨，比 2017 年增长 4.8%，占全部饲料作物产量的 14.3%。

### （一）全国生产情况

2008—2019 年中除 2012 年玉米栽种面积达到 65.55 万公顷外，其他年度墨西哥饲料用玉米栽种面积基本保持在 50 万～60 万公顷，产量、产值和单产总体上均呈增长趋势。2012 年栽种面积最大。2011 年栽种面积最少，只有 2012 年的 74.6%。2018 年产量和产值最高，产量为 1 746.39 万吨；产值为 107.31 亿比索。2009 年产量和产值均最低，分别只有 2018 年的 52.9% 和 30.7%。2011 年单产为 12 年来最高点，达 30.86 吨/公顷，比单产最低年 2012 年提高了 50.1%（表 5 - 70）。

表 5 - 70  2008—2019 年墨西哥饲料用玉米生产情况

| 年份 | 2008 | 2009 | 2010 | 2011 | 2012 | 2013 | 2014 | 2015 | 2016 | 2017 | 2018 | 2019 |
|---|---|---|---|---|---|---|---|---|---|---|---|---|
| 栽种面积（万公顷） | 49.94 | 49.16 | 53.56 | 48.92 | 65.55 | 56.63 | 57.78 | 56.38 | 60.74 | 59.08 | 60.33 | 55.31 |
| 产量（万吨） | 1 279.48 | 924.01 | 1 177.85 | 960.51 | 1 206.30 | 1 261.48 | 1 377.72 | 1 366.07 | 1 616.46 | 1 666.90 | 1 746.39 | 1 556.98 |
| 产值（亿比索） | 46.57 | 32.94 | 45.72 | 44.03 | 71.00 | 70.67 | 67.68 | 70.39 | 83.83 | 95.97 | 107.31 | 101.99 |
| 单产（吨/公顷） | 26.46 | 27.22 | 23.88 | 30.86 | 20.56 | 22.47 | 24.98 | 25.34 | 26.87 | 28.33 | 29.06 | 30.64 |

除饲料用玉米外，墨西哥还生产鸽子用玉米，墨西哥从 2010 年开始统计鸽子用玉米生产情况，鸽子用玉米生产少于食用玉米和饲料用玉米。

### （二）饲料用玉米进出口情况

#### 1. 总体进出口情况

表 5 - 71 显示，墨西哥饲料用玉米进口多于出口。2008—2018 年饲料用玉米出口很少，除 2015 年和 2016 年年出口额在 7 万美元以上外，其他年度出口额均少于 1 万美元。2016 年出口额最高，为 10.0 万美元。2017 年墨西哥出口了 20 吨饲料用玉米，出口额为 0.8 万美元。

饲料用玉米进口也不稳定，年度间变化大。2008—2010 年没有进口。2013 年饲料用玉米进口额均达到 11 年来最高点 8 390 万美元。2017 年墨西哥进口了 13 514 吨饲料用玉米，进口额为 270 万美元；2018 年进口了 70 455 吨饲料用玉米，比 2017 年增加 421.3%；进口额为 1 360 万美元，比 2017 年增加 403.7%。

表 5 - 71　2008—2018 年墨西哥饲料用玉米进出口情况

| 年份 | 2008 | 2009 | 2010 | 2011 | 2012 | 2013 | 2014 | 2015 | 2016 | 2017 | 2018 |
|---|---|---|---|---|---|---|---|---|---|---|---|
| 出口额（万美元） | 0 | 0 | 0 | 0.02 | 0 | 0.2 | 0.7 | 7.0 | 10.0 | 0.8 | 0.000 3 |
| 进口额（万美元） | 0 | 0 | 0 | 170 | 170 | 8 390 | 1 350 | 1 640 | 1 180 | 270 | 1 360 |

数据来源：Panorama agroalimento。

**2. 饲料用玉米主要进出口国家**

墨西哥和美国是互为饲料用玉米的主要国际贸易伙伴。2017 年墨西哥向美国出口了 8 271 美元的饲料用玉米。

（三）中国引进的墨西哥饲料用玉米品种

引进到中国的墨西哥玉米主要用做饲料。目前已经引进到中国的墨西哥玉米品种有 8493、利达、草优 12、金牧 1 号、华丰三号等。

# 七、龙舌兰

龙舌兰酒（Tequila）作为世界八大烈酒中的一员，是墨西哥的国酒，被称为墨西哥的灵魂，也是墨西哥重要的出口产品。1996 年，世界贸易组织承认龙舌兰酒和梅斯卡尔酒是墨西哥原产地产品。

公元 3 世纪，印第安人已经会使用龙舌兰根茎酿酒，所制作出来的酒就是人们常见的普基酒（Pulque）。后来，西班牙殖民者带来了成熟的蒸馏技术，普基酒经过蒸馏后成为今天的龙舌兰酒。根据法规，只要使用的原料有超过 51% 是来自蓝色龙舌兰草，制造出来的酒就有资格称为龙舌兰酒。

龙舌兰酒的生产需要用龙舌兰，龙舌兰是墨西哥农业工业品种产值最大的产品，在墨西哥全部农产品中产值排名第六，位居玉米、甘蔗、鳄梨、番茄和辣椒之后。2018 年墨西哥人均消费龙舌兰酒 801 毫升，龙舌兰产量在整个农业工业品中占比 2.3%。

### （一）龙舌兰生产情况

表 5-72 显示，2008—2019 年龙舌兰的栽种面积呈下降趋势，2019 年虽然有所回升，但仍无法超过 2013 年前的面积。2008 年龙舌兰栽种面积最大，达 18.16 万公顷。2017 年栽种面积最少，只有 10.58 万公顷。12 年来龙舌兰产量变化较大，2014 年产量最高，达 240.89 万吨，2009 年产量最低，仅 119.79 万吨，只有 2014 年产量的 49.7%。龙舌兰产值总体呈增长趋势，特别是 2017 年后产值大幅度提升。2019 年达到 304.58 亿比索，创造了历史纪录。2010 年产值最低，只有 12.63 亿比索。单产基本维持在 73～95 吨/公顷，2008 年单产最高，达 94.32 吨/公顷。2019 年单产最低，只有 73.65 吨/公顷。

表 5-72　2008—2019 年墨西哥主要龙舌兰生产州生产情况

| 年份 | 2008 | 2009 | 2010 | 2011 | 2012 | 2013 | 2014 | 2015 | 2016 | 2017 | 2018 | 2019 |
|---|---|---|---|---|---|---|---|---|---|---|---|---|
| 栽种面积（万公顷） | 18.16 | 16.55 | 16.24 | 16.53 | 13.76 | 12.81 | 12.03 | 10.81 | 11.14 | 10.58 | 10.96 | 12.09 |
| 产量（万吨） | 179.51 | 119.79 | 124.68 | 170.39 | 168.63 | 189.97 | 240.89 | 184.63 | 187.59 | 172.17 | 174.31 | 178.71 |
| 产值（亿比索） | 26.50 | 13.01 | 12.63 | 19.29 | 21.22 | 32.53 | 101.37 | 80.09 | 85.84 | 149.96 | 235.99 | 304.58 |
| 单产（吨/公顷） | 94.32 | 78.19 | 78.51 | 86.35 | 84.84 | 80.17 | 87.00 | 84.96 | 85.69 | 78.70 | 76.64 | 73.65 |

数据来源：siap。

### （二）墨西哥龙舌兰酒进出口情况

#### 1. 总体进出口情况

龙舌兰以龙舌兰酒的形式在国际市场上进行贸易。

表 5-73 显示，墨西哥龙舌兰酒没有进口，只有出口。2010—2018 年出口呈增长趋势。2017 年墨西哥出口了 18 858 万升龙舌兰酒，出口额为 13.40 亿美元。2018 年出口了 20 867.4 万升龙舌兰酒，比 2017 年增加 10.7%；出口额为 15.82 亿美元，比 2017 年增加 18.1%。出口量和出口额均达到历史纪录。

表 5-73　2008—2018 年墨西哥龙舌兰酒进出口情况

| 年份 | 2008 | 2009 | 2010 | 2011 | 2012 | 2013 | 2014 | 2015 | 2016 | 2017 | 2018 |
|---|---|---|---|---|---|---|---|---|---|---|---|
| 出口额（亿美元） | 6.98 | 6.17 | 7.48 | 8.31 | 8.59 | 9.97 | 11.72 | 11.87 | 12.03 | 13.40 | 15.82 |
| 进口额（万美元） | 0 | 0 | 0 | 0 | 0 | 0 | 0 | 0 | 0 | 0 | 0 |

数据来源：Panaroma agroalimentario 2019。

**2. 主要出口国家**

墨西哥龙舌兰酒出口 100 个国家。美国是墨西哥龙舌兰酒的主要出口国，2017 年美国进口了墨西哥 1.524 亿升龙舌兰酒，进口额为 1 086 511 978 美元，占墨西哥全部龙舌兰酒出口额的 81.1%。西班牙和日本也是墨西哥龙舌兰酒的主要出口国。2018 年，美国进口了墨西哥 1.646 亿升龙舌兰酒，进口额为 1 288 881 112 美元，占墨西哥总出口额的 81.5%。其余的龙舌兰酒销售到 120 个国家。

从 2000 年开始，墨西哥龙舌兰酒销售快速增长，美国是国际上最大的龙舌兰酒消费市场。2017 年龙舌兰酒在美国的销量增长 6.1%，占北美洲龙舌兰消费总量的 7.6%。美国龙舌兰的主要消费州有加利福尼亚、得克萨斯、佛罗里达、纽约和伊利诺伊。

## 八、咖啡

墨西哥是世界第 11 大咖啡生产国，墨西哥咖啡在种植面积上排名全国第六，仅次于玉米、牧草、豆类、高粱和甘蔗。主要生产大州是恰帕斯州和韦拉克鲁兹州，两个州都是咖啡原产地，产量占全国产量的 65.55%。

墨西哥咖啡产业创造了 70 万个直接和间接就业岗位，整个生产链约有 300 万墨西哥人赖以生存，占全国农业就业人口的 9%。在 94 个咖啡种植城市中，有 75% 的人使用不同的语言。墨西哥咖啡生产地中有 30 个土著群体，包括萨波特克、米斯特克等。目前，墨西哥咖啡农场大多位于较偏僻的地区，基础设施严重滞后，极端贫困人口多。咖啡种植园的平均面积为 1.5 公顷。登记注册的 84.3% 生产者咖啡园面积不到 2 公顷。

### (一) 墨西哥咖啡历史

1790 年前后咖啡来到墨西哥。在 19 世纪下半叶，咖啡在韦拉克鲁斯州、瓦哈卡州、恰帕斯州、塔巴斯科州和米却肯州开始种植并传播。随后大型专业农场包括跨国公司继续传播咖啡文化。虽然卡德纳斯（Cárdenas）的土地改革使得咖啡从大型种植园转向农民和土著居民种植，但大型咖啡生产商因保留了更多肥沃的土地，尽管只占生产的 8.0%，但其利润却占咖啡产业的 90.0% 以上。在过去的二十年里，国际咖啡价格上涨，导致了咖啡行业重组，对传统咖啡生产影响很大。

墨西哥咖啡种植区主要有四个：①墨西哥湾的坡地：圣路易斯波托西州、克雷塔罗州、伊达尔哥州、普埃布拉州、韦拉克鲁斯州、瓦哈卡州和塔巴斯科州的北部。②太平洋地区：科利马州、格雷罗州、哈利斯科州、纳亚里特州及瓦哈卡州部分地区。③索科努斯科地区：恰帕斯州的大部分地区。④中北部地区：墨西哥湾湿润的风能吹过的区域。传统上，咖啡种植园对于保持土壤和生物多样性保护非常重要。墨西哥40.0%的咖啡生产在中、高丛林里，23.0%在松树林和橡树林园里，21.0%在落叶林里，15.0%在温度中等的森林。

墨西哥咖啡是手工收集的，97.0%咖啡产量来自阿拉比卡咖啡，主要品种有克里奥尔、波旁、卡图拉、新世界、卡托艾、加尼察、阿兹特克黄金、马拉戈吉佩和帕卡马拉等（表5-74）。其中，哥伦比亚、阿兹特克黄金、帕卡马拉和马拉戈吉佩等品种抗咖啡锈病。罗布斯塔咖啡仅占产量的3.0%，主要用来制作可溶性咖啡，主要种植在恰帕斯州和韦拉克鲁斯州的某些低地带，海拔500~2 000米，咖啡因含量为1.5%，风味柔和。

表5-74 墨西哥咖啡的品种及种植地区

| 地　区 | 品　种 |
| --- | --- |
| 普埃布拉州的华雷斯·西高特派克市 | 红卡图拉、新世界、加尼察、卡托艾、卡蒂莫、帕卡马拉 |
| 普埃布拉州奎察兰市 | 克里奥尔、卡图拉、新世界、波旁 |
| 韦拉克鲁斯州中部地区 | 克里奥尔、卡图拉、加尼察、波旁、新世界 |
| 拉坎登丛林和恰帕斯州北部 | 波旁、新世界、克里奥尔、卡图拉、加尼察 |
| 恰帕斯州索科努斯科市 | 波旁、卡托艾、卡图拉、新世界、克里奥尔、卡蒂莫 |
| 瓦哈卡州伊斯特莫地区 | 克里奥尔、波旁、加尼察、卡图拉、新世界 |
| 瓦哈卡州普卢马伊达尔哥市和波丘特拉市 | 克里奥尔、卡图拉、波旁 |
| 瓦哈卡州 | 新世界、伊达尔哥、卡托艾、加尼察、帕卡马拉 |
| 格雷罗州阿托亚克·德·阿尔瓦雷斯市 | 克里奥尔、加尼察、波旁、卡图拉、新世界 |

## （二）墨西哥咖啡生产情况

墨西哥是世界第六大咖啡生产国，第二大有机咖啡生产国。1995年，墨西哥咖啡产量排在世界第三位，产量为530万包（每包60千克），占世界总产量的6.1%。1999年，墨西哥咖啡产量达到了621.9万包，为历史最高，占世界产量的4.7%。在2015年，由于咖啡锈病，墨西哥咖啡产量下降，成为

1990 年以来的最低。2016 年墨西哥政府采取了一些提振咖啡产业的措施，咖啡产量有所增加（图 5-8）。

图 5-8　1990—2017 年墨西哥咖啡生产情况

2018 年墨西哥有 14 个州生产咖啡，种植面积为 709 548 公顷，采收面积为 629 325 公顷，咖啡产量为 86 万吨。2018 年咖啡产值 49.96 亿比索。2019 年墨西哥咖啡产量 90 万吨，同比增长 4.7%。2019 年登记的咖啡生产者有 509 817 名，咖啡种植面积 68 万公顷。

（三）咖啡的国内消费情况

从 1990 年至今，墨西哥咖啡消费总体上呈增长趋势。在过去十年中，咖啡消费量年均增长 0.9%（图 5-9）。在 2017 年中，墨西哥咖啡消费量为创纪录的 240 万吨。2017 年墨西哥咖啡人均消费量为 1.2 千克。

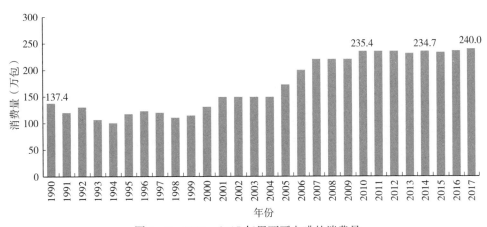

图 5-9　1990—2017 年墨西哥咖啡的消费量

（四）墨西哥咖啡进出口情况

**1. 咖啡出口情况**

表 5 - 75 显示，虽然也进口咖啡，但墨西哥是主要的咖啡出口国。近年，墨西哥咖啡出口相对稳定，基本保持在 170 万包上下。2019 年 10—12 月，墨西哥出口 25.80 万包咖啡（每包 60 千克）。

表 5 - 75 **2014—2019 年墨西哥咖啡出口情况**

| 年份 | 2014 | 2015 | 2016 | 2017 | 2018 | 2019* |
|---|---|---|---|---|---|---|
| 数量（万包） | 182.55 | 161.62 | 173.69 | 184.75 | 168.68 | 25.80 |

注：* 为 2019 年 10—12 月数据。

表 5 - 76 显示，2018 年墨西哥有 50% 的咖啡主要出口到美国。

表 5 - 76 **2016 和 2018 年墨西哥咖啡出口情况**

| | 美国 | 比利时 | 危地马拉 | 尼加拉瓜 | 加拿大 | 其他 |
|---|---|---|---|---|---|---|
| 2016 年占比（%） | 45 | 7 | 3 | — | 3 | 42 |
| 2018 年占比（%） | 50 | 6 | 4 | 3 | 2 | 35 |

**2. 咖啡出口价格**

2019 年 12 月，未经烘焙的咖啡出口价格为 162 美元/包，分别比 2019 年 11 月和 2018 年 12 月下降 2.7% 和 2.9%（图 5 - 10）。

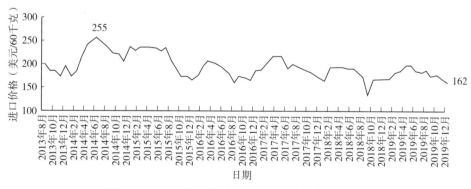

图 5 - 10 2013 年 8 月至 2019 年 12 月咖啡出口价格

**3. 咖啡进口**

从 2014 年开始，墨西哥咖啡进口呈增长趋势。在 2019—2020 商业年度（10 月至翌年 9 月），墨西哥进口 14.24 万包咖啡（每包 60 千克），比 2018 年和最近五年平均进口量分别增长 51.2% 和 52.3%。2018 年度,墨西哥咖啡进口主要来自哥伦比亚、越南和巴西,三者占其全部进口量的 54%(表 5 - 77)。

表 5 - 77 2012—2019 年墨西哥咖啡进口情况

| 年份 | 2012 | 2013 | 2014 | 2015 | 2016 | 2017 | 2018 | 2019* |
|------|------|------|------|------|------|------|------|------|
| 数量(万包) | 30.6 | 53.6 | 20.93 | 36.01 | 39.98 | 37.43 | 39.23 | 14.24 |

注:* 为 2019 年 10—12 月数据。

墨西哥主要从哥伦比亚、越南、巴西和美国等国家进口咖啡,其中 2016 年墨西哥进口越南咖啡最多,而 2018 年进口哥伦比亚咖啡最多(表 5 - 78)。

表 5 - 78 墨西哥咖啡进口情况

| 年份 | 哥伦比亚 | 越南 | 巴西 | 美国 | 其他 |
|------|------|------|------|------|------|
| 2016 占比(%) | 18 | 39 | 7 | 11 | 25 |
| 2018 占比(%) | 23 | 19 | 13 | 12 | 33 |

## (五)墨西哥政府在推动咖啡生产方面所采取的措施

2019 年墨西哥农业部将咖啡生产列入"农业发展计划",投入 600 万比索用于支持咖啡生产。资助条件是每株咖啡树资助 6 比索,其中 5 比索用于购买咖啡树。每个咖啡种植者资助土地 1 公顷,每公顷资助 1 000 株咖啡树,共有 168 名咖啡业主获得资助。2019 年"社会可持续农业市场计划"中也包括对咖啡的供应资助。

2019 年,墨西哥政府在福利生产计划中计划资助 13 个州 25 万名咖啡生产者(每人每年 5 000 比索),用于植株更新、营养和卫生管理。

# 第六章 CHAPTER 6
# 墨西哥畜牧业发展情况 ▶▶▶

墨西哥的畜牧业主要包括养牛业、养鸡业（肉鸡业和蛋鸡业）、养猪业、养羊业（山羊业和绵羊业）、奶业、养蜂业等，近年在国际贸易和国内需求的推动下，畜牧业快速发展。2007年墨西哥拥有牛23 316 942头，2017年牛数量增为3 469万头，其中肉牛3 177万头，奶牛292万头，比2007年增长了48.8%。2007年猪数量为9 021 192头，其中母猪1 070 716头；2017年猪数量为17 210 269头，增长了90.8%。2007年墨西哥肉鸡为159 946 197羽，蛋鸡118 019 090羽。2017年肉鸡数量为3.54亿羽，比2007年增长121.3%，蛋鸡204 800 640羽，比2017年增加了73.5%。

## 第一节 养 牛 业

### 一、墨西哥的牛肉生产情况

#### （一）全国生产情况

墨西哥为世界第六大牛肉生产国。表6-1显示，2008—2019年墨西哥的牛肉生产总体呈增长趋势。2012年墨西哥牛肉产量为182.1万吨，占当年畜牧业产量的9.5%。2017年牛肉产量达到192.7万吨，占当年畜牧业产量的9.1%。2018年牛肉产量达到198.1万吨，比2017年增加了2.8%，占当年畜牧业产量的9.1%。2019年产量为202.8万吨，比2018年增加2.4%。

从表6-2可以看出，2012—2019年墨西哥牛的存栏数不断增长，2012年存栏数只有0.295亿头，2019年已达到0.327亿头，比2012年增加了10.8%。

表 6 - 1　2008—2019 年墨西哥牛肉生产情况

| 年份 | 2008 | 2009 | 2010 | 2011 | 2012 | 2013 | 2014 | 2015 | 2016 | 2017 | 2018 | 2019 |
|---|---|---|---|---|---|---|---|---|---|---|---|---|
| 产量（万吨） | 166.7 | 170.5 | 174.5 | 180.4 | 182.1 | 180.7 | 182.7 | 184.5 | 187.9 | 192.7 | 198.1 | 202.8 |

表 6 - 2　2012—2019 年墨西哥肉牛存栏情况

| 年份 | 2012 | 2013 | 2014 | 2015 | 2016 | 2017 | 2018 | 2019 |
|---|---|---|---|---|---|---|---|---|
| 数量（亿头） | 0.295 | 0.300 | 0.305 | 0.310 | 0.313 | 0.318 | 0.323 | 0.327 |

表 6 - 3 显示，2014—2019 年墨西哥牛肉消费量基本在 170 万～190 万吨，牛肉产量多于消费量，完全可以满足国内消费。2019 年牛肉消费量达 187.3 万吨，同比增长 10.8%。

表 6 - 3　2014—2019 年墨西哥牛肉消费量

| 年份 | 2014 | 2015 | 2016 | 2017 | 2018 | 2019 |
|---|---|---|---|---|---|---|
| 数量（万吨） | 174.9 | 172.5 | 176.4 | 179.9 | 169.1 | 187.3 |

（二）各州生产情况

墨西哥有 32 个州生产牛肉，2008—2019 年全国牛肉生产不断增长。表 6 - 4 显示，2019 年墨西哥肉牛存栏量比 2018 年增长了 1.1%。韦拉克鲁斯州和哈利斯科州是牛存栏大州，恰帕斯州是牛存栏第三大州，2019 年三个州牛存栏量分别占全国总存栏量的 13.2%、9.0% 和 7.8%，合计占比 30.0%。2018 年，索诺拉州超越塔巴斯科州成为第七大肉牛生产州。相比 2018 年，2019 年索诺拉州肉牛存栏量下降了 3.4%。其他州肉牛存栏数增加，其中米却肯州肉牛存栏量比 2018 年增长了 3.0%，第一大州韦拉克鲁斯州肉牛存栏数增加了 1.9%。

表 6 - 4　2018 和 2019 年各州肉牛存栏情况

| | 2018 年存栏数（头） | 2019 年存栏数（头） | 2018 年与 2019 年的变化情况（%） | 2019 年占比（%） |
|---|---|---|---|---|
| 韦拉克鲁斯州 | 4 246 423 | 4 325 138 | 1.9 | 13.2 |
| 哈利斯科州 | 2 927 995 | 2 952 162 | 0.8 | 9.0 |

（续）

| | 2018 年存栏数（头） | 2019 年存栏数（头） | 2018 年与 2019 年的变化情况（%） | 2019 年占比（%） |
|---|---|---|---|---|
| 恰帕斯州 | 2 541 593 | 2 562 560 | 0.8 | 7.8 |
| 齐瓦瓦州 | 2 181 116 | 2 209 657 | 1.3 | 6.8 |
| 米却肯州 | 1 884 204 | 1 940 356 | 3.0 | 5.9 |
| 瓦哈卡州 | 1 763 130 | 1 791 270 | 1.6 | 5.5 |
| 索诺拉州 | 1 690 731 | 1 632 710 | −3.4 | 5.0 |
| 塔巴斯科州 | 1 645 901 | 1 668 592 | 1.4 | 5.1 |
| 锡那罗亚州 | 1 593 129 | 1 597 109 | 0.2 | 4.9 |
| 格雷罗州 | 1 304 729 | 1 308 094 | 0.3 | 4.0 |
| 杜兰戈州 | 1 281 047 | 1 295 252 | 1.1 | 4.0 |
| 塔毛利帕斯州 | 1 176 573 | 1 191 427 | 1.3 | 3.6 |
| 其他州 | 8 054 028 | 8 186 811 | 1.6 | 25.1 |
| 合计 | 32 290 599 | 32 661 138 | 1.1 | 100.0 |

表 6-5 显示，2019 年全国牛肉产量比 2018 年增长了 2.4%。2019 年前十大州中除锡那罗亚州超越恰帕斯州，成为牛肉第四大生产州外，其他州的顺序没有发生变化。韦拉克鲁斯州、哈利斯科州和圣路易斯波托西州继续保持前三大牛肉生产州的位置，其产量占比分别为 13.0%、11.8% 和 6.0%，合计占比 30.8%。2019 年全国牛肉价格为 68.85 比索/千克，价格最高的州是齐瓦瓦州，为 85.52 比索/千克，比全国平均价格高 25.3%。

表 6-5 2019 年各主要牛肉生产州生产情况

| | 产量（吨） | 价格（比索/千克） | 产值（万比索） |
|---|---|---|---|
| 韦拉克鲁斯州 | 264 030.916 | 64.81 | 1 711 171.11 |
| 哈利斯科州 | 239 854.210 | 74.57 | 1 788 651.99 |
| 圣路易斯波托西州 | 121 698.250 | 70.34 | 856 009.90 |
| 锡那罗亚州 | 107 296.262 | 62.74 | 673 134.35 |
| 恰帕斯州 | 106 050.688 | 51.73 | 548 586.32 |
| 杜兰戈州 | 105 193.911 | 63.30 | 665 879.11 |
| 下加利福尼亚州 | 102 958.345 | 63.22 | 650 878.56 |
| 米却肯州 | 94 852.100 | 65.67 | 622 866.14 |
| 齐瓦瓦州 | 85 405.166 | 85.52 | 730 422.71 |
| 索诺拉州 | 73 930.813 | 77.85 | 575 564.57 |
| 其他州 | 726 363.591 | 70.74 | 5 138 047.85 |
| 合计 | 2 027 634.252 | 68.85 | 13 961 212.61 |

## 二、墨西哥牛肉进出口情况

### （一）牛肉供需情况

2017 年墨西哥人均牛肉消费量为 15.1 千克，2018 年人均牛肉消费量为 15.2 千克。2017 和 2018 年墨西哥的牛肉产量不断增长，供应总量不断增长。出口量和消费量也在不断增长。牛肉供应总量大于需求总量（表 6-6）。

表 6-6　2017—2019 年墨西哥牛肉供需情况

| 年份 | 项目 | 数量（万吨） | | | 变化率（%） | |
|---|---|---|---|---|---|---|
| | | 2017 | 2018 | 2019 | 2017 年与 2018 年相比 | 2018 年与 2019 年相比 |
| 供应 | 供应总量 | 206.4 | 212.2 | 383.7 | 2.8 | 80.8 |
| | 产量 | 192.7 | 198.1 | 370.0 | 2.8 | 86.8 |
| | 进口量 | 13.7 | 14.1 | 13.7 | 2.9 | −2.8 |
| 需求 | 需求总量 | 206.2 | 212.1 | 218.5 | 2.9 | 3.0 |
| | 出口量 | 19.9 | 22.0 | 25.2 | 10.6 | 14.5 |
| | 消费量 | 186.3 | 190.1 | 193.3 | 2.0 | 1.7 |

### （二）进出口情况

墨西哥牛肉进口多于出口。2010—2019 年牛肉进口总体上呈下降趋势。2010 年牛肉进口量达到 21.00 万吨，是 10 年来的最高点。2015 年牛肉进口量最低。2014 年牛肉进口额最高。2016 年牛肉进口额最低。

2010—2019 年牛肉出口量呈增长趋势，2015 年以前，墨西哥牛肉进口多于出口。2015 年以后，出口多于进口。2019 年墨西哥牛肉出口达到 10 年来最高点，出口量达 25.18 万吨。2008 年出口量最低，只有 7.21 万吨，出口额只有 2.89 亿美元（表 6-7）。

表 6-7　2010—2019 年墨西哥牛肉进出口情况

| 年份 | 2010 | 2011 | 2012 | 2013 | 2014 | 2015 | 2016 | 2017 | 2018 | 2019 | 2020* |
|---|---|---|---|---|---|---|---|---|---|---|---|
| 进口量（万吨） | 21.00 | 18.69 | 15.19 | 16.40 | 14.44 | 12.30 | 13.14 | 13.72 | 14.09 | 13.65 | 11.61 |
| 进口额（亿美元） | 8.76 | 9.30 | 8.31 | 8.99 | 9.99 | 8.70 | 7.31 | 7.88 | 8.44 | — | — |
| 出口量（万吨） | 7.21 | 10.45 | 14.17 | 11.73 | 13.72 | 16.13 | 18.30 | 19.91 | 22.04 | 25.18 | 23.71 |
| 出口额（亿美元） | 2.89 | 5.32 | 7.48 | 6.49 | 9.07 | 10.92 | 10.94 | 11.30 | 12.68 | — | — |

数据来源：Panorama，* 数据截至 2020 年 6 月。

## （三）进出口国家

2017 年墨西哥从 8 个国家进口牛肉。2018 年，墨西哥从美国进口了占比 82% 的牛肉，从加拿大进口的占比 9%，从尼加拉瓜进口的占比 8%，另外 1% 来自其他国家。2019 年，墨西哥从美国进口了占比 81% 的牛肉，从加拿大进口的占比 11%，从尼加拉瓜进口的占比 7%，另外 1% 来自其他国家。

2012 年墨西哥牛肉出口 11 个国家，2015 年墨西哥牛肉成为受全世界欢迎的商品，其出口大幅度增长。2017 年出口国家增至 13 个。墨西哥向美国出口了 1 026 662 048 美元的牛肉，约为当年墨西哥全部牛肉出口额的 90.9%。2018 年墨西哥向美国出口了 1 094 209 412 美元牛肉，约为当年墨西哥牛肉出口额的 86.3%。2019 年墨西哥 86% 的牛肉出口到美国，6% 的牛肉出口日本。

## （四）进出口价格

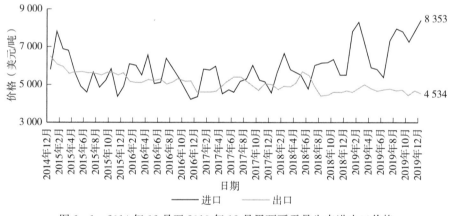

图 6-1　2014 年 12 月至 2019 年 12 月墨西哥无骨牛肉进出口价格

图 6-1 显示，墨西哥无骨牛肉出口价格总体上呈下降趋势，进口价格总体上呈增长趋势，从 2014 年 12 月至 2019 年 12 月，多数时间进口价格高于出口价格。2019 年 12 月出口价格为 4 534 美元/吨，进口价格为 8 353 美元/吨。2020 年 5 月进口价格为 5 835 美元/吨，出口价格为 4 765 美元/吨。

图 6-2 显示，墨西哥带骨牛肉进出口价格总体上呈下降趋势，进出口价格相差不大。从 2014 年 12 月至 2019 年 12 月，多数时间出口价格高于进口价格。2019 年 12 月进口价格为 6 420 美元/吨，出口价格为 6 790 美元/吨。2020 年 5 月进口价格为 6 101 美元/吨，出口价格为 6 537 美元/吨。

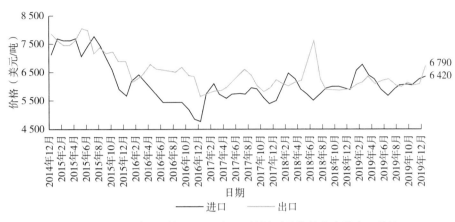

图 6-2　2014 年 12 月至 2019 年 12 月墨西哥带骨牛肉进出口价格

# 第二节　养　鸡　业

## 一、墨西哥鸡肉生产情况

### （一）全国生产情况

2012 年墨西哥鸡肉产量为 279.2 万吨，占当年畜牧业产量的 14.6%，为世界第五大鸡肉生产国。2017 年鸡肉产量达到 321.2 万吨，占当年畜牧业产量的 15.2%，为世界第六大鸡肉生产国。2018 年鸡肉产量达到 333.8 万吨，占当年畜牧业产量的 15.4%，保持世界第六大鸡肉生产国。表 6-8 显示，2008—2019 年墨西哥鸡肉生产呈增长趋势，最近五年墨西哥鸡肉平均增长率为 3%。2019 年鸡肉产量比 2018 年增长了 4.2%。2019 年年底墨西哥为世界第七大鸡肉生产国，世界第二大进口商。

2008—2019 年墨西哥肉鸡的存栏数不断增长，2008 年存栏数只有 3.12 亿羽，至 2019 年已经达到 3.74 亿羽，比 2006 年增长了 19.9%。

表 6-8　2008—2019 年墨西哥鸡肉生产情况

| 年份 | 2008 | 2009 | 2010 | 2011 | 2012 | 2013 | 2014 | 2015 | 2016 | 2017 | 2018 | 2019 |
|---|---|---|---|---|---|---|---|---|---|---|---|---|
| 产量（万吨） | 258.1 | 263.6 | 268.1 | 276.5 | 279.2 | 280.8 | 288.0 | 296.2 | 307.8 | 321.2 | 333.8 | 347.7 |
| 存栏量（亿羽） | 3.12 | 3.16 | 3.20 | 3.25 | 3.30 | 3.33 | 3.33 | 3.38 | 3.47 | 3.54 | 3.64 | 3.74 |

表 6-9 显示，2012—2019 年墨西哥鸡肉消费量呈增长趋势，鸡肉的产量

增长不足以满足不断上涨的墨西哥国内鸡肉的消费量。2019 年鸡肉消费量达 400.6 万吨，比鸡肉产量多 54.4 万吨。

表 6 - 9　2012—2019 年墨西哥鸡肉消费量

| 年份 | 2012 | 2013 | 2014 | 2015 | 2016 | 2017 | 2018 | 2019 |
|---|---|---|---|---|---|---|---|---|
| 数量（万吨） | 312.7 | 327.2 | 329.9 | 346.1 | 358.8 | 373.8 | 383.2 | 400.6 |

### （二）各州生产情况

墨西哥有 32 个州生产鸡肉，2006—2017 年墨西哥全国肉用鸡以每年 3% 的速度增长。表 6 - 10 显示，2019 年墨西哥肉鸡存栏量比 2018 年增加了 2.8%。韦拉克鲁斯州、阿瓜斯卡连特斯州、克雷塔罗州和哈利斯科州仍旧是肉鸡存栏大州，2019 年四州共集中了全国 41.8% 的肉鸡。相比 2018 年，只有瓜纳华托州肉鸡存栏下降了 0.6%，其他州肉鸡存栏数均有所增长，其中恰帕斯州肉鸡比 2018 年增长了 6.6%。尤卡坦州和普埃布拉州分别增长了 4.6% 和 4.4%。

表 6 - 10　2018 和 2019 年墨西哥各州肉鸡存栏情况

| | 2018 年产量（羽） | 2019 年产量（羽） | 2019 年与 2018 年相比（%） | 2019 年占比（%） |
|---|---|---|---|---|
| 韦拉克鲁斯州 | 43 578 372 | 44 734 847 | 2.7 | 12.0 |
| 阿瓜斯卡连特斯州 | 42 366 031 | 43 972 930 | 3.8 | 11.8 |
| 克雷塔罗州 | 40 405 765 | 41 001 782 | 1.5 | 11.0 |
| 哈利斯科州 | 25 398 861 | 26 010 999 | 2.4 | 7.0 |
| 杜兰戈州 | 24 028 266 | 24 545 290 | 2.2 | 6.6 |
| 恰帕斯州 | 24 174 614 | 25 772 240 | 6.6 | 6.9 |
| 普埃布拉州 | 22 651 783 | 23 655 076 | 4.4 | 6.3 |
| 尤卡坦州 | 21 265 701 | 22 240 448 | 4.6 | 6.0 |
| 瓜纳华托州 | 18 308 047 | 18 191 285 | -0.6 | 4.9 |
| 锡那罗亚州 | 16 074 406 | 16 404 945 | 2.1 | 4.4 |
| 其他州 | 85 319 525 | 87 117 149 | 2.1 | 23.3 |
| 合计 | 363 571 371 | 373 646 991 | 2.8 | 100.0 |

2019 年全国鸡肉产量比 2018 年增长了 4.2%。表 6 - 11 显示，2019 年韦拉克鲁斯州、哈利斯科州和阿瓜斯卡连特斯州是前三大鸡肉生产州，其产量占

比分别为 11.8%、11.6%和 11.3%，合计占比为 34.7%。2019 年全国鸡肉价格为 32.85 比索/千克，价格最高的州是尤卡坦州，为 36.05 比索/千克，比全国平均价格高 9.7%。

表 6 - 11　2019 年墨西哥各主要鸡肉生产州生产情况

|  | 产量（吨） | 价格（比索/千克） | 产值（万比索） | 屠宰量（羽） |
|---|---|---|---|---|
| 韦拉克鲁斯州 | 411 251.285 | 33.13 | 1 362 419.47 | 214 381 704 |
| 哈利斯科州 | 402 470.344 | 31.76 | 1 278 118.28 | 211 664 671 |
| 阿瓜斯卡连特斯州 | 394 103.733 | 30.76 | 1 212 171.13 | 242 395 717 |
| 克雷塔罗州 | 354 282.568 | 33.10 | 1 172 745.13 | 177 931 784 |
| 杜兰戈州 | 288 945.086 | 33.54 | 969 033.11 | 163 920 837 |
| 瓜纳华托州 | 214 004.575 | 34.65 | 741 419.39 | 107 840 613 |
| 普埃布拉州 | 198 952.481 | 29.54 | 587 682.20 | 105 500 573 |
| 尤卡坦州 | 151 601.934 | 36.05 | 546 472.81 | 85 287 135 |
| 锡那罗亚州 | 137 807.350 | 35.87 | 494 332.41 | 84 079 816 |
| 科阿韦拉州 | 96 972.654 | 32.19 | 312 177.52 | 52 561 278 |
| 其他州 | 826 230.170 | 33.20 | 2 742 879.42 | 469 352 497 |
| 合计 | 3 476 622.180 | 32.85 | 11 419 450.87 | 1 914 916 625 |

## 二、墨西哥鸡肉进出口情况

### （一）鸡肉供需情况

2017 年墨西哥人均鸡肉消费量为 30.6 千克，2018 年消费量为 31.5 千克。可以看出，2017—2019 年鸡肉产量不断增长，供应总量不断增长。鸡肉的出口量和消费量也不断增长。2017 年和 2018 年鸡肉供应总量大于需求总量，2019 年鸡肉供应总量小于需求总量（表 6 - 12）。

表 6 - 12　2017—2019 年墨西哥鸡肉供需情况

| 类型 | 项目 | 数量（万吨） | | | 变化率（%） | |
|---|---|---|---|---|---|---|
|  |  | 2017 年 | 2018 年 | 2019 年 | 2018 年与 2017 年比较 | 2019 年与 2018 年比较 |
| 供应 | 供应总量 | 374.1 | 386.4 | 400.9 | 3.3 | 3.8 |
|  | 产量 | 321.2 | 333.8 | 346.2 | 3.9 | 3.7 |
|  | 进口量 | 52.9 | 52.6 | 54.7 | −0.6 | 4.0 |
| 需求 | 需求总量 | 374.0 | 383.5 | 401.0 | 2.5 | 4.6 |
|  | 出口量 | 0.2 | 0.3 | 0.4 | 50.0 | 33.3 |
|  | 消费量 | 373.8 | 383.2 | 400.6 | 2.5 | 4.5 |

### （二）进出口情况

墨西哥鸡肉进出口贸易既包括鸡肉进出口，也包括鸡肉罐头进出口。鸡肉进口量在 40 万吨以上，显著高于鸡肉罐头。除 2010 年和 2011 年鸡肉出口量超过 1 万吨外，大多数年份，鸡肉与鸡肉罐头出口量基本保持在几千吨。综合而言，墨西哥鸡肉进口多于出口。2008—2017 年鸡肉进口量不断增长，鸡肉进口量在 2017 年达到 78.85 万吨，是 10 年来的最高点。2014 年鸡肉进口额最高。相比进口，鸡肉出口量明显少于进口，而且年度间变化比较大。2011 年墨西哥鸡肉出口达到 10 年来的最高点，出口量达 13 469 吨，出口额也最高，为 1 544.4 万美元。2008 年出口量最低，只有 1 674 吨，出口额只有 137.0 万美元（表 6 - 13）。

表 6 - 13　2008—2017 年墨西哥鸡肉进出口情况

| 年份 | 2008 | 2009 | 2010 | 2011 | 2012 | 2013 | 2014 | 2015 | 2016 | 2017 |
|---|---|---|---|---|---|---|---|---|---|---|
| 进口量（万吨） | 41.99 | 48.05 | 53.57 | 56.43 | 60.35 | 66.75 | 70.65 | 77.70 | 78.06 | 78.85 |
| 进口额（亿美元） | 4.07 | 4.44 | 4.75 | 5.83 | 7.36 | 8.51 | 8.52 | 7.43 | 7.04 | 8.17 |
| 出口量（吨） | 1 674 | 5 647 | 10 626 | 13 469 | 4 317 | 3 888 | 7 405 | 2 249 | 1 998 | 3 726 |
| 进口额（万美元） | 137.0 | 481.0 | 1 003.1 | 1 544.4 | 468.3 | 403.2 | 661.6 | 194.4 | 239.3 | 345.6 |

数据来源：FAOSTAT。

2008—2017 年鸡肉罐头进口量为 1.23 万～1.96 万吨，鸡肉罐头进口量和进口额在 2014 年达到 10 年来的最高点。2009 年为 10 年来鸡肉罐头进口量和进口额最低年。相比进口，鸡肉罐头出口量少于进口量，一直在 2 900～4 500 吨。2016 年墨西哥鸡肉罐头出口达到 10 年来的最高点，出口量达 4 426 吨，出口额为 0.19 亿美元。2008 年出口量最低，只有 2 983 吨，出口额只有 0.11 亿美元（表 6 - 14）。

表 6 - 14　2008—2017 年墨西哥鸡肉罐头进出口情况

| 年份 | 2008 | 2009 | 2010 | 2011 | 2012 | 2013 | 2014 | 2015 | 2016 | 2017 |
|---|---|---|---|---|---|---|---|---|---|---|
| 进口量（万吨） | 1.57 | 1.23 | 1.48 | 1.57 | 1.52 | 1.76 | 1.96 | 1.64 | 1.43 | 1.86 |
| 进口额（亿美元） | 0.47 | 0.36 | 0.48 | 0.53 | 0.54 | 0.67 | 0.80 | 0.73 | 0.64 | 0.76 |
| 出口量（吨） | 2 983 | 3 290 | 4 061 | 3 985 | 3 858 | 4 106 | 4 000 | 4 194 | 4 426 | 4 168 |
| 出口额（亿美元） | 0.11 | 0.12 | 0.14 | 0.14 | 0.15 | 0.17 | 0.17 | 0.18 | 0.19 | 0.18 |

数据来源：FAOSTAT。

（三）进出口国家

2012 年，墨西哥只从两个国家进口鸡肉，2017 年从 6 个国家进口鸡肉。2018 年从 5 个国家进口鸡肉。

墨西哥鸡肉主要进口国是美国。2017 年墨西哥从美国进口了 48.3 万吨鸡肉，此外还从巴西、智利等国家进口了鸡肉。2018 年墨西哥进口鸡肉的 80.9% 来自美国，17.0% 来自巴西。2019 年，墨西哥从美国进口了 83.8% 的鸡肉，从巴西进口了 13.5% 的鸡肉。

墨西哥鸡肉出口到巴西，2017 年墨西哥向巴西出口了 637 717 美元的鸡肉。2018 年墨西哥向刚果出口了 334 943 美元的鸡肉。此外，还向扎伊尔、巴西、安哥拉、美国、智利、古巴、黎巴嫩、意大利等国家出口鸡肉。

（四）进口价格

墨西哥鸡肉进口价格总体上呈下降趋势，2013 年 4 月前，墨西哥进口鸡肉价格基本在 1 200 美元/吨上下，随后一直呈下降趋势，2019 年 12 月进口价格为 832 美元/吨，仅为 2012 年 1 月的 69.3%。2020 年 5 月，进口鸡肉价格为 993 美元/吨，比 2019 年 12 月增加了 19.4%。

# 第三节　牛　奶　业

墨西哥既生产牛奶，也生产羊奶，本节主要介绍牛奶业。牛奶是墨西哥畜牧业中经济价值第三高的产业。

## 一、墨西哥牛奶生产情况

### （一）全国生产情况

表 6-15 显示，2008—2019 年墨西哥牛奶生产呈增长趋势。2012 年墨西哥牛奶的产量为 108.81 亿升，占当年畜牧业产量的 55.4%，是世界第十六大牛奶生产国。2017 年牛奶产量达到 117.68 亿升，占当年畜牧业产量的 54.1%，是世界第十四大牛奶生产国。2018 年牛奶产量达到 120.06 亿升，比 2017 年增长了 2.0%，产量占当年畜牧业产量的 53.7%，保持世界第十四大

牛奶生产国的位置。2019 年产量为 122.76 亿升，比 2018 年增长 2.2%，达历史最高水平。

**表 6 - 15　2008—2019 年墨西哥牛奶生产情况**

| 年份 | 2008 | 2009 | 2010 | 2011 | 2012 | 2013 | 2014 | 2015 | 2016 | 2017 | 2018 | 2019 |
|---|---|---|---|---|---|---|---|---|---|---|---|---|
| 产量（亿升） | 105.89 | 105.49 | 106.67 | 107.24 | 108.81 | 109.66 | 111.30 | 113.95 | 116.08 | 117.68 | 120.06 | 122.76 |

2006—2019 年墨西哥奶牛的存栏数总体上呈增长趋势。2006 年存栏数只有 220 万头，至 2019 年已经达到 250 万头，比 2006 年增长了 13.6%（表 6 - 16）。

**表 6 - 16　2006—2019 年墨西哥奶牛存栏情况**

| 年份 | 2006 | 2007 | 2008 | 2009 | 2010 | 2011 | 2012 | 2013 | 2014 | 2015 | 2016 | 2017 | 2018 | 2019 |
|---|---|---|---|---|---|---|---|---|---|---|---|---|---|---|
| 存栏量（万头） | 220 | 230 | 230 | 230 | 240 | 240 | 240 | 240 | 240 | 250 | 250 | 290 | 250 | 250 |

表 6 - 17 显示，2012—2018 年墨西哥牛奶消费量呈增长趋势。牛奶的产量少于其消费量，需要进口才能满足国内消费。2017 年人均消费牛奶 98.3 升。2018 年人均消费牛奶 99 升，全国牛奶消费量达 151.72 亿升，比 2017 年增长 1.9%。

**表 6 - 17　2012—2018 年墨西哥牛奶消费量**

| 年份 | 2012 | 2013 | 2015 | 2016 | 2017 | 2018 |
|---|---|---|---|---|---|---|
| 产量（亿升） | 137.59 | 134.36 | 142.31 | 147.18 | 148.89 | 151.72 |

### （二）各州生产情况

墨西哥有 32 个州生产牛奶，2008—2019 年全国牛奶生产不断增长。表 6 - 18 显示，2019 年，哈利斯科州、杜兰戈州、齐瓦瓦州、科阿韦拉州和伊达尔哥州为第一至第五奶牛存栏州。前五大州的奶牛数量占全国奶牛存栏数的 50% 以上。

**表 6 - 18　2019 年墨西哥主要牛奶生产州奶牛存栏情况**

| | 哈利斯科州 | 杜兰戈州 | 齐瓦瓦州 | 科阿韦拉州 | 伊达尔哥州 | 瓜纳华托州 | 普埃布拉州 | 克雷塔罗州 | 墨西哥州 | 萨卡特卡斯州 |
|---|---|---|---|---|---|---|---|---|---|---|
| 存栏数（头） | 374 411 | 303 001 | 294 629 | 244 750 | 198 823 | 197 758 | 176 731 | 115 855 | 105 072 | 84 490 |

表 6 - 19 显示，2019 年哈利斯科州、科阿韦拉州和杜兰戈州为前三大牛

奶生产州，产量占比分别为 20.7%、11.4% 和 10.1%，合计占 42.2%。2019年全国牛奶价格为 6.48 比索/千克，齐瓦瓦州价格最高，为 7.21 比索/千克，比全国平均价格高 11.3%。

表 6-19　2019 年各主要牛奶生产州生产情况

| | 产量（吨） | 价格（比索/千克） | 产值（万比索） |
|---|---|---|---|
| 哈利斯科州 | 2 541 914.553 | 5.99 | 1 522 860.16 |
| 科阿韦拉州 | 1 394 913.333 | 6.61 | 922 064.74 |
| 杜兰戈州 | 1 242 952.689 | 6.63 | 824 329.11 |
| 齐瓦瓦州 | 1 160 432.157 | 7.21 | 836 561.76 |
| 瓜纳华托州 | 859 943.619 | 6.88 | 591 373.20 |
| 韦拉克鲁斯州 | 747 350.248 | 6.53 | 487 988.76 |
| 普埃布拉州 | 446 821.771 | 5.86 | 261 769.76 |
| 阿瓜斯卡连特斯州 | 421 017.748 | 6.26 | 263 706.70 |
| 恰帕斯州 | 443 023.871 | 5.58 | 247 408.75 |
| 墨西哥州 | 444 714.395 | 6.25 | 277 803.80 |
| 其他州 | 2 572 780.79 | 6.70 | 1 723 860.13 |
| 合计 | 12 275 865.174 | 6.48 | 7 959 726.87 |

### （三）墨西哥奶牛和奶牛场

墨西哥奶牛主要是荷斯坦牛。表 6-20 显示，2010—2018 年美国和墨西哥奶牛生产能力逐渐提高，但美国奶牛的产奶能力要远远高于墨西哥，2018年墨西哥每头奶牛产奶能力为 1.87 吨，仅为美国奶牛产奶能力的 17.7%。

表 6-20　2010—2018 年美国和墨西哥奶牛的生产能力

单位：吨/头

| 年份 | 2010 | 2011 | 2012 | 2013 | 2014 | 2015 | 2016 | 2017 | 2018 |
|---|---|---|---|---|---|---|---|---|---|
| 美国 | 9.59 | 9.68 | 9.85 | 9.89 | 10.10 | 10.16 | 10.33 | 10.42 | 10.54 |
| 墨西哥 | 1.70 | 1.73 | 1.78 | 1.79 | 1.81 | 1.83 | 1.85 | 1.86 | 1.87 |

2017 年墨西哥全国共有 3 059 个奶牛场，拥有奶牛 2 920 743 头，每天可生产牛奶 37 611 879 升。其中，1 333 362 头母牛只生产牛奶，每天可以产奶 25 523 059 升。1 587 381 头奶牛既生产牛奶，也生产牛犊，它们每天可以生产 12 088 820 升牛奶。

### （四）墨西哥牛奶工业化情况

墨西哥的牛奶除了液体奶和奶粉外，还有发酵奶制品和不发酵奶制品。相比 2016 年，2017 年液体牛奶、奶粉和发酵牛奶制品的产量均有增长，其中奶粉增长比例最大，为 1.2%；牛奶制品产量下降了 9.9%。在发酵牛奶制品中，酸奶和以植物油为基础的产品产量分别下降了 3.1% 和 1.8%，奶酪、奶油奶酪和黄油产量增加，天然奶油产量则与 2016 年持平（表 6 - 21）。

表 6 - 21  2016—2017 年墨西哥牛奶制品产业情况

| 产品类型 | 2016 年 | 2017 年 | 2017 年与 2016 年对比（%） |
|---|---|---|---|
| 液体牛奶数量（亿升） | 37.99 | 38.18 | 0.5 |
| 奶粉数量（万吨） | 25.9 | 26.2 | 1.2 |
| 牛奶制品（万吨） | 26.3 | 23.7 | −9.9 |
| 发酵牛奶制品 | | | |
| 奶酪（万吨） | 37.5 | 39.6 | 5.6 |
| 酸奶（万吨） | 62.2 | 60.3 | −3.1 |
| 奶油奶酪（万吨） | 3.8 | 3.9 | 2.6 |
| 天然奶油（万吨） | 1.9 | 1.9 | 0.0 |
| 黄油（万吨） | 2.6 | 2.7 | 3.8 |
| 以植物油为基础的产品（万吨） | 5.5 | 5.4 | −1.8 |
| 小计 | 113.5 | 113.8 | 0.3 |

液体奶中，51.9% 为脱脂牛奶，43.9% 液体奶为全脂牛奶，4.2% 为风味牛奶。奶粉中 52.7% 为全脂奶粉，28.5% 为婴儿奶粉，18.8% 为脱脂奶粉。发酵牛奶制品中，奶酪占 34.8%，酸奶占 53.0%，奶油奶酪占 3.4%，天然奶油占 1.7%，黄油占 2.4%，以植物油为基础的制品占 4.7%。

## 二、墨西哥牛奶进出口情况

### （一）牛奶供需情况

表 6 - 22 显示，2016—2018 年墨西哥的牛奶产量、进口量不断增长，供应总量也不断增长。出口量和消费量也在不断增长。2016 年牛奶供应总量正好等于需求总量，供需平衡。2017 年和 2018 年牛奶供应总量大于需求总量，可以满足国内的需求。

表 6 - 22　2016—2018 年墨西哥牛奶供需情况

| 类型 | 项目 | 数量（亿升） | | | 变化率（％） | |
|---|---|---|---|---|---|---|
| | | 2016 年 | 2017 年 | 2018 年 | 2017 与 2016 年对比 | 2018 与 2017 年对比 |
| 供应 | 供应总量 | 149.37 | 154.89 | 161.30 | 3.7 | 4.1 |
| | 产量 | 116.08 | 117.68 | 120.06 | 1.4 | 2.0 |
| | 进口量 | 33.29 | 37.21 | 41.24 | 11.8 | 10.8 |
| 需求 | 需求总量 | 149.37 | 154.88 | 160.46 | 3.7 | 3.6 |
| | 出口量 | 2.19 | 5.99 | 8.74 | 173.5 | 45.9 |
| | 消费量 | 147.18 | 148.89 | 151.72 | 1.2 | 1.9 |

## （二）进出口情况

墨西哥牛奶进口多于出口。2012—2018 年牛奶进口和出口都呈增长趋势。2018 年牛奶进口量和出口量均达到 7 年来的最高点，进口量为 41.24 亿升，比 2012 年增长了 46.2％；出口量为 8.74 亿升，是 2012 年的 8.83 倍。2014 年牛奶进口额最高，达 10.12 亿美元，2016 年牛奶进口额最低，只有 6.92 亿美元。2015 年牛奶出口额最低，只有 0.72 亿美元。2018 年牛奶出口额最高，为 2.23 亿美元，达到近年的最高点（表 6 - 23）。

表 6 - 23　2012—2018 年墨西哥牛奶进出口情况

| 年份 | 2012 | 2013 | 2014 | 2015 | 2016 | 2017 | 2018 |
|---|---|---|---|---|---|---|---|
| 进口量（亿升） | 28.21 | 24.00 | 24.27 | 29.61 | 33.29 | 37.21 | 41.24 |
| 进口额（亿美元） | 9.13 | 9.60 | 10.12 | 7.25 | 6.92 | 8.24 | 8.45 |
| 出口量（亿升） | 0.99 | 0.82 | 0.91 | 1.25 | 2.19 | 5.99 | 8.74 |
| 出口额（亿美元） | 0.78 | 0.81 | 0.83 | 0.72 | 0.86 | 1.70 | 2.23 |

数据来源：Panorama。

表 6 - 24 显示，2017 年进口牛奶主要以奶粉为主，液体牛奶量少，只有 31 223 200 升密封奶。没有进口蒸发牛奶，浓缩牛奶只有 2 013.7 吨。奶粉进口量折算后为 36.896 亿升。全年进口牛奶合计为 37.21 亿升。

表 6 - 24　2017 年墨西哥进口牛奶类型及数量

| 液体奶（升） | | 奶粉（吨） | | | |
|---|---|---|---|---|---|
| 密封奶 | 奶粉 | 蒸发牛奶 | 浓缩牛奶 | 其他 | 合计* |
| 31 223 200 | 327 005.3 | 0 | 2 013.7 | 113.1 | 329 132.1 |

注：* 折算成液体奶为 36.896 亿升。

表 6 - 25 显示，2017 年出口牛奶主要以奶粉为主，液体牛奶量少，只有 2 474 600 升，远远少于当年液体牛奶进口量。在奶粉出口中，除了固体奶粉外，还有蒸发牛奶、浓缩牛奶以及其他形式的奶粉，奶粉合计为 66 213.4 吨，折算为 5.967 亿升液体牛奶。2017 年当年牛奶出口量为 5.99 亿升，远远低于当年牛奶进口量。

表 6 - 25　2017 年墨西哥出口牛奶类型及数量

| 液体奶（升） | | | 奶粉（吨） | | | | |
|---|---|---|---|---|---|---|---|
| 密封奶 | 其他 | 合计 | 奶粉 | 蒸发牛奶 | 浓缩牛奶 | 其他 | 合计* |
| 2 442 600 | 32 000 | 2 474 600 | 35 906.8 | 1 255.8 | 4 078.0 | 24 972.9 | 66 213.5 |

注：* 折算成液体奶为 5.967 亿升。

### （三）牛奶进出口国家

2012 年墨西哥从 23 个国家进口牛奶，2017 年进口国家减至 21 个。美国是墨西哥最主要的牛奶进口国，2017 年墨西哥进口的液体牛奶全部来自美国。84.6% 的奶粉来自美国（表 6 - 26）。2018 年 93.7% 的牛奶也来自美国。

表 6 - 26　2017 年墨西哥牛奶进口国家及占比

| 液体奶 | | 奶粉 | |
|---|---|---|---|
| 进口国家 | 进口占比（%） | 进口国家 | 进口占比（%） |
| | | 美国 | 84.6 |
| | | 西班牙 | 9.1 |
| | | 加拿大 | 1.5 |
| 美国 | 100.0 | 德国 | 1.4 |
| | | 新西兰 | 0.9 |
| | | 其他国家 | 2.5 |
| 合计 | 100.0 | 合计 | 100.0 |

委内瑞拉是墨西哥牛奶的主要出口国，2017 年墨西哥向委内瑞拉出口了 84 382 626 美元的牛奶，约为当年墨西哥全部牛奶出口额的 49.6%。此外，墨西哥牛奶还出口到哥伦比亚、古巴、伯利兹以及中国等。2018 年墨西哥向委内瑞拉出口了 62.6% 的牛奶，出口额为 139 789 075 美元，约为当年墨西哥全部牛奶出口额的 62.7%（表 6 - 27）。此外，牛奶还出口到美国、古巴、哥伦比亚、洪都拉斯、菲律宾、土耳其、危地马拉和巴拿马等国家。

表 6 - 27 2017 年墨西哥牛奶出口国家及占比

| 液体奶 | | 奶粉 | |
|---|---|---|---|
| 出口国家 | 出口占比（%） | 出口国家 | 出口占比（%） |
| 危地马拉 | 44.3 | 委内瑞拉 | 62.2 |
| 美国 | 33.3 | 美国 | 12.5 |
| | | 哥伦比亚 | 8.9 |
| 古巴 | 17.7 | 古巴 | 6.4 |
| 伯利兹 | 4.7 | 伯利兹 | 4.3 |
| 其他国家 | 0.0 | 其他国家 | 5.7 |
| 合计 | 100.0 | 合计 | 100.0 |

### （四）进出口价格

从 2010 年 6 月至 2014 年 5 月，墨西哥进口奶粉的价格总体上呈上升趋势。2014 年 5 月达到最高点 0.40 美元/升。2014 年 5 月至 2018 年 6 月，进口奶粉的价格总体上呈下降趋势。2018 年 6 月每升奶粉价格为 0.17 美元。

从 2013 年 6 月至 2018 年 6 月，墨西哥奶粉出口价格变动很大，2014 年 9 月曾高达 1.70 美元/升，2013 年 12 月、2014 年 12 月为 1.50 美元/升，2014 年 3 月、2015 年 3 月、2015 年 6 月、2015 年 9 月和 12 月、2016 年 5 月为 1.20 美元/升。2016 年 6 月以后，奶粉出口价格大幅度下跌，至 2018 年 6 月，大多数时间奶粉的出口价格低于 0.30 美元/升，2018 年 6 月出口价格仅为 0.19 美元/升。

# 第四节 养猪业

养猪业是墨西哥畜牧业中经济价值第四高的行业。从数量上讲，墨西哥猪存栏量仅次于鸡和牛。猪肉是墨西哥人喜欢的肉类之一。在墨西哥中北部地区，婚礼上一定要有烤猪肉，如果没有烤猪肉，就不能算是婚礼。另外，猪皮也是一种美食，墨西哥人将猪皮油炸后售卖，超市里则卖袋装炸过的猪皮。

## 一、墨西哥的猪肉生产情况

### （一）全国生产情况

表 6 - 28 显示，2008—2019 年墨西哥猪肉生产呈增长趋势。2012 年墨西

哥猪肉产量为 123.9 万吨，占当年畜牧业产量的 6.5%，是世界第十六大猪肉生产国。2017 年猪肉产量达到 144.2 万吨，占当年畜牧业产量的 6.8%，是世界第十五大猪肉生产国。2018 年猪肉产量达到 150.3 万吨，比 2017 年增长了 4.2%，猪肉产量占当年畜牧业产量的 6.9%，保持世界第十五大猪肉生产国位置。2019 年猪肉产量为 160.0 万吨，比 2018 年增长 6.5%，达到历史最高水平。

2006—2019 年墨西哥猪的存栏量总体上呈增长趋势，年增速为 1%。2008 年存栏数只有 1 520 万头，至 2019 年已经达到 1 840 万头，比 2006 年增长了 21.1%，比 2018 年增长了 3.4%。

表 6-28　2008—2019 年墨西哥肉猪存栏及猪肉生产情况

| 年份 | 2008 | 2009 | 2010 | 2011 | 2012 | 2013 | 2014 | 2015 | 2016 | 2017 | 2018 | 2019 |
|---|---|---|---|---|---|---|---|---|---|---|---|---|
| 产量（万吨） | 116.1 | 116.2 | 117.5 | 120.2 | 123.9 | 128.4 | 129.1 | 132.3 | 137.6 | 144.2 | 150.3 | 160.0 |
| 存栏量（万头） | 1 520 | 1 530 | 1 540 | 1 550 | 1 590 | 1 620 | 1 610 | 1 640 | 1 670 | 1 720 | 1 780 | 1 840 |

表 6-29 显示，2012—2019 年墨西哥猪肉消费量呈增长趋势，年增长率为 5%。猪肉产量少于其消费量，需要进口才能满足国内猪肉消费。2019 年猪肉消费量达 232.9 万吨，比 2018 年增长 2.8%。

表 6-29　2012—2019 年墨西哥猪肉消费量

| 年份 | 2012 | 2013 | 2014 | 2015 | 2016 | 2017 | 2018 | 2019 |
|---|---|---|---|---|---|---|---|---|
| 产量（万吨） | 168.3 | 177.4 | 180.2 | 194.8 | 202.6 | 212.1 | 226.6 | 232.9 |

## （二）各州生产情况

墨西哥有 32 个州生产猪肉，2008—2019 年全国猪肉生产不断增长。表 6-30 显示，哈利斯科州、索诺拉州和普埃布拉州分别为第一大至第三大猪存栏州，2019 年存栏量分别占全国总存栏量的 20.3%、11.1% 和 10.3%，合计占比 41.7%。

表 6-30　2018 和 2019 年墨西哥各州猪存栏情况

|  | 2018 年存栏数（头） | 2019 年存栏数（头） | 2019 年与 2018 年对比（%） | 2019 年占比（%） |
|---|---|---|---|---|
| 哈利斯科州 | 3 538 574 | 3 719 870 | 5.1 | 20.3 |
| 索诺拉州 | 1 943 647 | 2 043 624 | 5.1 | 11.1 |

（续）

| | 2018 年存栏数（头） | 2019 年存栏数（头） | 2019 年与 2018 年对比（%） | 2019 年占比（%） |
|---|---|---|---|---|
| 普埃布拉州 | 1 859 134 | 1 892 780 | 1.8 | 10.3 |
| 韦拉克鲁斯州 | 1 695 904 | 1 751 183 | 3.3 | 9.5 |
| 尤卡坦州 | 1 116 272 | 1 135 190 | 1.7 | 6.2 |
| 瓜纳华托州 | 986 251 | 1 024 596 | 3.9 | 5.6 |
| 米却肯州 | 870 402 | 898 237 | 3.2 | 4.9 |
| 恰帕斯州 | 812 287 | 812 034 | −0.03 | 4.4 |
| 格雷罗州 | 715 330 | 714 084 | −0.2 | 3.9 |
| 瓦哈卡州 | 633 499 | 641 598 | 1.3 | 3.5 |
| 其他州 | 3 667 600 | 3 732 093 | 1.8 | 20.3 |
| 合计 | 17 838 900 | 18 365 289 | 3.0 | 100 |

表 6 - 31 显示，2019 年哈利斯科州、索诺拉州和普埃布拉州是前三大猪肉生产州，其产量占比分别为 21.4%、19.3% 和 10.7%，合计占比 51.4%。2019 年全国猪肉价格为 45.63 比索/千克，哈利斯科州价格最高，为 52.40 比索/千克，比全国平均价格高 14.8%。

表 6 - 31　2019 年墨西哥各主要猪肉生产州生产情况

| | 产量（吨） | 价格（比索/千克） | 产值（万比索） |
|---|---|---|---|
| 哈利斯科州 | 342 103.541 | 52.40 | 1 792 600.01 |
| 索诺拉州 | 308 104.684 | 37.15 | 1 144 660.30 |
| 普埃布拉州 | 171 350.291 | 44.30 | 759 081.55 |
| 尤卡坦州 | 147 063.550 | 47.22 | 694 409.31 |
| 韦拉克鲁斯州 | 142 060.278 | 45.76 | 650 115.69 |
| 瓜纳华托州 | 123 921.221 | 47.34 | 586 588.92 |
| 米却肯州 | 46 409.300 | 45.41 | 210 736.38 |
| 恰帕斯州 | 29 368.153 | 47.85 | 140 530.80 |
| 瓦哈卡州 | 28 544.760 | 44.00 | 125 601.55 |
| 克雷塔罗州 | 26 651.064 | 44.56 | 118 754.84 |
| 其他州 | 234 868.681 | 45.99 | 1 080 163.32 |
| 合计 | 1 600 445.523 | 45.63 | 7 303 242.67 |

## 二、墨西哥猪肉进出口情况

### （一）猪肉供需情况

2017 年和 2018 年墨西哥人均猪肉消费量分别为 17.2 千克和 18.0 千克。

表 6-32 显示，2017—2019 年墨西哥猪肉产量、进口量不断增长，供应总量也不断增长。出口量和消费量也在不断增长。但供应总量一直不能满足需求总量。

表 6-32　2017—2019 年墨西哥猪肉供需情况

| 类型 | 项目 | 数量（万吨） | | | 变化率（%） | |
|------|------|------|------|------|------|------|
| | | 2017 年 | 2018 年 | 2019 年 | 2018 年与 2017 年对比 | 2019 年与 2018 年对比 |
| 供应 | 供应总量 | 224.5 | 237.8 | 248.4 | 5.9 | 4.5 |
| | 产量 | 144.2 | 150.3 | 160.0 | 4.2 | 6.5 |
| | 进口量 | 80.3 | 87.5 | 88.4 | 9.0 | 1.0 |
| 需求 | 需求总量 | 224.6 | 239.8 | 250.5 | 6.8 | 4.5 |
| | 出口量 | 12.5 | 13.2 | 17.6 | 5.6 | 33.3 |
| | 消费量 | 212.1 | 226.6 | 232.9 | 6.8 | 2.8 |

（二）进出口情况

墨西哥猪肉进口多于出口。2012—2019 年猪肉进口量和出口量都呈增长趋势，进口量一直多于出口量。2019 年猪肉进口量和出口量均达到 8 年来的最高点，进口量为 88.4 万吨，比 2012 年增长了 71.3%；2019 年猪肉出口量为 17.6 万吨，是 2012 年的 2.4 倍。2014 年猪肉进口额最高，达 15.46 亿美元，2012 年猪肉进口额和出口额均最低，分别只有 9.98 亿美元和 3.78 亿美元。2017 年猪肉出口额最高，为 5.38 亿美元，达到近年来的最高点（表 6-33）。

表 6-33　2012—2020 年墨西哥猪肉的进出口情况

| 年份 | 2012 | 2013 | 2014 | 2015 | 2016 | 2017 | 2018 | 2019 | 2020* |
|------|------|------|------|------|------|------|------|------|------|
| 进口量（万吨） | 51.6 | 57.5 | 60.1 | 72.3 | 75.5 | 80.3 | 87.5 | 88.4 | 83.8 |
| 进口额（亿美元） | 9.98 | 11.75 | 15.46 | 12.36 | 12.89 | 13.91 | 13.50 | — | — |
| 出口量（万吨） | 7.2 | 8.4 | 8.9 | 9.7 | 10.5 | 12.5 | 13.2 | 17.6 | 19.4 |
| 出口额（亿美元） | 3.78 | 4.45 | 4.29 | 3.95 | 4.32 | 5.38 | 5.36 | — | — |

数据来源：Panorama，* 数据截至 2020 年 6 月。

（三）进出口国家

2012 年墨西哥从 9 个国家进口猪肉，2017 年进口国家增至 11 个。美国和加拿大是墨西哥猪肉的主要进口国，墨西哥 99% 的进口猪肉来自这两个国家。2018 年，墨西哥从美国进口了 84.6% 的猪肉，从加拿大进口了 14.7%，从其他国家进口了 0.7%。2019 年，墨西哥从美国进口了 83.6%的猪肉，从加拿大进口了 16.2%。

2012 年墨西哥猪肉出口 5 个国家，2017 年出口国家增加到 6 个。日本和韩国是墨西哥猪肉的主要出口国，2017 年墨西哥向日本出口了 9.6 万吨、428 015 872 美元的猪肉，约为当年墨西哥全部猪肉出口额的 79.6%；向韩国出口了 1.5 万吨，向美国出口了 1.1 万吨猪肉。2018 年墨西哥向日本出口了 74.2%的猪肉，猪肉出口额为 419 228 781 美元，约为当年墨西哥全部猪肉出口额的 78.2%。另外，11.8%的猪肉出口到美国，6.8%出口韩国，其余 3.2%出口到其他国家。2019 年，墨西哥向日本出口了 66.7%的猪肉，向中国出口了 16.6%，向美国出口了 8.7%。

（四）进出口价格

图 6 - 3 显示，墨西哥无骨猪肉出口价格比较稳定，进口价格总体上呈下降趋势，从 2013 年 7 月至 2019 年 7 月，多数时间出口价格高于进口价格。2019 年 7 月无骨猪肉进口价格为 1 674 美元/吨，出口价格为 3 193 美元/吨，是进口价格的 1.9 倍。2019 年 12 月无骨猪肉进口价格为 2 008 美元/吨，出口价格为 3 373 美元/吨，是进口价格的 1.7 倍。2020 年 5 月无骨猪肉进口价格为 1 836 美元/吨，出口价格为 3 405 美元/吨，是进口价格的 1.85 倍。

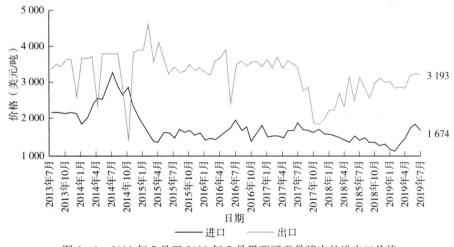

图 6 - 3　2013 年 7 月至 2019 年 7 月墨西哥无骨猪肉的进出口价格

图 6 - 4 显示，墨西哥带骨猪肉进口价格总体上稳定，出口价格总体上呈下降趋势，从 2013 年 7 月至 2019 年 7 月，出口价格高于进口价格。2019 年

7月进口价格为 2 365 美元/吨，出口价格为 4 161 美元/吨，是进口价格的 1.8 倍。2019 年 12 月进口价格为 2 239 美元/吨，出口价格为 4 132 美元/吨，是进口价格的 1.85 倍。2020 年 5 月进口价格为 2 233 美元/吨，出口价格为 4 118 美元/吨，是进口价格的 1.8 倍。

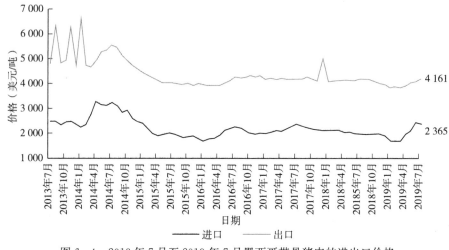

图 6-4 2013 年 7 月至 2019 年 7 月墨西哥带骨猪肉的进出口价格

## 第五节　鸡蛋产业

鸡蛋产业是墨西哥畜牧业中产值第五高行业。2018 年鸡蛋产值为 571.52 亿比索。

### 一、墨西哥鸡蛋生产情况

（一）全国生产情况

表 6-34 显示，2008—2018 年墨西哥鸡蛋生产呈增长趋势。2012 年墨西哥鸡蛋产量为 231.8 万吨，鸡蛋产量占当年畜牧业产量的 12.2%，是世界第六大鸡蛋生产国。2017 年鸡蛋产量达到 277.1 万吨，产量占当年畜牧业产量的 13.1%，是世界第四大鸡蛋生产国。2018 年鸡蛋产量达到 287.2 万吨，比 2017 年增长了 3.6%，鸡蛋产量占当年畜牧业产量的 13.2%，保持世界第四大鸡蛋生产国的位置。2019 年鸡蛋产量达到 295.0 万吨，比 2018 年增长了 2.7%；存栏量达到 2.072 亿羽，比 2008 年增长了 1.2%。

表 6-34 2008—2019 年墨西哥鸡蛋生产情况

| 年份 | 2008 | 2009 | 2010 | 2011 | 2012 | 2013 | 2014 | 2015 | 2016 | 2017 | 2018 | 2019 |
|---|---|---|---|---|---|---|---|---|---|---|---|---|
| 产量（万吨） | 233.7 | 236.0 | 238.1 | 245.9 | 231.8 | 251.6 | 256.7 | 265.3 | 272.0 | 277.1 | 287.2 | 295.0 |
| 存栏量（亿羽） | 1.847 | 1.851 | 1.858 | 1.854 | 1.868 | 1.914 | 1.934 | 1.968 | 2.026 | 2.022 | 2.048 | 2.072 |

2012—2018 年墨西哥鸡蛋消费量呈增长趋势。鸡蛋产量少于其消费量，需要进口才能满足国内消费。2018 年鸡蛋消费量达 291.8 万吨，比 2017 年增长了 2.6%（表 6-35）。

表 6-35 2012—2018 年墨西哥鸡蛋消费量

| 年份 | 2012 | 2013 | 2014 | 2015 | 2016 | 2017 | 2018 |
|---|---|---|---|---|---|---|---|
| 数量（万吨） | 232.6 | 256.3 | 259.4 | 266.7 | 274.4 | 284.5 | 291.8 |

（二）各州生产情况

墨西哥有 32 个州生产鸡蛋。

表 6-36 显示，2019 年哈利斯科州、普埃布拉州和索诺拉州是墨西哥前三大鸡蛋生产州，产量分别占全国总产量的 54.6%、16.4% 和 4.9%，合计占比 75.9%。全国鸡蛋平均价格为 20.82 比索/千克，尤卡坦州鸡蛋价格最高，为全国平均价格的 1.16 倍。杜兰戈州鸡蛋价格最低，仅为平均价格的 94.6%。

表 6-36 2019 年墨西哥各州鸡蛋生产情况

| | 产量（吨） | 价格（比索/千克） | 产值（万比索） |
|---|---|---|---|
| 哈利斯科州 | 1 609 445.380 | 19.92 | 3 206 776.89 |
| 普埃布拉州 | 483 378.554 | 21.96 | 1 061 668.40 |
| 索诺拉州 | 144 244.504 | 21.34 | 307 792.88 |
| 圣路易斯波托西州 | 105 268.359 | 20.54 | 216 210.91 |
| 尤卡坦州 | 93 803.234 | 24.18 | 226 778.65 |
| 新莱昂州 | 87 064.207 | 21.39 | 186 253.05 |
| 瓜纳华托州 | 72 150.159 | 22.77 | 164 292.21 |
| 锡那罗亚州 | 64 489.799 | 21.79 | 140 517.26 |
| 杜兰戈州 | 65 854.653 | 19.69 | 129 664.55 |
| 科阿韦拉州 | 49 041.280 | 20.26 | 99 349.50 |
| 其他州 | 175 042.186 | 22.91 | 401 001.49 |
| 合计 | 2 949 782.315 | 20.82 | 6 140 305.79 |

表 6-37 显示,哈利斯科州、普埃布拉州和索诺拉州为第一到第三蛋鸡存栏大州,2017 年蛋鸡存栏量分别占全国总存栏量的 49.7%、16.5% 和 6.2%,合计占比 72.4%。2018 年这三个州蛋鸡存栏量分别为 50.1%、15.0% 和 6.4%,合计为 71.5%。

相比 2016 年,2017 年墨西哥蛋鸡存栏量比 2016 年减少了 0.2%。哈利斯科州、杜兰戈州、锡那罗亚州和米却肯州蛋鸡存栏量下降,其中下降最多的州是杜兰戈州,减少了 12.2%,其次是哈利斯科州,减少了 3.9%。其他州蛋鸡存栏数均有增长,其中科阿韦拉州 2017 年的蛋鸡存栏量比 2016 年增长了 6.5%。新莱昂州的存栏数增长了 3.1%。

相比 2017 年,2018 年墨西哥蛋鸡存栏量增加了 1.3%。普埃布拉州和杜兰戈州蛋鸡存栏量分别减少了 7.9% 和 4.0%。其他州蛋鸡存栏数均有增加,其中索诺拉州和尤卡坦州都增长了 4.8%。锡那罗亚州的存栏数增长了 3.8%。第一大州哈利斯科州的蛋鸡存栏数增长了 2.0%。

表 6-37 2016—2018 年墨西哥各州蛋鸡存栏情况

| | 2016 年存栏数（羽） | 2017 年存栏数（羽） | 2018 年存栏数（羽） | 2018 年占比（%） | 变化情况（%） | |
| --- | --- | --- | --- | --- | --- | --- |
| | | | | | 2017 年与 2016 年对比 | 2018 年与 2017 年对比 |
| 哈利斯科州 | 104 570 411 | 100 470 547 | 102 526 749 | 50.1 | −3.9 | 2.0 |
| 普埃布拉州 | 33 103 259 | 33 346 296 | 30 721 756 | 15.0 | 0.7 | −7.9 |
| 索诺拉州 | 12 225 640 | 12 554 838 | 13 152 553 | 6.4 | 2.7 | 4.8 |
| 尤卡坦州 | 6 888 774 | 6 940 348 | 7 274 237 | 3.6 | 0.7 | 4.8 |
| 新莱昂州 | 6 768 913 | 6 981 320 | 7 059 218 | 3.4 | 3.1 | 1.1 |
| 杜兰戈州 | 6 693 120 | 5 875 024 | 5 642 112 | 2.8 | −12.2 | −4.0 |
| 锡那罗亚州 | 5 051 911 | 4 964 000 | 5 153 420 | 2.5 | −1.7 | 3.8 |
| 瓜纳华托州 | 4 715 250 | 4 763 863 | 4 766 897 | 2.3 | 1.0 | 0.1 |
| 科阿韦拉州 | 3 976 060 | 4 236 163 | 4 243 758 | 2.1 | 6.5 | 0.2 |
| 米却肯州 | 2 114 467 | 2 065 106 | 2 065 846 | 1.0 | −2.3 | 0.04 |
| 其他州 | 16 532 300 | 19 957 172 | 22 194 094 | 10.8 | 20.7 | 11.2 |
| 合计 | 202 640 105 | 202 154 677 | 204 800 640 | 100.0 | −0.2 | 1.3 |

（三）养鸡场设施和企业情况

2018 年,墨西哥共有各种养鸡场（包括肉鸡和蛋鸡）2 361 个,拥有联邦屠宰场 8 个，其中 4 个位于哈利斯科州，2 个位于普埃布拉州，克雷塔罗州和墨西哥州各有 1 个。

拉丁美洲的十大主要鸡蛋生产商包括：第一位是 Proteína Animal（Proan）公司，位于墨西哥哈利斯科州；第二位是 Industrias Bachoco 公司，位于墨西哥瓜纳华托州；第三位是 Grupo Mantiqueira 公司，位于巴西；第四位是 Empresas Guadalupe 公司，位于墨西哥哈利斯科州；第五位是 El Cal-vario 公司，位于墨西哥普埃布拉州；第六位是 Granja Yabuta 公司，位于巴西；第七位是 Gena Agropecuaria 公司，位于墨西哥哈利斯科州；第八位是 Avícola La Calera 公司，位于秘鲁利马；第九位是 Avícola y Porcícola Los Al-tos（Aviporc）公司，位于墨西哥哈利斯科州；第十位是 Jorge Fernández（Grupo Crío）公司，位于墨西哥尤卡坦州。在拉丁美洲十大鸡蛋企业中，墨西哥的蛋鸡企业有 7 个，可见墨西哥鸡蛋产业在拉丁美洲占据重要位置。

## 二、墨西哥鸡蛋的进出口情况

### （一）鸡蛋供需情况

2016—2018 年墨西哥人均鸡蛋消费量分别为 23.2 千克、22.6 千克和 23.0 千克。表 6 - 38 显示，2017—2019 年墨西哥鸡蛋产量和供应总量不断增长，进口量不断减少。鸡蛋消费量也在不断增长，导致鸡蛋需求总量不断增长。2016 年供应总量尚能满足需求总量，2017 和 2018 年鸡蛋供应总量小于需求总量，不能满足消费需求。

表 6 - 38　2016—2018 年墨西哥鸡蛋供需情况

| 类型 | 项目 | 数量（万吨） | | | 变化率（%） | |
|---|---|---|---|---|---|---|
| | | 2016 年 | 2017 年 | 2018 年 | 2017 年与 2016 年比较 | 2018 年与 2017 年比较 |
| 供应 | 供应总量 | 278.3 | 282.8 | 287.9 | 1.6 | 1.8 |
| | 产量 | 272.0 | 277.1 | 287.2 | 1.9 | 3.6 |
| | 进口量 | 6.3 | 5.7 | 0.7 | −9.5 | −87.7 |
| 需求 | 需求总量 | 274.4 | 284.5 | 291.8 | 3.7 | 2.6 |
| | 出口量 | 0 | 0 | 0 | — | — |
| | 消费量 | 274.4 | 284.5 | 291.8 | 3.7 | 2.6 |

## （二）进出口情况

墨西哥鸡蛋的进口多于出口。2008—2017 年鸡蛋进口总体上呈增长趋势，进口量一直多于出口量。2013 年鸡蛋进口量和进口额均最多，分别为 7.00 万吨和 18 300 万美元。2008 年鸡蛋进口量和进口额均最低，只有 0.55 万吨和 2 200 万美元。据统计，2018 年鸡蛋进口量为 0.58 万吨，2019 年鸡蛋进口量为 2.73 万吨，2020 年 1—5 月鸡蛋进口量为 3.53 万吨。

2008—2017 年墨西哥鸡蛋出口很不稳定，2011 年鸡蛋出口量和出口额均达到 10 年来的最高点，出口量为 7 216 吨，出口额为 949.1 万美元；2014 年鸡蛋出口量只有 19 吨。2013 年鸡蛋的出口额最低，只有 18.6 万美元（表 6 - 39）。

表 6 - 39 2008—2017 年墨西哥鸡蛋进出口情况

| 年份 | 2008 | 2009 | 2010 | 2011 | 2012 | 2013 | 2014 | 2015 | 2016 | 2017 |
|---|---|---|---|---|---|---|---|---|---|---|
| 进口量（万吨） | 0.55 | 0.76 | 0.73 | 1.15 | 2.30 | 7.00 | 5.64 | 5.56 | 6.32 | 5.70 |
| 进口额（万美元） | 2 200 | 2 300 | 2 700 | 4 400 | 6 400 | 18 300 | 17 500 | 18 100 | 16 800 | 16 900 |
| 出口量（吨） | 107 | 910 | 2 771 | 7 216 | 5 061 | 53 | 19 | 2 651 | 40 | 45 |
| 出口额（万美元） | 134.2 | 119.7 | 321.1 | 949.1 | 844.4 | 18.6 | 33.0 | 573.5 | 68.6 | 80.8 |

数据来源：FAOSTAT。

### （三）进出口国家

2012 年墨西哥从 2 个国家进口鸡蛋，2017 年进口国家增至 3 个。2017 年墨西哥 99.7% 进口鸡蛋来自美国。2019 年墨西哥进口鸡蛋全部来自美国。

2017 年墨西哥向古巴出口了 1 330 410 美元的鸡蛋。2018 年墨西哥向古巴鸡蛋出口额为 1 532 115 美元，此外，鸡蛋还出口到日本和智利。

### （四）进出口价格

图 6 - 5 显示，除 2015 年 8 月至 2016 年 2 月，墨西哥进口鸡蛋价格高达 4 904 美元/吨外，从 2012 年 5 月至 2020 年 5 月的大部分时间，墨西哥鸡蛋进口价格相对稳定在 1 000～2 000 美元/吨。2019 年 12 月鸡蛋进口价格为 1 244 美元/吨，2020 年 5 月进口价格为 935 美元/吨。

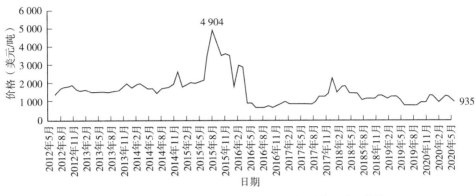

图 6 - 5　2012 年 5 月至 2020 年 5 月墨西哥鸡蛋进口价格

# 第六节　绵羊产业

绵羊是墨西哥畜牧业中产值第六高行业。墨西哥绵羊品种分为肉用羊、毛用羊和肉毛兼用型羊，其中肉用羊包括 Suffolk、Hampshire、Rambouillet 和 Corriedale；毛用羊品种主要有 Debouillet、澳大利亚美利奴（Merino australiano）和林肯（Lincoln），肉毛兼用品种主要有 Marsh 和 Rommey。2018 年墨西哥人均绵羊肉消费量为 0.6 千克。每只绵羊年大约产 1~3 千克羊毛。

## 一、墨西哥的绵羊肉生产情况

### （一）全国生产情况

表 6 - 40 显示，2008—2019 年墨西哥绵羊生产呈增长趋势。2008 年墨西哥绵羊肉产量为 5.13 万吨。2018 年绵羊肉产量为 6.29 万吨，比 2017 年增长了 2.1%，产量占当年畜牧业产量的 0.3%，是世界第三十五大绵羊肉生产国。2019 年绵羊肉产量为 6.40 万吨，达到 12 年来的最高点，比 2008 年增长了 24.8%，比 2018 年增长了 1.7%。

表 6 - 40　2008—2019 年墨西哥绵羊肉生产情况

| 年份 | 2008 | 2009 | 2010 | 2011 | 2012 | 2013 | 2014 | 2015 | 2016 | 2017 | 2018 | 2019 |
|---|---|---|---|---|---|---|---|---|---|---|---|---|
| 产量（万吨） | 5.13 | 5.37 | 5.50 | 5.65 | 5.77 | 5.80 | 5.83 | 5.94 | 6.04 | 6.16 | 6.29 | 6.40 |

表 6 - 41 显示，2010—2019 年墨西哥绵羊存栏量总体上呈增长趋势，2017

年存栏量达到 890.2 万头，比 2010 年增长 9.8%。

**表 6 - 41  2010—2019 年墨西哥绵羊存栏情况**

| 年份 | 2010 | 2011 | 2012 | 2013 | 2014 | 2015 | 2016 | 2017 | 2018 | 2019 |
|---|---|---|---|---|---|---|---|---|---|---|
| 产量（万头） | 810.6 | 821.9 | 840.6 | 849.7 | 857.6 | 871.1 | 879.3 | 890.2 | 868.4 | 870.8 |

### （二）各州生产情况

墨西哥有 32 个州生产绵羊肉。表 6 - 42 显示，墨西哥州、伊达尔哥州和韦拉克鲁斯州是前三大绵羊肉生产州，其产量占比分别为 14.5%、10.6% 和 8.2%，合计占比为 33.3%。2019 年全国绵羊肉平均价格为 75.02 比索/千克，价格最高的州是伊达尔哥州，为 91.51 比索/千克，比全国平均价格高 22.0%。墨西哥州绵羊的宰杀量也是全国最高，占全国绵羊总宰杀量的 13.5%。其次是伊达尔哥州，宰杀量占比为 10.4%。

**表 6 - 42  2019 年墨西哥各主要绵羊肉生产州生产情况**

| | 产量（吨） | 价格（比索/千克） | 产值（万比索） | 宰杀量（头） |
|---|---|---|---|---|
| 墨西哥州 | 9 289.15 | 77.46 | 71 949.43 | 421 808 |
| 伊达尔哥州 | 6 770.47 | 91.51 | 61 957.58 | 323 383 |
| 韦拉克鲁斯州 | 5 245.11 | 72.12 | 39 128.14 | 281 406 |
| 萨卡特卡斯州 | 4 287.62 | 75.40 | 32 262.26 | 196 440 |
| 哈利斯科州 | 4 536.17 | 82.14 | 37 258.22 | 209 845 |
| 普埃布拉州 | 4 400.54 | 60.16 | 26 471.66 | 206 306 |
| 特拉斯卡拉州 | 2 870.16 | 79.06 | 22 690.76 | 128 577 |
| 圣路易斯波托西州 | 2 826.65 | 72.91 | 20 607.87 | 129 290 |
| 瓦哈卡州 | 2 425.88 | 72.23 | 17 522.28 | 132 467 |
| 瓜纳华托州 | 2 256.47 | 76.08 | 17 166.72 | 109 830 |
| 其他州 | 19 122.42 | 69.7 | 133 340.3 | 975 901 |
| 合计 | 64 030.64 | 75.02 | 480 355.22 | 3 115 253 |

表 6 - 43 显示，墨西哥州、伊达尔哥州和韦拉克鲁斯州分别是第一至第三绵羊存栏大州，2019 年这 3 个州绵羊存栏量分别占全国总存栏量的 15.8%、13.0% 和 8.1%，合计占比 36.9%。

相比 2018 年，2019 年墨西哥绵羊存栏量增长了 0.3%。伊达尔哥州、瓦哈卡州和瓜纳华托州绵羊存栏量下降，其中瓜纳华托州下降最多，减少了

9.7%，其次是瓦哈卡州，减少了 7.1%。其他州绵羊存栏数均有增长，其中萨卡特卡斯州 2019 年绵羊存栏量比 2018 年增长了 12.3%。

表 6-43　2018 年和 2019 年墨西哥各州绵羊存栏情况

| | 2018 年存栏量（头） | 2019 年存栏量（头） | 2019 年与 2018 年对比（%） | 2019 年的占比（%） |
|---|---|---|---|---|
| 墨西哥州 | 1 371 356 | 1 379 974 | 0.6 | 15.8 |
| 伊达尔哥州 | 1 161 183 | 1 131 718 | −2.5 | 13.0 |
| 韦拉克鲁斯州 | 698 520 | 708 853 | 1.5 | 8.1 |
| 普埃布拉州 | 527 759 | 547 109 | 3.7 | 6.3 |
| 萨卡特卡斯州 | 453 859 | 509 491 | 12.3 | 5.9 |
| 瓦哈卡州 | 423 802 | 393 901 | −7.1 | 4.5 |
| 哈利斯科州 | 409 764 | 416 526 | 1.7 | 4.8 |
| 圣路易斯波托西州 | 404 726 | 416 141 | 2.8 | 4.8 |
| 瓜纳华托州 | 350 233 | 316 111 | −9.7 | 3.6 |
| 恰帕斯州 | 304 111 | 306 348 | 0.7 | 3.5 |
| 其他州 | 2 578 522 | 2 582 074 | 0.1 | 29.7 |
| 合计 | 8 683 835 | 8 708 246 | 0.3 | 100.0 |

## 二、墨西哥绵羊肉进出口情况

### （一）进出口情况

墨西哥绵羊肉进口多于出口。2009—2018 年绵羊肉进口额一直在 3 000 万美元以上，其中 2014 年进口额最多，达 5 363.3 万美元，为 10 年来的最高点。2012 年进口额为 3 077.9 万美元，为 10 年来的最低点。

绵羊肉的出口远远低于进口，2009—2018 年中，2017 年绵羊肉出口额最高，为 10.9 万美元。2013—2015 年没有绵羊肉出口（表 6-44）。

表 6-44　2009—2018 年墨西哥绵羊肉进出口情况

| 年份 | 2009 | 2010 | 2011 | 2012 | 2013 | 2014 | 2015 | 2016 | 2017 | 2018 |
|---|---|---|---|---|---|---|---|---|---|---|
| 进口额（万美元） | 4 451.2 | 4 468.6 | 4 349.2 | 3 067.9 | 4 323.4 | 5 363.3 | 4 843.6 | 3 077.7 | 3 967.3 | 3 095.3 |
| 出口额（万美元） | 4.9 | 8.4 | 5.0 | 7.7 | 0.0 | 0.0 | 0.0 | 1.8 | 10.9 | 2.3 |

数据来源：Panorama。

## （二）出口国家

2018年墨西哥进口了8 666吨绵羊肉，进口额为3 095.3万美元。进口主要来自新西兰和澳大利亚，进口量分别为4 452吨和2 630吨。其余来自美国、智利和加拿大。

2018年墨西哥出口绵羊肉3吨，全部出口到美国，出口额为23 225美元。

# 第七节　养蜂业

养蜂业是墨西哥畜牧业中产值第七高的行业。2018年墨西哥人均蜂蜜消费量为0.2千克。墨西哥人有养蜂的传统，当西班牙殖民者带西方蜜蜂进入墨西哥之前，墨西哥最早的蜂种是无刺蜂。无刺蜂在玛雅有上千年的历史，在玛雅文化和经济中占据了重要位置。

## 一、全国蜂群、资源及养蜂区域情况

### （一）全国蜂群数量

墨西哥是蜜蜂的重要栖息地，据统计墨西哥大约有2 000种蜂，可以为87％的开花植物授粉（开花植物有352 000种），其中1/3是农作物。在尤卡坦半岛，分布有西方蜜蜂、玛雅蜂（maya）和无刺蜂（melipona），玛雅蜂和无刺蜂是区域性分布的。

从20世纪60年代至今，墨西哥养蜂生产大致分为三个阶段：第一阶段是蜂群下降阶段（1961—1965年），蜂群养殖处于下降趋势，1961年蜂群数量为198.5万群，到1965年蜂群数量下降至920 934群，短短5年数量减少了一半。此后进入第二阶段（1966—1983年），该阶段呈增长趋势，蜂群持续增长，至1983年达到顶峰，近269.05万群。此后进入第三阶段（1984年至今），该阶段蜂群基本稳定在170万～200万群。2018年墨西哥蜂群数量为1 859 350群（图6-6）。

### （二）蜜源及全国养蜂区域情况

墨西哥是一个全国多为高原和山地的国家，植物资源丰富，常年均有蜜源

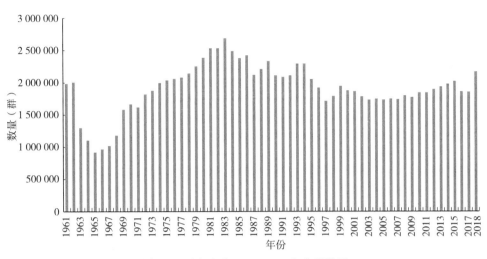

图 6-6　墨西哥 1961—2018 年蜂群数量

数据来源：FAO。

植物，其主要蜜源植物在农业区，包括棉花、紫苜蓿、油料红花、芝麻、柑橘、芒果等，热带山区和热带雨林地区的野生蜜源植物种类多、数量大、花期长，尤卡坦半岛是蜂蜜的主产区，也是世界知名的蜂蜜出产地。

墨西哥现有蜂农 4.5 万人，全国分为 5 个养蜂地区：北部地区、中央地区、太平洋沿岸地区、墨西哥湾地区和尤卡坦半岛地区。蜂业主要产区在东南部，主要分布在恰帕斯州、坎佩切州、瓦哈卡州、尤卡坦州和金塔纳罗奥州。

## 二、全国蜂蜜和蜂蜡生产情况

### (一) 全国蜂蜜和蜂蜡生产情况

表 6-45 显示，2008—2019 年墨西哥蜂蜜生产总体上呈增长趋势。2017 年蜂蜜产量最低，只有 5.11 万吨。2018 年墨西哥蜂蜜产量为 6.43 万吨，为 12 年来的最高点，比 2017 年增长了 25.8%，产量占当年畜牧业产量的 0.3%，是世界第九大蜂蜜生产国。2019 年蜂蜜的产量为 6.20 万吨，比 2018 年下降了 3.6%。

2008—2019 年蜂蜡产量总体上呈下降趋势，2009 年蜂蜡产量最高，达 2 217.96 吨，是 12 年来的最高点。2015 年蜂蜡产量最低，只有 1 438.53 吨。

表 6 - 45　2008—2019 年墨西哥蜂蜜和蜂蜡生产情况

| 年份 | 2008 | 2009 | 2010 | 2011 | 2012 | 2013 | 2014 | 2015 | 2016 | 2017 | 2018 | 2019 |
|---|---|---|---|---|---|---|---|---|---|---|---|---|
| 蜂蜜（万吨） | 5.97 | 5.61 | 5.57 | 5.78 | 5.86 | 5.69 | 6.06 | 6.19 | 5.54 | 5.11 | 6.43 | 6.20 |
| 蜂蜡（吨） | 2 192.49 | 2 217.96 | 2 016.15 | 1 966.20 | 1 867.90 | 2 009.99 | 1 862.23 | 1 438.53 | 1 844.36 | 1 617.54 | 1 683.74 | 1 650.01 |

## （二）各州蜂蜜生产情况

2018 年 5 月，尤卡坦州、坎佩切州和恰帕斯州是墨西哥蜂群数量最多的三个州，其中尤卡坦州的蜂群数量超过了 25 万群。恰帕斯州、韦拉克鲁斯州和尤卡坦州是蜂蜜产量最多的前三大州，其中恰帕斯州蜂蜜总产量达 5 324 吨。伊达尔哥州、哈利斯科州和南下加利福尼亚州蜂蜜单产最高，其中伊达尔哥州蜂蜜单产超过 52 千克/群。2018 年 5 月生产蜂蜡 1 514 吨，主要集中在韦拉克鲁斯、萨卡特卡斯、哈利斯科、恰帕斯和瓦哈卡 5 个州（表 6 - 46）。

表 6 - 46　2018 年 5 月墨西哥各州蜂群和蜂蜜蜂蜡生产情况

| | 登记的蜂群数量 | 生产的蜂蜜数量（吨） | 蜂群单产（千克/群） | 生产的蜂蜡数量（吨） |
|---|---|---|---|---|
| 阿瓜斯卡连特斯州 | 17 500 | 653 | 37.31 | — |
| 下加利福尼亚州 | 8 672 | 81 | 9.34 | 2 |
| 南下加利福尼亚州 | 4 680 | 202 | 43.16 | 9 |
| 坎佩切州 | 205 377 | 3 767 | 18.34 | 26 |
| 恰帕斯州 | 161 822 | 5 324 | 32.90 | 128 |
| 齐瓦瓦州 | 34 061 | 437 | 12.83 | — |
| 墨西哥城 | 4 000 | 101 | 25.25 | |
| 科阿韦拉州 | 2 650 | 71 | 26.79 | 6 |
| 科利马州 | 17 000 | 463 | 27.24 | 29 |
| 杜兰戈州 | 13 992 | 415 | 29.66 | 38 |
| 墨西哥州 | 40 657 | 952 | 23.42 | 25 |
| 瓜纳华托州 | 39 523 | 548 | 13.87 | — |
| 格雷罗州 | 81 194 | 2 101 | 25.88 | 84 |
| 伊达尔哥州 | 23 454 | 1 235 | 52.66 | 42 |
| 哈利斯科州 | 120 128 | 5 815 | 48.41 | 170 |
| 米却肯州 | 67 842 | 1 701 | 25.07 | 75 |
| 莫雷洛斯州 | 66 180 | 1 924 | 29.07 | — |
| 纳亚里特州 | 11 312 | 339 | 29.97 | 7 |

（续）

|  | 登记的蜂群数量 | 生产的蜂蜜数量（吨） | 蜂群单产（千克/群） | 生产的蜂蜡数量（吨） |
|---|---|---|---|---|
| 新莱昂州 | 4 720 | 167 | 35.38 | 3 |
| 瓦哈卡州 | 116 860 | 4 078 | 34.90 | 141 |
| 普埃布拉州 | 91 951 | 2 435 | 26.48 | 92 |
| 克雷塔罗州 | 2 028 | 50 | 24.65 | 1 |
| 金塔纳罗奥州 | 120 188 | 3 044 | 25.33 | 91 |
| 拉古内拉地区 | 9 579 | 190 | 19.84 | — |
| 圣路易斯波托西州 | 44 202 | 1 037 | 23.47 | 29 |
| 锡那罗亚州 | 19 237 | 134 | 6.97 | 0 |
| 索诺拉州 | 19 184 | 540 | 28.15 | — |
| 塔巴斯科州 | 10 542 | 381 | 36.14 | 11 |
| 塔毛利帕斯州 | 22 854 | 694 | 30.37 | 20 |
| 特拉斯卡拉州 | 32 003 | 985 | 30.78 | 17 |
| 韦拉克鲁斯州 | 138 009 | 4 704 | 34.08 | 210 |
| 尤卡坦州 | 250 073 | 4 351 | 17.40 | 82 |
| 萨卡特卡斯州 | 57 876 | 2 078 | 35.90 | 176 |
| 合计 | 1 859 350 | 50 997 | 27.43 | 1 514 |

表 6-47 显示，2019 年尤卡坦州、坎佩切州和哈利斯科州依旧是蜂蜜产量最多的前三大州。从蜂蜜单价看，全国蜂蜜价格为 40.15 比索/千克，米却肯州蜂蜜单价最高，为 52.03 比索/千克，比全国平均价格高 29.6%。尤卡坦州产值最高，占全国蜂蜜总产值的 11.5%，哈利斯科州由于蜂蜜价格高，因此其产值居于全国第二，占全国蜂蜜总产值的 11.5%。蜂蜜产量第四大州恰帕斯州也因为蜂蜜价格高而在产值上居于全国第三高，占比为 9.7%。

表 6-47　2019 年墨西哥蜂蜜主要生产州生产情况

|  | 产量（吨） | 单价（比索/千克） | 产值（万比索） |
|---|---|---|---|
| 尤卡坦州 | 9 809.75 | 29.22 | 28 663.33 |
| 坎佩切州 | 7 520.35 | 29.50 | 22 182.80 |
| 哈利斯科州 | 5 948.43 | 48.14 | 28 637.19 |
| 恰帕斯州 | 5 500.24 | 43.73 | 24 051.95 |
| 韦拉克鲁斯州 | 4 798.07 | 43.30 | 20 775.41 |
| 瓦哈卡州 | 4 667.77 | 42.61 | 19 889.84 |

（续）

|  | 产量（吨） | 单价（比索/千克） | 产值（万比索） |
|---|---|---|---|
| 金塔纳罗奥州 | 3 254.74 | 29.57 | 9 623.57 |
| 普埃布拉州 | 2 476.54 | 43.86 | 10 862.10 |
| 米却肯州 | 2 037.50 | 52.03 | 10 600.37 |
| 格雷罗州 | 2 028.87 | 44.85 | 9 099.70 |
| 其他州 | 13 943.71 | 46.25 | 64 495.26 |
| 合计 | 61 985.97 | 40.15 | 248 881.52 |

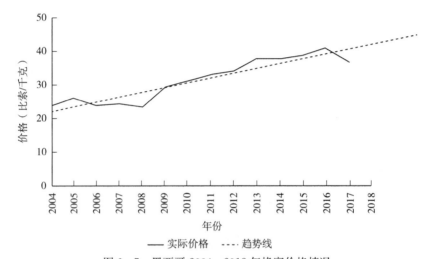

图 6-7　墨西哥 2004—2018 年蜂蜜价格情况

数据来源：引自 Francisco Javier Güemez Ricalde，2017。

图 6-7 显示，墨西哥蜂蜜价格近年呈增长趋势，但增长幅度不大，在 2010 年前基本为 20~30 比索/千克。2010 年后蜂蜜价格为 30~40 比索/千克。但各州的价格略有差别。2019 年蜂蜜单价最高的州是科阿韦拉州，单价为 52.28 比索/千克。最低的州是尤卡坦州，单价只有 29.22 比索/千克。32 个州中有 24 个州单价为 40~50 比索/千克，5 个州单价在 50 比索/千克以上，3 个州蜂蜜单价在 30 比索/千克以下。

## 三、蜂蜜进出口情况

### （一）蜂蜜进出口情况

几十年来，墨西哥一直是世界上蜂蜜的主要生产国和出口国。表 6-48 显示，墨西哥蜂蜜出口多于进口。2008—2018 年蜂蜜出口量总体上呈增长趋势，2015 年蜂蜜出口额最高，为 15 600 万美元，达到 12 年来的最高点。2009 年蜂蜜出口额最低，只有 8 120 万美元。

蜂蜜进口一直很少，除 2013 年蜂蜜进口额为 2.1 万美元，达到近年的最高点外，其他年份蜂蜜进口额始终在 2 万美元以下。2012 年蜂蜜没有进口。

表 6 - 48　2008—2018 年墨西哥蜂蜜进出口情况

| 年份 | 2008 | 2009 | 2010 | 2011 | 2012 | 2013 | 2014 | 2015 | 2016 | 2017 | 2018 |
| --- | --- | --- | --- | --- | --- | --- | --- | --- | --- | --- | --- |
| 进口额（万美元） | 0.8 | 0.3 | 0.3 | 0.4 | 0 | 2.1 | 0.3 | 1.5 | 1.0 | 0.7 | 1.6 |
| 出口额（万美元） | 8 380 | 8 120 | 8 570 | 9 030 | 10 100 | 11 200 | 14 700 | 15 600 | 9 370 | 10 500 | 12 000 |

数据来源：Panorama。

### （二）蜂蜜的进出口国家

墨西哥蜂蜜主要出口欧洲市场和美国。2012 年墨西哥蜂蜜出口到 22 个国家。2014 年墨西哥出口蜂蜜 3.6 万吨，其中出口到德国 16 739 吨，出口到美国 5 029 吨，出口到比利时 7 278 吨，出口到沙特阿拉伯 4 109 吨，出口到英国 3 233 吨。2016 年出口蜂蜜 4.5 万吨，其中出口到德国 13 103.4 吨，出口额为 0.43 亿美元。2017 年墨西哥蜂蜜出口 28 个国家，其中 41.2％的蜂蜜出口到德国，出口额为 36 846 079 美元；18.6％出口美国；其余的 40.2％出口到 26 个国家。2018 年墨西哥蜂蜜出口量为 36 067 吨，其中出口到德国 18 847 吨，出口额为 62 852 499 美元。其余蜂蜜出口到英国、美国、沙特阿拉伯、比利时等 27 个国家。

墨西哥自法国、匈牙利和西班牙进口蜂蜜。

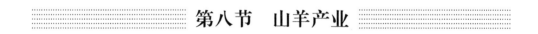

## 第八节　山羊产业

山羊养殖业是墨西哥畜牧业中产值第八高的行业。2018 年墨西哥人均山羊肉的消费量为 0.3 千克。

### 一、墨西哥山羊生产情况

#### （一）全国生产情况

表 6 - 49 显示，2008—2011 年墨西哥山羊肉生产呈增长趋势，2011—2015

年呈下降趋势，2015—2019 年呈增长趋势，但增长缓慢。2011 年墨西哥山羊肉产量为 4.39 万吨，达到 12 年来的最高点。2015 年产量最低，为 3.94 万吨。2018 年山羊肉产量达到 3.99 万吨，比 2017 年增加了 0.3%，产量占当年畜牧业产量的 0.2%，是世界第 24 大山羊肉生产国。2019 年山羊肉产量为 3.99 万吨，与 2018 年持平。

表 6 - 49　2008—2019 年墨西哥山羊肉生产情况

| 年份 | 2008 | 2009 | 2010 | 2011 | 2012 | 2013 | 2014 | 2015 | 2016 | 2017 | 2018 | 2019 |
|---|---|---|---|---|---|---|---|---|---|---|---|---|
| 产量（万吨） | 4.31 | 4.32 | 4.39 | 4.39 | 4.15 | 3.97 | 3.98 | 3.94 | 3.95 | 3.98 | 3.99 | 3.99 |

表 6 - 50 显示，2010—2019 年墨西哥山羊存栏量总体上稳定，2011 年存栏量曾达到 900.4 万头，是近 10 年来最高点。2019 年存栏量达到 879.2 万头，比 2010 年减少 2.2%。

表 6 - 50　2010—2019 年墨西哥山羊存栏情况

| 年份 | 2010 | 2011 | 2012 | 2013 | 2014 | 2015 | 2016 | 2017 | 2018 | 2019 |
|---|---|---|---|---|---|---|---|---|---|---|
| 产量（万头） | 899.3 | 900.4 | 874.4 | 866.5 | 868.8 | 872.5 | 875.5 | 872.5 | 875.0 | 879.2 |

（二）各州生产情况

墨西哥有 29 个州生产山羊肉。表 6 - 51 显示，萨卡特卡斯州、圣路易斯波托西州和科阿韦拉州是墨西哥前三大山羊肉生产州，其产量占比分别为 11.4%、10.4% 和 9.8%，合计占比为 31.6%。2019 年全国山羊肉价格为 67.51 比索/千克，价格最高的州是新莱昂州，为 90.62 比索/千克，比全国平均价格高 34.2%。萨卡特卡斯州山羊宰杀量也是全国最高，占全国山羊总宰杀量的 10.8%。其次是瓦哈卡州，宰杀量占比为 10.7%。

表 6 - 51　2019 年墨西哥各主要山羊肉生产州生产情况

| | 产量（吨） | 价格（比索/千克） | 产值（万比索） | 宰杀量（头） |
|---|---|---|---|---|
| 萨卡特卡斯州 | 4 540.45 | 66.55 | 30 215.60 | 236 138 |
| 圣路易斯波托西州 | 4 142.81 | 72.43 | 30 007.43 | 203 139 |
| 科阿韦拉州 | 3 925.87 | 66.94 | 26 280.24 | 200 940 |
| 普埃布拉州 | 3 878.56 | 51.04 | 19 796.68 | 193 019 |
| 瓦哈卡州 | 3 670.48 | 64.25 | 23 581.64 | 234 554 |

（续）

|  | 产量（吨） | 价格（比索/千克） | 产值（万比索） | 宰杀量（头） |
|---|---|---|---|---|
| 格雷罗州 | 3 647.50 | 65.96 | 24 058.21 | 192 246 |
| 米却肯州 | 2 494.90 | 65.45 | 16 330.23 | 132 847 |
| 哈利斯科州 | 1 856.37 | 77.68 | 14 420.99 | 86 685 |
| 新莱昂州 | 1 625.68 | 90.62 | 14 731.81 | 112 351 |
| 塔毛利帕斯州 | 1 437.88 | 69.52 | 9 996.46 | 117 626 |
| 其他州 | 8 716.62 | 69.04 | 60 179.7 | 485 055 |
| 合计 | 39 937.12 | 67.51 | 269 598.99 | 2 194 600 |

表 6-52 显示，2018 年普埃布拉州是山羊第一大存栏州。2019 年瓦哈卡州成为第一大山羊存栏州，普埃布拉州和金塔纳罗奥州分别是第二和第三大山羊存栏州，2019 年这 3 个州山羊存栏量分别占全国总存栏量的 13.6%、13.5% 和 8.2%，3 个州共集中了全国 35.3% 的山羊。

相比 2018 年，2019 年墨西哥山羊存栏量增长了 0.5%。普埃布拉州、萨卡特卡斯州和瓜纳华托州山羊存栏量下降，其中瓜纳华托州下降最多，减少了 2.1%，其次是萨卡特卡斯州，减少了 0.6%。其他州山羊存栏数均有增长，其中新莱昂州 2019 年山羊存栏量比 2018 年增长了 2.8%。

表 6-52　2018 和 2019 年墨西哥各州山羊存栏情况

|  | 2018 年存栏量（头） | 2019 年存栏量（头） | 2019 年与 2018 年对比（%） | 2019 年占比（%） |
|---|---|---|---|---|
| 普埃布拉州 | 1 195 568 | 1 190 799 | -0.4 | 13.5 |
| 瓦哈卡州 | 1 188 343 | 1 197 097 | 0.7 | 13.6 |
| 萨卡特卡斯州 | 716 984 | 712 685 | -0.6 | 8.1 |
| 金塔纳罗奥州 | 700 995 | 716 600 | 2.2 | 8.2 |
| 格雷罗州 | 666 661 | 671 204 | 0.7 | 7.6 |
| 科阿韦拉州 | 666 219 | 671 857 | 0.8 | 7.6 |
| 瓜纳华托州 | 450 085 | 440 637 | -2.1 | 5.0 |
| 米却肯州 | 471 251 | 480 564 | 2.0 | 5.5 |
| 新莱昂州 | 400 994 | 412 249 | 2.8 | 4.7 |
| 哈利斯科州 | 303 871 | 312 222 | 2.7 | 3.6 |
| 其他州 | 1 988 618 | 1 985 980 | -0.1 | 22.6 |
| 合计 | 8 749 589 | 8 791 894 | 0.5 | 100.0 |

## 二、墨西哥山羊肉进出口情况

### （一）进出口情况

墨西哥山羊肉出口多于进口。最近 10 年仅 2009 年和 2011 年有山羊肉进口，其他年份没有进口。2009 年进口额最高，达 2.13 万美元。

2009—2018 年山羊肉出口总体呈增长趋势。2018 年山羊肉出口额达 266.0 万美元，达到 10 年来的最高点，是 2017 年的 2.97 倍。2009 年出口额最低，只有 60.5 万美元（表 6-53）。

表 6-53　2009—2018 年墨西哥山羊肉进出口情况

| 年份 | 2009 | 2010 | 2011 | 2012 | 2013 | 2014 | 2015 | 2016 | 2017 | 2018 |
| --- | --- | --- | --- | --- | --- | --- | --- | --- | --- | --- |
| 进口额（万美元） | 2.13 | 0 | 0.000 1 | 0 | 0 | 0 | 0 | 0 | 0 | 0 |
| 出口额（万美元） | 60.5 | 66.7 | 78.7 | 59.4 | 49.1 | 85.8 | 150.6 | 82.6 | 89.7 | 266.0 |

### （二）出口国家

2018 年墨西哥山羊肉只出口到美国，出口额为 2 660 168 美元，其中 93% 为小山羊肉。

# 第七章 CHAPTER 7

# 墨西哥水产养殖业 ▶▶▶

墨西哥海岸线长 11 122 千米。其中，太平洋海岸 7 828 千米，墨西哥湾、加勒比海岸 3 294 千米，具备丰富的鱼类资源。墨西哥消费的鱼类和贝类主要包括沙丁鱼、罗非鱼、鲹鱼、鲨鱼、鲶鱼、虾和章鱼等。墨西哥在世界渔业和水产养殖产量中排名第 17 位，年平均产量超过 200 万吨，是章鱼的第三大生产国，沙丁鱼和虾产量排名世界第七，罗非鱼和龙虾世界排名第九。从业人员约 5.6 万人，注册 9 230 个农场，产值 400 多亿比索。

## 第一节　渔业生产情况

### 一、墨西哥渔业总体情况

#### （一）全国生产情况

表 7-1 显示，2011—2018 年墨西哥渔业生产呈增长趋势，产量不断提高，2018 年渔业活体重量达 217.26 万吨，比 2011 年增长 30.8%；到岸重为199.88 万吨，比 2011 年增长 32.6 %。其中，2017 年到岸重高达 200.77 万吨，达到 8 年来的最高点。渔业产值不断提高，2018 年渔业产值达到 8 年来的最高点 417.28 亿比索，是 2011 年的 2.35 倍。

表 7-1　2011—2018 年墨西哥渔业生产情况

| 年份 | 2011 | 2012 | 2013 | 2014 | 2015 | 2016 | 2017 | 2018 |
|---|---|---|---|---|---|---|---|---|
| 活体重（万吨） | 166.05 | 168.75 | 174.63 | 175.20 | 170.42 | 175.23 | 215.49 | 217.26 |
| 到岸重（万吨） | 150.72 | 151.63 | 159.44 | 163.43 | 160.74 | 165.33 | 200.77 | 199.88 |
| 产值（亿比索） | 177.86 | 190.22 | 198.55 | 241.10 | 314.90 | 356.64 | 397.81 | 417.28 |

2018 年墨西哥水产业总产量为 217.3 万吨（渔业产量 180 万吨，水产业产量 37.3 万吨），总产值 417.28 亿比索。表 7 - 2 显示，沙丁鱼产量最高，其次是虾、罗非鱼等。虾产值最高，其次是罗非鱼、章鱼等。

表 7 - 2　2018 年墨西哥主要水产品数量及产值

| 项目 | 虾 | 罗非鱼 | 章鱼 | 金枪鱼 | 龙虾 | 沙丁鱼 |
|---|---|---|---|---|---|---|
| 活体重（万吨） | 23.0 | 16.8 | 5.7 | 11.9 | 0.5 | 58.7 |
| 到岸重（万吨） | 21.8 | 16.5 | 5.3 | 11.8 | 0.5 | 50.6 |
| 产值（亿比索） | 169.20 | 31.98 | 26.51 | 25.12 | 10.52 | 6.23 |

### （二）水产养殖业情况

墨西哥水产业分为水产养殖和捕捞两部分。目前，人均水产品消费量已经达到 20.2 千克。捕捞业在 20 世纪 80 年代已经大力发展，因此，为了满足日益增长的水产品消费，墨西哥开始大力发展水产养殖业。最近 11 年，海水养殖以每年 2.1% 的速度增长。

2018 年水产业中 17.3% 来自水产养殖（其中 77% 为海水养殖）。海水养殖中，太平洋沿海水产养殖占 87.9%，墨西哥湾和加勒比海占 12.1%。海水养殖种类主要包括虾（79.6%）、牡蛎（13.9%）、沙丁鱼（5.5%）和龙虾（1.0%）等。锡那罗亚州是第一养殖大州，产量占比 40.0%；索诺拉州是第二养殖大州，产量占比 30.4%；韦拉克鲁斯州是第三养殖大州，产量占比 11.0%；下加利福尼亚州是第四养殖大州，产量占比 6.7%；纳亚里特州是第五养殖大州，产量占比 5.5%；南下加利福尼亚州是第六养殖大州，产量占比 2.9%。

## 二、各州生产情况

表 7 - 3 显示，2018 年索诺拉州、锡那罗亚州、南下加利福尼亚州、下加利福尼亚州和韦拉克鲁斯州是墨西哥前五大水产业生产州，这 5 个州的水产活体重量分别占全国水产总重量的 34.3%、16.1%、8.9%、8.6% 和 4.8%，合计占比 72.7%。从单价看，莫雷洛斯州、普埃布拉州、金塔纳罗奥州、尤卡坦州和纳亚里特州是全国水产单价最高的前五大州。从产值看，锡那罗亚州、

索诺拉州、纳亚里特州、南下加利福尼亚州和尤卡坦州是墨西哥水产业产值前五大州，产值在全国产值中的占比分别是 25.4%、18.9%、7.0%、6.9% 和 5.8%，合计占比 64.0%。

索诺拉州和下加利福尼亚州是上加利福尼亚湾的两个州，渔业是其重要的经济支柱。2017 年索诺拉州虾产量 79 279 吨，产值 643 013.4 万比索。沙丁鱼产量 336 907 吨，产值 30 942.0 万比索。鲅鱼产量 3 451 吨，产值 5 740 万比索。鲭鱼产量 57 632 吨，产值 13 364.4 万比索。黄花鱼产量 444 吨，产值 732 万比索。2017 年下加利福尼亚州虾产量 209 吨，产值 1 803.6 万比索。沙丁鱼产量 130 463 吨，产值 12 128.1 万比索。鲅鱼产量 4 599 吨，产值 7 860.8 万比索。鲭鱼产量 902 吨，产值 354.7 万比索。黄花鱼产量 4 283 吨，产值 9 151.9 万比索。

表 7 - 3 2018 年墨西哥各州水产生产情况

| | 活体重（吨） | 到岸重（吨） | 单价（比索/千克） | 产值（万比索） |
|---|---|---|---|---|
| 阿瓜斯卡连特斯州 | 153.39 | 151.69 | 21.83 | 331.1 |
| 下加利福尼亚州 | 185 698.77 | 161 137.61 | 12.19 | 196 353.6 |
| 南下加利福尼亚州 | 191 616.14 | 171 241.97 | 16.81 | 287 862.5 |
| 坎佩切州 | 69 025.74 | 66 968.77 | 27.34 | 183 079.9 |
| 恰帕斯州 | 61 232.27 | 60 614.81 | 21.94 | 133 018.0 |
| 齐瓦瓦州 | 1 123.14 | 1 067.09 | 32.87 | 3 507.7 |
| 科阿韦拉州 | 1 719.80 | 1 652.05 | 16.22 | 2 680.0 |
| 科利马州 | 29 851.63 | 29 634.47 | 24.62 | 72 973.0 |
| 杜兰戈州 | 1 089.30 | 1 072.02 | 31.72 | 3 346.3 |
| 瓜纳华托州 | 2 191.60 | 2 191.60 | 11.67 | 2 557.2 |
| 格雷罗州 | 24 490.68 | 24 120.38 | 26.63 | 64 234.6 |
| 伊达尔哥州 | 8 645.14 | 8 551.68 | 25.37 | 21 693.7 |
| 哈利斯科州 | 56 878.05 | 56 296.62 | 17.59 | 99 048.5 |
| 墨西哥州 | 22 252.70 | 22 234.83 | 30.56 | 67 940.0 |
| 米却肯州 | 32 649.89 | 31 776.51 | 20.83 | 66 179.8 |
| 莫雷洛斯州 | 408.93 | 408.93 | 109.19 | 4 465.0 |
| 纳亚里特州 | 78 946.38 | 76 429.22 | 38.41 | 293 532.3 |
| 新莱昂州 | 405.69 | 395.02 | 29.66 | 1 171.5 |
| 瓦哈卡州 | 17 673.03 | 16 980.58 | 29.13 | 49 466.1 |
| 普埃布拉州 | 4 114.83 | 4 102.39 | 60.38 | 24 770.4 |
| 克雷塔罗州 | 769.11 | 769.11 | 24.96 | 1 920.1 |

（续）

| | 活体重（吨） | 到岸重（吨） | 单价（比索/千克） | 产值（万比索） |
|---|---|---|---|---|
| 金塔纳罗奥州 | 3 570.85 | 3 188.07 | 57.04 | 18 183.9 |
| 圣路易斯波托西州 | 4 574.69 | 4 491.15 | 18.90 | 8 487.9 |
| 锡那罗亚州 | 347 379.97 | 326 502.00 | 32.53 | 1 061 987.9 |
| 索诺拉州 | 741 111.76 | 661 385.38 | 11.94 | 789 838.5 |
| 塔巴斯科州 | 50 912.73 | 50 902.18 | 16.42 | 83 587.4 |
| 塔毛利帕斯州 | 55 212.97 | 54 195.66 | 32.99 | 178 788.7 |
| 特拉斯卡拉州 | 493.13 | 493.13 | 20.00 | 986.4 |
| 韦拉克鲁斯州 | 103 913.10 | 103 081.26 | 19.97 | 205 899.5 |
| 尤卡坦州 | 58 169.65 | 53 428.38 | 44.96 | 240 211.6 |
| 萨卡特卡斯州 | 3 374.74 | 3 374.59 | 14.06 | 4 743.6 |
| 合计 | 2 159 649.80 | 1 998 839.15 | — | 4 172 846.6 |

## 三、墨西哥政府在渔业生产中的做法和措施

为保证本国渔业生产，墨西哥通过制定渔业的捕捞限量和捕捞时间，来保护渔业资源；通过项目支持和资助，推动渔业生产。通过加大执法力度，打击非法捕捞，以实现渔业可持续发展。

### 1. 制定捕捞限量和禁渔规定

为规范鱼类捕捞，保护渔业资源，墨西哥制定了《国家渔业宪章》，宪章分别有2000年、2004年、2006年、2010年（包括2010年、2010年Ⅱ版和2010年Ⅲ版等3个版本）、2012年和2017年版，现行的2017年版是2018年6月11日以联合公报形式颁布实施的。宪章规定了各种鱼类和贝类的采集时间、地点和方式，确定了捕捞活动必须遵循的策略和方法。

为合法和有序捕捞蓝鳍沙丁鱼、石斑鱼和虾等渔业资源，墨西哥于2020年4月6日公布了禁渔规定，规定了永久禁渔、固定的临时禁捕和可变的临时禁捕目录。2020年墨西哥首次宣布，蓝鳍沙丁鱼捕捞重量限定在3 268吨，直鳍犬牙石首鱼（*Cynoscion othonopterus*）在加利福尼亚湾和科罗拉多河的总捕捞配额为4 128吨。禁渔规定还公布了所有虾类的禁渔时间和区域。从2020年6月15日至当年11月15日，在联邦管辖太平洋区域（包括加利福尼亚

湾），禁止捕捞蓝龙虾（*Panulirus inflatus*）、绿龙虾（*Panulirus gracilis*）和红龙虾（*Panulirus interruptus*）。在锡那罗亚州纳瓦拉托（Navolato）和库里亚坎（Culiacán）设立期限为两年的巧克力蛤临时禁渔期。

**2. 设定了渔业生产计划**

为促进渔业生产，墨西哥制定了渔业和水产业生产力发展计划以及渔船改造计划等。2019年，墨西哥政府下发《渔业捕捞者和水产养殖者福利计划》，该计划资助了50 094个生产者，每人7 200比索，总额度为3.607亿比索。2019年6月，墨农业部在锡那罗亚州开展后期幼体辅助捕捞试验计划，繁殖了5 270万对虾后期幼体，惠及32个合作社的2 714个生产者。在虾辅助捕捞试验计划下，虾产量达到205吨，增产超过1倍。

2020年度《渔业捕捞者和水产养殖者福利计划》，政府下发资金为13.917亿比索，计划资助193 200名渔民和水产养殖者，用以鼓励牡蛎、鳟鱼、罗非鱼和虾的小生产者。根据所饲养的种类，生产者资助范围5万~100万单位的种子、鱼苗或幼贝。每个小型生产者资助7 200比索。其中，资助塔毛利帕斯州2 900多名生产者9 107万比索，包括4 600万比索的能源资助奖励。2020年资助人数比以往增加了近4倍。

在渔业的基础设施及工程方面，国家自然灾害基金（Fonden）承担了7 082万比索的基础设施工程。至2019年年底，政府已经累计投入了16 189万比索用于提高渔业和水产生产力。

**3. 加大渔业执法检查力度**

为打击非法捕捞，墨西哥政府加大执法力度。2019年共确定了787个市场检查和928个渔业和水产品检查点，检查主要有白虾、罗非鱼、鲶鱼、鲢鱼、鲟鱼、鲈鱼、鳐鱼等。如果生产者没有其合法来源证明，产品将被扣押、捐献或销毁。2019年墨政府在墨西哥城进行了7 930次检查。2019年9月在纳亚里特州、锡那罗亚州、下加利福尼亚州和墨西哥城分别开展执法行动，分别扣留了6 275千克、4 822千克、1 285千克和107 197千克不符合销售或消费标准的鱼。

根据报告，下加利福尼亚、南下加利福尼亚、坎佩切、科利马、墨西哥城、米却肯、纳亚里特、金塔纳罗奥、锡那罗亚、索诺拉和尤卡坦11个州都存在因不遵守必要管制措施而遭到扣押的现象。

<br>

<br>

# 第二节 虾 产 业

　　虾是墨西哥水产业中产值最高的行业。2017 年墨西哥虾的人均消费量达 1.6 千克，2018 年消费量达 1.7 千克。

## 一、墨西哥全国虾生产情况

### （一）全国虾生产情况

　　2012 年墨西哥虾产量为 161 852 吨，占当年水产业产量的 9.6％，为世界第八大虾生产国。2017 年虾产量达到 221 695 吨，占当年水产业产量的 10.7％，是世界第七大虾生产国。2018 年虾产量达到 230 381 吨，占当年水产业产量的 10.7％，保持世界第七大虾生产国位置。表 7-4 显示，2011—2018 年墨西哥虾生产呈增长趋势。不论虾的产量、价格，还是产值，均呈增长趋势。2018 年虾的活体重比 2011 年增长了 25.0％，到岸重增长了 31.3％。虾的价格在 2017 年最高，达到 82.01 比索/千克，比最低年 2011 年增长 76.5％。虾的产值也在 2017 年达到 8 年来的最高点，是产值最低的 2013 年产值的 2.36 倍。

表 7-4　2011—2018 年墨西哥虾生产情况

| 年份 | 2011 | 2012 | 2013 | 2014 | 2015 | 2016 | 2017 | 2018 |
|---|---|---|---|---|---|---|---|---|
| 活体重（万吨） | 18.4 | 16.2 | 12.8 | 15.8 | 22.4 | 22.5 | 22.8 | 23.0 |
| 到岸重（万吨） | 16.6 | 14.7 | 11.6 | 14.4 | 21.3 | 21.4 | 21.6 | 21.8 |
| 价格（比索/千克） | 46.47 | 52.04 | 65.06 | 64.71 | 70.13 | 77.48 | 82.01 | 77.61 |
| 产值（亿比索） | 77.0 | 76.3 | 75.2 | 93.2 | 149.1 | 167.7 | 177.1 | 169.2 |

### （二）各州生产情况

　　表 7-5 显示，锡那罗亚州、索诺拉州、纳亚里特州和塔毛利帕斯州一直是墨西哥虾生产的前四大生产州。2018 年南下加利福尼亚州因减产而被坎佩切州超越，成为虾的第六大生产州，坎佩切州成为第五大虾生产州。2018 年恰帕斯州也因减产太多，被瓦哈卡州超越，成为虾的第十大生产州。

　　2017 年锡那罗亚州、索诺拉州和纳亚里特州的虾产量分别占全国总产量的 36.7%、36.1%和 9.4%，合计占全国总产量的 82.2%。2018 年前三大州的虾产量分别占全国总产量的 45.6%、30.9%和 7.7%，合计占全国总产量的 84.2%。

相比 2012 年，2017 年全国虾产量增长了 37.0%。除坎佩切州减产 36.3%外，其他州虾产量均有增长，其中科利马州增产最多，达 90.9%；第二大州索诺拉州增产 69.9%；第一大州锡那罗亚州和第三大州纳亚里特州分别增产 27.4%和 50.7%。

相比 2017 年，2018 年全国虾鱼产量增长了 3.9%。锡那罗亚州、塔毛利帕斯州、坎佩切州和科利马州虾产量都有增长，其中第一大州锡那罗亚州增产最多，达 29.1%。其次是科利马州，增产 17.0%，塔毛利帕斯州和坎佩切州分别增产 14.8%和 5.2%。其他州均为减产，其中南下加利福尼亚州减产最多，达 46.9%。其次是恰帕斯州，减产 44.4%，第二大州索诺拉州和第三大州纳亚里特州则分别减产 11.1%和 15.4%。

表 7-5 2012 年、2017 年和 2018 年墨西哥各州的虾鱼生产情况

| | 产量（吨） | | | 变化情况（%） | |
|---|---|---|---|---|---|
| | 2012 年 | 2017 年 | 2018 年 | 2017 年与 2012 年对比 | 2018 年与 2017 年对比 |
| 锡那罗亚州 | 63 870 | 81 355 | 105 021 | 27.4 | 29.1 |
| 索诺拉州 | 47 116 | 80 030 | 71 146 | 69.9 | -11.1 |
| 纳亚里特州 | 13 831 | 20 837 | 17 633 | 50.7 | -15.4 |
| 塔毛利帕斯州 | 12 205 | 13 210 | 15 160 | 8.2 | 14.8 |
| 南下加利福尼亚州 | 7 652 | 9 081 | 4 823 | 18.7 | -46.9 |
| 坎佩切州 | 7 647 | 4 871 | 5 122 | -36.3 | 5.2 |
| 科利马州 | 1 946 | 3 714 | 4 345 | 90.9 | 17.0 |
| 韦拉克鲁斯州 | 2 020 | 3 268 | 2 892 | 61.8 | -11.5 |
| 恰帕斯州 | 1 939 | 1 966 | 1 093 | 1.4 | -44.4 |
| 瓦哈卡州 | 1 549 | 1 962 | 1 765 | 26.7 | -10.0 |
| 其他州 | 2 078 | 1 399 | 1 382 | -32.7 | -1.2 |
| 合计 | 161 853 | 221 693 | 230 382 | 37.0 | 3.9 |

## 三、墨西哥虾进出口情况

### （一）进出口情况

墨西哥虾出口多于进口。2009—2012 年进口额在 1 亿美元以下，2013—

2018 年进口额在 1 亿美元以上。2014 年墨西哥进口额最高，达 2.68 亿美元。2009 年进口额最低，只有 0.69 亿美元。2017 年墨西哥进口了 19 926 吨虾，进口额为 1.19 亿美元。2018 年虾进口量为 18 158 吨，比 2017 年减少了 8.9%，进口额为 1.01 亿美元，比 2017 年下降了 15.1%。

2008—2018 年除 2017 年虾出口额为 3.85 亿美元，达到 11 年来的最高点外，其他年份，虾的出口额在 2.3 亿～3.4 亿美元。2010 年虾的出口额最低，只有 2.39 亿美元。2017 年墨西哥出口了 38 238 吨虾，出口额为 3.85 亿美元。2018 年虾出口量为 33 469 吨，比 2017 年减少了 12.5%，出口额为 3.24 亿美元，比 2017 年减少了 15.8%（表 7-6）。

表 7-6　2008—2018 年墨西哥虾进出口情况

| 年份 | 2008 | 2009 | 2010 | 2011 | 2012 | 2013 | 2014 | 2015 | 2016 | 2017 | 2018 |
|---|---|---|---|---|---|---|---|---|---|---|---|
| 进口额（亿美元） | 1.16 | 0.69 | 0.98 | 0.97 | 0.76 | 1.59 | 2.68 | 1.71 | 1.20 | 1.19 | 1.01 |
| 出口额（亿美元） | 3.04 | 2.95 | 2.39 | 3.24 | 2.63 | 2.74 | 3.19 | 3.33 | 3.13 | 3.85 | 3.24 |

### （二）进出口国家

2012 年墨西哥虾出口 13 个国家，2017 年出口 16 个国家。2017 年墨西哥生产的 47.7% 的虾出口，其中有 77.1% 虾出口到美国，出口额为 311 201 044 美元，占墨西哥全部虾出口额的 80.8%。此外，虾还出口法国和越南。2018 年墨西哥向美国出口了 256 994 038 美元的虾，占其全部虾出口额的 79%。此外，虾还出口到越南、法国、日本、西班牙、中国、印度、意大利、多米尼加、泰国和希腊等国家。

墨西哥主要从中国、危地马拉、尼加拉瓜、洪都拉斯、泰国、美国、印度、越南、挪威和伯利兹进口虾。

## 第三节　银鲈产业

银鲈是墨西哥渔业中产值第二高行业。2012 年墨西哥银鲈产量为 77 547 吨，占当年水产业产量的 4.6%，为世界第十大银鲈生产国。2017 年银鲈产量达到 163 714 吨，占当年水产业产量的 7.9%，为世界第九大银鲈生产国。2018 年银鲈产量达到 168 359 吨，占当年水产业产量的 7.8%，保持世界第九大银鲈生产国位置。2017年和2018年墨西哥银鲈人均消费量均为2千克。

## 一、墨西哥银鲈生产情况

### （一）全国生产情况

表7-7显示，2011—2018年墨西哥银鲈生产呈增长趋势。2011—2016年银鲈产量呈增长趋势。2016年银鲈的产量最高，其活体重是2011年的2.41倍。2016—2018年银鲈的产量呈下降趋势。2017年银鲈产量为163 714吨，产值为34.88亿比索。2018年银鲈产量为168 359吨，比2017年增长2.8%。产值为31.98亿比索，比2017年减少8.3%。

2017年银鲈价格最高，为19.76比索/千克，比最低年2011年增长26.0%。2017年银鲈产值也达到8年来的最高点，是产值最低的2011年的3.04倍。

表7-7 **2011—2018年墨西哥银鲈生产情况**

| 年份 | 2011 | 2012 | 2013 | 2014 | 2015 | 2016 | 2017 | 2018 |
|---|---|---|---|---|---|---|---|---|
| 活体重（万吨） | 7.59 | 7.75 | 10.20 | 12.89 | 13.51 | 18.31 | 17.99 | 16.84 |
| 到岸重（万吨） | 7.32 | 7.41 | 9.97 | 12.65 | 13.23 | 18.01 | 17.65 | 16.50 |
| 价格（比索/千克） | 15.68 | 18.67 | 18.54 | 16.66 | 16.66 | 16.66 | 19.76 | 19.38 |
| 产值（亿比索） | 11.47 | 13.84 | 18.49 | 21.07 | 22.05 | 30.01 | 34.88 | 31.98 |

### （二）各州生产情况

表7-8显示，2012年米却肯州、韦拉克鲁斯州和恰帕斯州是墨西哥银鲈生产的前三大生产州，2017年和2018年哈利斯科州、恰帕斯州和米却肯州成为墨西哥银鲈生产的前三大生产州。2018年锡那罗亚州超越纳亚里特州和韦拉克鲁斯州，成为银鲈的第四大生产州。

2017年哈利斯科州、恰帕斯州和米却肯州银鲈产量分别占全国总产量的20.8%、16.3%和14.6%，合计占比51.7%。2018年前三大州产量占比分别为21.3%、16.8%和10.5%，合计占比48.6%。

相比2012年，2017年全国银鲈产量增长了111.1%。前十大银鲈生产州产量均有增长，其中哈利斯科州增产最多，达715.6%；其次是墨西哥州，增产337.4%；格雷罗州增产279.6%，恰帕斯州增产142.8%。

相比 2017 年，2018 年全国银鲈鱼产量增加了 2.8%。米却肯州、韦拉克鲁斯州、格雷罗州和伊达尔哥州均减产，其中米却肯州减产最多，达 26.5%。其他州银鲈产量均有增长，其中锡那罗亚州增产最多，达 47.4%。其次是纳亚里特州，增产 13.6%，塔巴斯科州增产 8.0%；第一大州哈利斯科州和第二大州恰帕斯州分别增产 5.5% 和 6.0%。

表 7-8　2012 年、2017 年和 2018 年墨西哥各州银鲈生产情况

| | 产量（吨） | | | 变化情况（%） | |
|---|---|---|---|---|---|
| | 2012 年 | 2017 年 | 2018 年 | 2017 年与 2012 年对比 | 2018 年与 2017 年对比 |
| 哈利斯科州 | 4 170 | 34 011 | 35 887 | 715.6 | 5.5 |
| 恰帕斯州 | 10 962 | 26 621 | 28 230 | 142.8 | 6.0 |
| 米却肯州 | 13 330 | 23 954 | 17 615 | 79.7 | −26.5 |
| 纳亚里特州 | 7 990 | 12 577 | 14 292 | 57.4 | 13.6 |
| 韦拉克鲁斯州 | 11 292 | 12 476 | 12 386 | 10.5 | −0.7 |
| 锡那罗亚州 | 6 017 | 11 906 | 17 553 | 97.9 | 47.4 |
| 塔巴斯科州 | 3 840 | 7 053 | 7 620 | 83.7 | 8.0 |
| 格雷罗州 | 1 533 | 5 819 | 5 674 | 279.6 | −2.5 |
| 墨西哥州 | 1 100 | 4 811 | 4 948 | 337.4 | 2.8 |
| 伊达尔哥州 | 3 991 | 4 581 | 4 457 | 14.8 | −2.7 |
| 其他州 | 13 322 | 19 905 | 19 697 | 49.4 | −1.0 |
| 合计 | 77 547 | 163 714 | 168 359 | 111.1 | 2.8 |

## 二、银鲈进出口情况

### （一）进出口情况

表 7-9 显示，2008—2012 年墨西哥银鲈进口多于出口。2013—2018 年出口量多于进口量。2008—2018 年进口额呈增长趋势。2014 年进口额最高，达 2.01 亿美元。2009 年进口额最低，只有 0.57 亿美元。2017 年墨西哥进口了 63 706 吨银鲈，进口额为 1.43 亿美元。2018 年银鲈进口量为 86 307 吨，比 2017 年增加了 35.5%，进口额为 1.99 亿美元，比 2017 年增加了 39.2%。

2008—2015 年银鲈出口量呈增长趋势，2015 年出口额最高，达 3 190 万美元，为 11 年来的最高点。2015—2018 年出口额呈下降趋势。2008 年银鲈出口额最低，只有 4 万美元。2017 年墨西哥出口了 3 097 吨银鲈，出口额为 1 990 万美元。2018 年银鲈出口量为 3 020 吨，比 2017 年减少了 2.5%；出口额为 1 820 万美元，比 2017 年减少了 8.5%。

表 7 - 9　2008—2018 年墨西哥银鲈进出口情况

表 7 - 9　2008—2018 年墨西哥银鲈进出口情况

| 年份 | 2008 | 2009 | 2010 | 2011 | 2012 | 2013 | 2014 | 2015 | 2016 | 2017 | 2018 |
|---|---|---|---|---|---|---|---|---|---|---|---|
| 进口额（亿美元） | 0.73 | 0.57 | 1.00 | 1.41 | 1.11 | 1.80 | 2.01 | 1.38 | 1.52 | 1.43 | 1.99 |
| 出口额（万美元） | 4 | 10 | 5 | 119 | 60 | 1 040 | 2 910 | 3 190 | 2 350 | 1 990 | 1 820 |

数据来源：panorama。

### （二）进出口国家

2017 年墨西哥银鲈出口到美国和越南等，其中出口美国 19 763 505 美元，占墨西哥银鲈出口额的 99.3%。2018 年出口美国 18 098 554 美元，占银鲈出口额的 99.4%。此外，银鲈还出口到瑞士、多米尼加、韩国、日本、西班牙和德国等。

墨西哥主要从中国进口银鲈。2017 年墨西哥从中国进口了 62 727 吨银鲈，占墨西哥全部银鲈进口量的 98.5%，进口额为 1.415 亿美元，占全部进口额的 99.0%。2018 年银鲈的主要进口国包括中国、越南、加拿大、智利、哥斯达黎加、洪都拉斯、美国等。

# 第四节　章鱼产业

章鱼是墨西哥渔业产值第三高行业。墨西哥是世界第三大章鱼生产国。2012 年墨西哥章鱼产量为 30 958 吨，占当年全国水产业产量的 1.8%。2017 年产量达到 38 804 吨，占当年水产业产量的 1.8%。2018 年产量增长为 56 754 吨，占当年水产业产量的 2.6%。2017 年墨西哥人均消费章鱼 0.2 千克，2018 年人均消费 0.4 千克。

## 一、墨西哥章鱼生产情况

### （一）全国生产情况

表 7 - 10 显示，2011—2018 年墨西哥章鱼产量、价格和产值均呈增长趋势。2018 年章鱼产量最高，达 5.68 万吨，其活体重是最低年 2011 年的 2.07 倍，到岸重是 2011 年的 2.11 倍。2018 年章鱼产值达到 8 年来的最高点，达 26.51 亿比索，是产值最低的 2013 年产值的 3.05 倍。章鱼价格在 2017 年达到

最高，为 55.00 比索/千克，是最低年 2012 年的 2.03 倍。

表 7-10　2011—2018 年墨西哥章鱼生产情况

| 年份 | 2011 | 2012 | 2013 | 2014 | 2015 | 2016 | 2017 | 2018 |
|---|---|---|---|---|---|---|---|---|
| 活体重（万吨） | 2.75 | 3.10 | 2.48 | 3.56 | 3.80 | 3.89 | 3.88 | 5.68 |
| 到岸重（万吨） | 2.56 | 2.89 | 2.34 | 3.33 | 3.59 | 3.65 | 3.65 | 5.39 |
| 价格（比索/千克） | 33.92 | 27.03 | 27.71 | 32.27 | 27.79 | 33.85 | 55.00 | 49.18 |
| 产值（亿比索） | 8.68 | 7.81 | 6.48 | 10.73 | 9.98 | 12.36 | 20.06 | 26.51 |

## （二）各州生产情况

表 7-11 显示，尤卡坦州、坎佩切州和南下加利福尼亚州始终是墨西哥章鱼生产的前三大生产州。2012 年金塔纳罗奥州和哈利斯科州是墨西哥章鱼生产的第四和第五大州。2017 年格雷罗州和哈利斯科州成为第四和第五大州，2018 年索诺拉州和金塔纳罗奥州则成为第四和第五大州。

2017 年尤卡坦州、坎佩切州和南下加利福尼亚州的章鱼产量分别占全国总产量的 64.7%、21.8% 和 3.2%，合计占比 89.7%。2018 年前三大州产量占比分别为 65.1%、26.3% 和 3.0%，合计占比 94.4%。

相比 2012 年，2017 年全国章鱼产量增长了 25.3%。前十大章鱼生产州中除坎佩切州和金塔纳罗奥州分别减产 14.3% 和 25.0% 外，其他州产量均有增长，其中纳亚里特州增产最多，达 1 863.6%，其次是格雷罗州，增产 305.3%；韦拉克鲁斯州和南下加利福尼亚州分别增产 184.3% 和 124.1%；哈利斯科州增产 104.1%。第一大州尤卡坦州增产 30.3%。

相比 2017 年，2018 年全国章鱼产量增长了 46.3%。主要生产州中除格雷罗州和韦拉克鲁斯州分别减产 6.0% 和 4.2% 以外，其他州产量均有增长，其中金塔纳罗奥州增产最多，达 149.4%；其次是索诺拉州，增产 126.2%，第一大州尤卡坦、第二大州坎佩切州和第三大州南下加利福尼亚州分别增产 47.1%、76.9% 和 36.4%。

表 7-11　2012 年、2017 年和 2018 年各州章鱼生产情况

| | 产量（吨） | | | 变化情况（%） | |
|---|---|---|---|---|---|
| | 2012 年 | 2017 年 | 2018 年 | 2017 年与 2012 年对比 | 2018 年与 2017 年对比 |
| 尤卡坦州 | 19 280 | 25 122 | 36 965 | 30.3 | 47.1 |
| 坎佩切州 | 9 850 | 8 444 | 14 934 | −14.3 | 76.9 |

（续）

| | 产量（吨） | | | 变化情况（％） | |
|---|---|---|---|---|---|
| | 2012 年 | 2017 年 | 2018 年 | 2017 年与 2012 年对比 | 2018 年与 2017 年对比 |
| 南下加利福尼亚州 | 551 | 1 235 | 1 684 | 124.1 | 36.4 |
| 格雷罗州 | 131 | 531 | 499 | 305.3 | −6.0 |
| 哈利斯科州 | 219 | 447 | 510 | 104.1 | 14.1 |
| 韦拉克鲁斯州 | 108 | 307 | 294 | 184.3 | −4.2 |
| 索诺拉州 | 157 | 271 | 613 | 72.6 | 126.2 |
| 金塔纳罗奥州 | 308 | 231 | 576 | −25.0 | 149.4 |
| 纳亚里特州 | 11 | 216 | 271 | 1 863.6 | 25.5 |
| 下加利福尼亚州 | 179 | 181 | 206 | 1.1 | 13.8 |
| 其他州 | 164 | 1 819 | 202 | 1 009.1 | −88.9 |
| 合计 | 30 958 | 38 804 | 56 754 | 25.3 | 46.3 |

## 二、进出口情况

### （一）进出口情况

表 7-12 显示，墨西哥章鱼出口多于进口。进口不稳定，2017 年进口额最高，达 360 万美元。2010 年进口额最低，只有 80 万美元。2017 年墨西哥进口了 661 吨章鱼，进口额为 360 万美元。2018 年章鱼进口量为 382 吨，比 2017 年减少了 42.2％；进口额为 240 万美元，比 2017 年减少了 33.3％。

2008—2011 年章鱼出口呈增长趋势，2011 年出口额最高，达 10 530 万美元，为 11 年来的最高点。2011—2013 年呈下降趋势。2013—2018 年经过小幅上升和下降后出口又有增长。2008 年章鱼出口额最低，只有 1 210 万美元。2017 年出口了 7 183 吨章鱼，出口额为 5 650 万美元。2018 年章鱼出口量为 13 019 吨，比 2017 年增长了 81.2％；出口额为 10 130 万美元，比 2017 年增长了 79.3％。

表 7-12　2008—2018 年墨西哥章鱼进出口情况

| 年份 | 2008 | 2009 | 2010 | 2011 | 2012 | 2013 | 2014 | 2015 | 2016 | 2017 | 2018 |
|---|---|---|---|---|---|---|---|---|---|---|---|
| 进口额（万美元） | 350 | 270 | 80 | 100 | 260 | 280 | 130 | 130 | 90 | 360 | 240 |
| 出口额（万美元） | 1 210 | 3 050 | 6 850 | 10 530 | 4 670 | 3 060 | 5 600 | 6 130 | 5 720 | 5 650 | 10 130 |

数据来源：panorama。

## （二）进出口国家

墨西哥章鱼主要出口西班牙、日本和意大利等 16 个国家。2017 年墨西哥出口 24 098 879 美元章鱼到意大利，占墨西哥全部章鱼出口额的 42.7%。2018 年墨西哥向意大利出口了 5 200 吨、39 799 961 美元的章鱼，占墨西哥章鱼出口额的 39.3%。2018 年，墨西哥章鱼还出口到美国、哥伦比亚、葡萄牙、乌拉圭、越南、希腊、中国、日本和法国等。

墨西哥从印度尼西亚、菲律宾、越南、中国、西班牙、美国、日本、智利、葡萄牙和泰国进口章鱼。

# 第五节　金枪鱼产业

金枪鱼是墨西哥渔业中经济价值第四高行业。2012 年墨西哥金枪鱼产量为 97 872 吨，占当年渔业总产量的 5.8%，为世界第 11 大金枪鱼生产国；2017 和 2018 年金枪鱼产量分别为 9.71 万吨和 119 297 吨，占当年渔业总产量的 4.7%，为世界金枪鱼第 13 大生产国；人均金枪鱼年消费量为 1.1 千克。

墨西哥金枪鱼主要有鲣鱼（*Katsawonus pelamis*）、长鳍金枪鱼（*Thunnus alalunga*）、黄鳍金枪鱼（*Thunnus albacares*）和大眼金枪鱼（*Thunnus obesus*）。

## 一、墨西哥金枪鱼生产情况

### （一）全国生产情况

表 7 - 13 显示，2011—2014 年墨西哥金枪鱼产量呈增长趋势。2014 年金枪鱼产量为 16.24 万吨，达到 8 年来的最高点，2017 年金枪鱼产量处于 8 年来的最低点，只有 9.71 万吨。2014—2017 年产量呈下降趋势，2018 年产量为 11.90 万吨，比 2017 年增长了 22.6%。2011—2016 年金枪鱼价格呈增长趋势，2016—2017 年价格呈下跌趋势。2016 年金枪鱼价格为 27.57 比索/千克，处于 8 年来的最高点，是价格最低年 2011 年单价的 2.5 倍。从产值看，2016 年金枪鱼产值最高，达到 31.15 亿比索。2012 年产值最低，只有 11.08 亿比索。

表 7-13　2011—2018 年墨西哥金枪鱼生产情况

| 年份 | 2011 | 2012 | 2013 | 2014 | 2015 | 2016 | 2017 | 2018 |
|---|---|---|---|---|---|---|---|---|
| 活体重（万吨） | 11.00 | 9.79 | 12.92 | 16.24 | 12.99 | 11.40 | 9.71 | 11.90 |
| 到岸重（万吨） | 10.95 | 9.75 | 12.88 | 16.15 | 12.91 | 11.30 | 9.64 | 11.80 |
| 价格（比索/千克） | 11.01 | 11.36 | 13.25 | 12.94 | 22.64 | 27.57 | 25.16 | 21.29 |
| 产值（亿比索） | 12.05 | 11.08 | 17.07 | 20.91 | 29.24 | 31.15 | 24.24 | 25.12 |

## （二）各州生产情况

表 7-14 显示，2012 年锡那罗亚州、科利马州和恰帕斯州是墨西哥金枪鱼的前三大生产州。2017 和 2018 年恰帕斯州超越科利马州，成为金枪鱼第二大生产州。2017 年锡那罗亚州、恰帕斯州和利马州金枪鱼产量分别占全国总产量的 53.6%、18.7% 和 12.2%，合计占全国总产量的 84.5%。2018 年前三大州的金枪鱼产量分别占全国总产量的 57.7%、14.8% 和 12.2%，合计占全国总产量的 84.7%。

相比 2012 年，2017 年全国金枪鱼产量减少了 0.8%。锡那罗亚州、科利马州、韦拉克鲁斯州和南下加利福尼亚州均减产，其中科利马州减产最多，达44.3%，韦拉克鲁斯州减产 8.6%，第一大州锡那罗亚州减产 7.9%。其他州金枪鱼产量均有增长，其中格雷罗州增产最多，达 1 032.7%。其次是纳亚里特州，增产 422.5%，瓦哈卡州和下加利福尼亚州分别增产 213.1% 和 190.2%。

相比 2017 年，2018 年全国金枪鱼产量增长了 22.9%。锡那罗亚州、科利马州、下加利福尼亚州和瓦哈卡州均有增长，其中瓦哈卡州增产最多，达41.8%；下加利福尼亚州增产 39.2%；第一大州锡那罗亚州和第三大州科利马州分别增产 32.2% 和 23.1%。其他州均有减产，其中南下加利福尼亚州减产最多，达 57.6%。其次是格雷罗州，减产 46.3%，韦拉克鲁斯州减产17.6%。第二大州恰帕斯州减产 2.7%。

表 7-14　2012 年、2017 年和 2018 年墨西哥各州的金枪鱼生产情况

| | 产量（吨） | | | 变化情况（%） | |
|---|---|---|---|---|---|
| | 2012 年 | 2017 年 | 2018 年 | 2017 年与 2012 年对比 | 2018 年与 2017 年对比 |
| 锡那罗亚州 | 56 470 | 52 013 | 68 785 | −7.9 | 32.2 |
| 恰帕斯州 | 13 926 | 18 162 | 17 664 | 30.4 | −2.7 |

（续）

| | 产量（吨） | | | 变化情况（%） | |
|---|---|---|---|---|---|
| | 2012 年 | 2017 年 | 2018 年 | 2017 年与 2012 年对比 | 2018 年与 2017 年对比 |
| 科利马州 | 21 226 | 11 818 | 14 549 | −44.3 | 23.1 |
| 下加利福尼亚州 | 3 455 | 10 026 | 13 952 | 190.2 | 39.2 |
| 韦拉克鲁斯州 | 1 618 | 1 479 | 1 219 | −8.6 | −17.6 |
| 纳亚里特州 | 227 | 1 186 | 1 147 | 422.5 | −3.3 |
| 瓦哈卡州 | 305 | 955 | 1 354 | 213.1 | 41.8 |
| 格雷罗州 | 49 | 555 | 298 | 1 032.7 | −46.3 |
| 南下加利福尼亚州 | 476 | 458 | 194 | −3.8 | −57.6 |
| 哈利斯科州 | 69 | 85 | 96 | 23.2 | 12.9 |
| 其他州 | 51 | 332 | 39 | 551.0 | −88.3 |
| 合计 | 97 872 | 97 069 | 119 297 | −0.8 | 22.9 |

## 二、墨西哥金枪鱼进出口情况

### （一）进出口情况

墨西哥金枪鱼出口多于进口。2008—2018 年金枪鱼进出口量均有增长，2009 年金枪鱼进出口额均最低。2018 年金枪鱼出口额达到 11 年来的最高点，出口额是 2009 年的 6.6 倍（表 7-15）。2017 年墨西哥出口了 45 793 吨金枪鱼，出口额为 22 800 万美元。2018 年金枪鱼出口量为 52 284 吨，比 2017 年增长了 14.2%。

2017 年进口额为 11 年来的最高点，是 2009 年的 16.4 倍。2017 年墨西哥进口了 82 504 吨金枪鱼，进口额为 21 700 万美元。2018 年金枪鱼进口量为 76 345 吨，比 2017 年减少 7.5%。

表 7-15　2008—2018 年墨西哥金枪鱼进出口情况

| 年份 | 2008 | 2009 | 2010 | 2011 | 2012 | 2013 | 2014 | 2015 | 2016 | 2017 | 2018 |
|---|---|---|---|---|---|---|---|---|---|---|---|
| 出口额（万美元） | 6 550 | 4 580 | 7 470 | 32 300 | 14 800 | 13 200 | 17 500 | 14 700 | 17 900 | 22 800 | 30 100 |
| 进口额（万美元） | 5 990 | 1 320 | 4 100 | 7 950 | 12 500 | 8 440 | 8 130 | 10 100 | 12 600 | 21 700 | 19 000 |

数据来源：FAOSTAT。

### （二）进出口国家

2017 年墨西哥从美国、中国、韩国等 28 个国家进口金枪鱼，其中 80.3%

是冷冻金枪鱼。2018 年墨西哥 30.9％的进口金枪鱼来自中国，此外还从基里巴斯、美国、韩国、西班牙、印度尼西亚、越南、巴布亚新几内亚、塞舌尔等国进口。

2012 年墨西哥金枪鱼出口 20 个国家，2017 年出口 31 个国家，出口的 61.7％的金枪鱼是加工后制品。2017 年委内瑞拉是墨西哥金枪鱼出口的第一大国，出口了 64 811 838 美元的金枪鱼，占墨西哥全部金枪鱼出口额的 28.4％。2018 年墨西哥出口了 97 012 442 美元的金枪鱼到西班牙。此外，金枪鱼还出口到日本、美国、委内瑞拉、哥斯达黎加、加拿大、韩国、法国、尼加拉瓜、英国和古巴。

# 第六节　龙虾产业

龙虾养殖是墨西哥渔业中经济价值第五高的行业。2012 年墨西哥龙虾产量为 3 040 吨，占当年渔业总产量的 0.2％，为世界第 16 大龙虾生产国；2017 年墨西哥龙虾产量为 4 661 吨，占当年渔业总产量的 0.2％，人均龙虾年消费量为 25 克，是世界第 15 大龙虾生产国。2018 年墨西哥龙虾产量为 4 903 吨，占当年渔业总产量的 0.2％，人均年消费量为 20 克，是世界龙虾第 12 大生产国。

## 一、墨西哥龙虾生产情况

### （一）全国生产情况

表 7 - 16 显示，2011—2014 年墨西哥龙虾产量、价格和产值均呈增长趋势。2017 年龙虾产量最高，达到 8 年来的最高点，为 5 190 吨。2012 年龙虾产量最低，处于 8 年来的最低点。

2011—2018 年龙虾价格呈增长趋势，2018 年龙虾价格为 217.67 比索/千克，处于 8 年来的最高点，比价格最低年 2013 年的单价高了 49.8％。从产值看，2018 年龙虾产值最高，达到 10.52 亿比索。2012 年产值最低，只有 4.34 亿比索。

表 7-16  2011—2018 年墨西哥龙虾生产情况

| 年份 | 2011 | 2012 | 2013 | 2014 | 2015 | 2016 | 2017 | 2018 |
|---|---|---|---|---|---|---|---|---|
| 活体重（吨） | 3 228 | 3 040 | 3 535 | 4 466 | 4 549 | 4 061 | 5 190 | 4 903 |
| 到岸重（吨） | 3 134 | 2 959 | 3 399 | 4 380 | 4 500 | 4 002 | 5 127 | 4 833 |
| 价格（比索/千克） | 153.54 | 146.65 | 145.34 | 145.95 | 149.84 | 205.64 | 185.88 | 217.67 |
| 产值（亿比索） | 4.81 | 4.34 | 4.94 | 6.39 | 6.74 | 8.23 | 9.53 | 10.52 |

## （二）各州生产情况

表 7-17 显示，南下加利福尼亚州、下加利福尼亚州、尤卡坦州和金塔纳罗奥州始终是墨西哥龙虾的前四大生产州。2017 年南下加利福尼亚州、下加利福尼亚州和尤卡坦州的龙虾产量分别占全国总产量的 39.7%、14.5%和 12.4%，合计占比 66.6%。2018 年前三大州的龙虾产量分别占比 51.6%、14.4%和 12.2%，合计占比 78.2%。

相比 2012 年，2017 年全国龙虾产量增长了 70.7%。主要生产州龙虾产量均有增长，格雷罗州有了龙虾生产，并成为第五大龙虾生产州。索诺拉州增产最多，达 511.1%。其次是尤卡坦州，增产 283.3%，哈利斯科州和纳亚里特州分别增产 251.4%和 187.9%。第一大州南下加利福尼亚州和第二大州下加利福尼亚州分别增产 20.2%和 25.8%。

相比 2017 年，2018 年全国龙虾产量减产 5.5%。南下加利福尼亚州、纳亚里特州、索诺拉州和米却肯州均有增产，其中索诺拉州增产最多，达 89.1%；其次是米却肯州，增产 84.9%；第一大州南下加利福尼亚州和纳亚里特州则分别增产 22.6%和 13.8%。其他州减产，其中格雷罗州减产最多，达 73.1%。其次是锡那罗亚州，减产 56.9%，哈利斯科州减产 13.8%。第二大州下加利福尼亚州和第三大州尤卡坦州分别减产 6.8%和 7.1%。

表 7-17  2012 年、2017 年和 2018 年墨西哥各州龙虾生产情况

| | 产量（吨） | | | 变化情况（%） | |
|---|---|---|---|---|---|
| | 2012 年 | 2017 年 | 2018 年 | 2017 年与 2012 年对比 | 2018 年与 2017 年对比 |
| 南下加利福尼亚州 | 1 716 | 2 062 | 2 528 | 20.2 | 22.6 |
| 下加利福尼亚州 | 600 | 755 | 704 | 25.8 | −6.8 |
| 尤卡坦州 | 168 | 644 | 598 | 283.3 | −7.1 |
| 金塔纳罗奥州 | 376 | 490 | 439 | 30.3 | −10.4 |

（续）

| | 产量（吨） | | | 变化情况（％） | |
|---|---|---|---|---|---|
| | 2012 年 | 2017 年 | 2018 年 | 2017 年与 2012 年对比 | 2018 年与 2017 年对比 |
| 格雷罗州 | 0 | 223 | 60 | — | −73.1 |
| 纳亚里特州 | 58 | 167 | 190 | 187.9 | 13.8 |
| 哈利斯科州 | 35 | 123 | 106 | 251.4 | −13.8 |
| 索诺拉州 | 9 | 55 | 104 | 511.1 | 89.1 |
| 米却肯州 | 28 | 53 | 98 | 89.3 | 84.9 |
| 锡那罗亚州 | 40 | 51 | 22 | 27.5 | −56.9 |
| 其他州 | 10 | 567 | 54 | 5 570.0 | 90.5 |
| 合计 | 3 040 | 5 190 | 4 903 | 70.7 | −5.5 |

## 二、墨西哥龙虾进出口情况

### （一）进出口情况

墨西哥龙虾出口多于进口。2009—2015 年龙虾出口额在 400 万美元以下变动。2015—2018 年出口额超过 700 万美元以上，呈增长趋势。2018 年龙虾出口额达到 11 年来的最高点，是最低年 2009 年的 5.9 倍（表 7 - 18）。2017 年墨西哥出口了 1 902 吨龙虾，出口额为 8 880 万美元。2018 年龙虾出口量为 2 196 吨，占其产量的 44.8％，比 2017 年增长了 15.5％。出口额为 10 300 万美元，比 2017 年增长了 16.0％。

2008—2013 年龙虾进口额在 200 万美元以下变动。2014—2017 年龙虾进口额呈增长趋势，并在 2017 年达到 11 年来的最高点。2017 年墨西哥进口了 343 吨龙虾，进口额为 660 万美元，是最低年 2011 年的进口额的 33 倍。2018 年龙虾进口量为 126 吨，比 2017 年减少 63.3％，进口额为 320 万美元，同比下降了 51.5％。

表 7 - 18　2008—2018 年墨西哥龙虾进出口情况

| 年份 | 2008 | 2009 | 2010 | 2011 | 2012 | 2013 | 2014 | 2015 | 2016 | 2017 | 2018 |
|---|---|---|---|---|---|---|---|---|---|---|---|
| 出口额（万美元） | 4 260 | 1 750 | 2 250 | 3 650 | 2 800 | 1 910 | 2 260 | 7 760 | 7 200 | 8 880 | 10 300 |
| 进口额（万美元） | 130 | 170 | 50 | 20 | 140 | 200 | 50 | 250 | 520 | 660 | 320 |

数据来源：FAOSTAT。

## （二）进出口国家或地区

中国香港地区是墨西哥最大的龙虾出口地。2017 年墨西哥出口了 38 150 796 美元的龙虾到中国香港地区，占其龙虾全部出口额的 43.0%。2018 年墨西哥出口 41 200 647 美元龙虾到中国香港地区，占其全部出口额的 40%。此外，龙虾还出口到中国、美国、新加坡、法国、越南、阿联酋、马来西亚、加拿大、意大利和比利时。

2018 年墨西哥从尼加拉瓜、加拿大、洪都拉斯、巴西、美国和西班牙进口龙虾。

# 第七节　沙丁鱼产业

沙丁鱼是墨西哥渔业中经济价值第六高的行业。2012 年墨西哥沙丁鱼产量为 721 735 吨，占当年渔业总产量的 42.8%，为世界第六大沙丁鱼生产国。2017 年墨西哥沙丁鱼产量为 721 571 吨，占当年渔业总产量的 34.8%，人均沙丁鱼年消费量为 5.7 千克；2018 年墨西哥沙丁鱼产量为 587 433 吨，占当年渔业总产量的 27.2%，人均沙丁鱼年消费量为 4.6 千克，是世界沙丁鱼第十大生产国。

## 一、沙丁鱼生产情况

### （一）全国生产情况

表 7-19 显示，2011—2013 年墨西哥沙丁鱼产量呈增长趋势。2013—2016 年产量呈下降趋势。2013 年产量最高，达到 8 年来的最高点，2016 年沙丁鱼产量处于 8 年来的最低点，只有 44.16 万吨。沙丁鱼价格相对稳定，2011—2018 年价格在 0.88~1.18 比索/千克。2018 年沙丁鱼价格为 1.18 比索/千克，处于 8 年来的最高点，比价格最低年 2011 年高了 34.1%。从产值看，2013 年沙丁鱼产值最高，达到 6.27 亿比索。2015 年产值最低，只有 3.66 亿比索。

表 7-19　2011—2018 年墨西哥沙丁鱼生产情况

| 年份 | 2011 | 2012 | 2013 | 2014 | 2015 | 2016 | 2017 | 2018 |
|---|---|---|---|---|---|---|---|---|
| 活体重（万吨） | 68.41 | 72.17 | 72.78 | 56.29 | 44.38 | 44.16 | 72.16 | 58.74 |
| 到岸重（万吨） | 58.98 | 62.22 | 63.71 | 49.73 | 39.69 | 39.63 | 63.65 | 52.53 |
| 价格（比索/千克） | 0.88 | 0.97 | 0.98 | 0.99 | 0.92 | 1.05 | 0.92 | 1.18 |
| 产值（亿比索） | 5.21 | 6.04 | 6.27 | 4.94 | 3.66 | 4.16 | 5.85 | 6.23 |

（二）各州生产情况

表 7-20 显示，索诺拉州、下加利福尼亚州、南下加利福尼亚州和锡那罗亚州始终是墨西哥沙丁鱼的前四大生产州。2018 年南下加利福尼亚州和锡那罗亚州超越下加利福尼亚州成为第二大和第三大沙丁鱼生产州，下加利福尼亚州成为第四大州。2017 年索诺拉州、下加利福尼亚州、南下加利福尼亚州和锡那罗亚州沙丁鱼产量分别占全国总产量的 53.4%、20.3%、14.9% 和 11.3%，合计占比 99.8%。2018 年索诺拉州、南下加利福尼亚州、锡那罗亚州和下加利福尼亚州的沙丁鱼产量占比分别为 54.5%、18.8%、14.0% 和 12.6%，合计占比 99.9%。

2017 年尤卡坦州和瓦哈卡州有了沙丁鱼生产。相比 2012 年，2017 年全国沙丁鱼产量减少了 0.02%。索诺拉州、锡那罗亚和坎佩切州均有减产，其中坎佩切州减产最多，达 92.9%，锡那罗亚州减产 46.7%，第一大州索诺拉州减产 6.0%。其他州沙丁鱼产量均有增长，其中纳亚里特州增产最多，达 57 000%。其次是韦拉克鲁斯州，增产 183.3%，下加利福尼亚州和南下加利福尼亚州分别增产 113.4% 和 18.0%。

2018 年纳亚里特州和瓦哈卡州没有沙丁鱼生产。相比 2017 年，2018 年全国沙丁鱼产量下降了 18.6%。索诺拉州、下加利福尼亚州和韦拉克鲁斯州均有减产，其中下加利福尼亚州减产最多，达 49.4%。其次是韦拉克鲁斯州，减产 44.9%，第一大州索诺拉州减产 16.9%。南下加利福尼亚州、锡那罗亚州、尤卡坦州和科利马州均有增产，其中科利马州增产最多，达 30.4%；尤卡坦州增产 27.0%；南下加利福尼亚州和锡那罗亚州分别增产 3.2% 和 1.4%。

表 7-20  2012 年、2017 年和 2018 年墨西哥各州的沙丁鱼生产情况

| | 产量（吨） | | | 变化情况（%） | |
|---|---|---|---|---|---|
| | 2012 年 | 2017 年 | 2018 年 | 2017 年与 2012 年对比 | 2018 年与 2017 年对比 |
| 索诺拉州 | 409 767 | 385 248 | 320 114 | −6.0 | −16.9 |
| 下加利福尼亚州 | 68 520 | 146 236 | 73 973 | 113.4 | −49.4 |
| 南下加利福尼亚州 | 90 829 | 107 165 | 110 564 | 18.0 | 3.2 |
| 锡那罗亚州 | 152 522 | 81 274 | 82 378 | −46.7 | 1.4 |
| 纳亚里特州 | 1 | 571 | 0 | 57 000.0 | −100 |
| 尤卡坦州 | 0 | 233 | 296 | — | 27.0 |
| 韦拉克鲁斯州 | 48 | 136 | 75 | 183.3 | −44.9 |
| 科利马州 | 23 | 23 | 30 | 0 | 30.4 |
| 瓦哈卡州 | 0 | 1 | 0 | — | −100 |
| 坎佩切州 | 14 | 1 | 2 | −92.9 | 100.0 |
| 其他州 | 11 | 683 | 1 | 6 109.1 | −99.9 |
| 合计 | 721 735 | 721 571 | 587 433 | −0.02 | −18.6 |

## 二、墨西哥沙丁鱼进出口情况

### （一）进出口情况

墨西哥沙丁鱼出口多于进口。2008—2018 年沙丁鱼出口量总体上呈下降趋势。2011 年沙丁鱼出口额达到 11 年来最高点 2 750 万美元，是最低年 2015 年的 11.5 倍（表 7-21）。2017 年墨西哥出口了 25 305 吨沙丁鱼，出口额为 1 580 万美元。2018 年沙丁鱼出口量为 18 419 吨，比 2017 年减少了 27.2%，出口额为 1 200 万美元，比 2017 年减少了 24.1%。

2008—2015 年墨西哥沙丁鱼进口呈增长趋势，2015 年进口达到 11 年来最高点 4 030 万美元。2015—2018 年进口呈下降趋势。2008 年沙丁鱼进口最低，只有 10 万美元。2017 年进口了 8 361 吨沙丁鱼，进口额为 1 500 万美元。2018 年沙丁鱼进口量为 7 386 吨，比 2017 年减少 11.7%；进口额为 1 340 万美元，比 2017 年减少 10.7%。

表 7-21  2008—2018 年墨西哥沙丁鱼进出口情况

| 年份 | 2008 | 2009 | 2010 | 2011 | 2012 | 2013 | 2014 | 2015 | 2016 | 2017 | 2018 |
|---|---|---|---|---|---|---|---|---|---|---|---|
| 出口额（万美元） | 2 280 | 2 640 | 1 730 | 2 750 | 2 630 | 1 450 | 1 750 | 240 | 430 | 1 580 | 1 200 |
| 进口额（百万美元） | 10 | 10 | 60 | 560 | 440 | 1 820 | 3 700 | 4 030 | 3 270 | 1 500 | 1 340 |

（二）进出口国家

2017 年墨西哥沙丁鱼出口 25 个国家，其中 4 个主要出口国中有 3 个是亚洲国家。2017 年泰国进口了墨西哥 10 998 吨沙丁鱼，占其沙丁鱼出口量的 43.4％；进口额为 5 834 768 美元，占其全部沙丁鱼出口额的 36.7％。2018 年墨西哥沙丁鱼出口 21 个国家，其中出口美国 8 776 吨，占墨西哥全部沙丁鱼出口量的 47.6％，出口额为 4 885 424 美元，占其全部沙丁鱼出口额的 40.7％。此外，沙丁鱼还出口到马来西亚、泰国、越南、韩国、巴拿马、乌克兰、巴西、中国、萨尔瓦多等国。

墨西哥从厄瓜多尔、中国、西班牙、菲律宾、加拿大、葡萄牙、法国、越南和日本等国家进口沙丁鱼。

# 第八章 CHAPTER 8

## 墨西哥农业发展的经验 ▶▶▶

### 第一节 绿色革命推动墨西哥农业发展及带来的影响

#### 一、绿色革命开启了墨西哥农业现代化进程

1940 年以后，经过革命和改革后的墨西哥准备大力发展生产力。为了改善落后的农业状况，墨西哥政府积极向美国寻求援助。1943 年，墨西哥农业部开始与洛克菲勒基金会合作，帮助墨西哥改进农业生产力，双方合作成立特别研究办公室（Official of Special Studies，OSS），在土壤改良、牲畜疫病、玉米研究、小麦锈病研究等方面达成合作意向，墨西哥农业现代化进程由此正式启动。墨西哥农业现代化进程的开启拉开了全球绿色革命的序幕，成为绿色革命的发源地。美国对墨西哥的农业援助是美国对墨西哥经济援助的重要组成部分，洛克菲勒基金会是援助的直接参与者。墨西哥援助计划是洛克菲勒基金会首个农业技术援助项目，该计划持续了近 20 年，对墨西哥农业生产及洛克菲勒基金会在全球农业推广和农业研究体系形成都产生了积极影响。据统计，到 1945 年，洛克菲勒基金会平均每年在墨西哥农业计划上的费用为 10 万美元。在洛克菲勒基金会的资助下，墨西哥成立了 3 所农业学校。1948—1952 年，洛克菲勒基金会资助这 3 所学校共 15 万美元。洛克菲勒基金会最初和墨西哥农业部的合作，试图将美国农业发展的实践移植到墨西哥农业体系之中。墨西哥农业计划从 1943 年正式开始到 1960 年特别研究办公室停止工作，持续了近 20 年。1966 年，特别研究办公室改组成为国际玉米与小麦改良中心（CIMMYT）。

绿色革命在相当长时间里成为墨西哥农业现代化道路的主要模式。20 世

纪 40 年代后，墨西哥农业现代化与国家尽快发展本国工业现代化、走进口替代工业化道路的经济发展转型战略紧密联系，增加农业投资、加强农业研究、采用新技术提升农业生产力，鼓励大规模集约化生产，从而增加国家财政和社会资金积累，为工业现代化打基础，成为墨西哥政府发展农业的理念和思路。在这一战略思想指导下，墨西哥在农村水利灌溉体系建设、农业信贷扶持、农产品价格支持、农产品市场建设等方面实施鼓励和支持政策，积极推动墨西哥农业发展。至 20 世纪 50—60 年代，墨西哥不但实现了粮食自给，还有一定量出口。在农业发展基础上，墨西哥经济也得到了快速发展，被称为"墨西哥经济奇迹"。绿色革命在墨西哥取得了初步胜利，为其他发展中国家树立了典范。

## 二、绿色革命取得的发展成果

### 1. 推动了墨西哥传统农业向现代农业转型

绿色革命启动以来，村社发展不再受到重视，私人资本主义农业的发展构成了绿色革命起步阶段的主要内容。政府土地政策向私人土地倾斜，私人土地数量开始增加，所拥有土地规模也越来越大，为农业集约化经营打下了基础，这些私人土地也是绿色革命初期的主体。1942 年，墨西哥政府出台了农业信贷法，从政策上制定了向农业投资的基本制度。但从 1943 年起，农村信贷资金逐渐减少，信贷资金更多地流向私人大农场和小规模资本主义农场，资本主义农业逐步成为政府支持的重点，现代化农业获得了发展。

### 2. 机械化水平获得大力提升

墨西哥农业现代化进程就是以美国农业为样本进行的。墨西哥从美国进口了拖拉机、卡车、收割机等现代农耕工具，拖拉机进口在 1940—1950 年翻了三倍，大农场主拥有的机械设备增长了 5 倍，小的私人农场机械数量增长了 2.5 倍，村社机械化设备也翻了两倍。尽管由于操作人员缺乏导致部分机械被闲置，没有起到太大作用，但机械化水平得到了极大提高。

### 3. 现代化生产要素的大量投入促使农业产量大幅提高

1940—1946 年，农业产量每年增长 3.5%。私营农场及部分村社尤其是种植经济作物的集体村社成为增长的主体。灌溉工程的投资兴建，广泛的农业机械化、高产杂交种子的研究推广、化肥农药等生产要素的大量投入、资本主义大农场和小型家庭农场的发展壮大，都成为农业生产率提高和墨西哥农业现代化发展的重要因素。

**4. 墨西哥政府实施了一系列农村发展计划，农村基础设施建设得到发展**

1940—1965 年，墨西哥政府重点投资水利、灌溉、道路、电气等基础设施，主要集中在北部和西北部地区，这些地区都是拥有大型灌溉设施的商业化农业区，具有进行大规模机械化生产的条件，政府计划的推行为这些地区推行美国高投入、高产出的现代化农业模式提供了必要的基础和条件。

经过近 20 年的发展，绿色革命在墨西哥取得了一些成绩。墨西哥农业保持了较高增长速度，农业生产增长了 3 倍多。1940—1960 年，墨西哥国内生产总值由 217 亿比索增加到 743 亿比索，年增长率 6.4%。1940—1950 年，主要农作物年均增长率 5.8%，1950—1960 年年均增长 4.7%，1960—1965 年年均增长 7.7%。

## 三、绿色革命给墨西哥带来的影响

**1. 绿色革命造成墨西哥经济、社会发展不平衡**

绿色革命时期，墨西哥将提升农业生产率、提升农业产量作为重点，着力支持北部和西北部灌溉区规模经营的、机械化的、商品化的私营农场，忽视了中部、南部及传统村社及农民的发展，加剧了农业原有的二元结构及贫富分化，拉大了阶层差距和地区间不平衡，加剧了社会分化和地区差异。1950—1980 年，墨西哥无地农民的数量从 150 万人增加到了 180 万人，农民的生计和利益被全然置之脑后。

**2. 绿色革命造成了自然环境及人力资源极大浪费**

为实现美国模式的农业现代化，墨西哥政府进行了系列配套投入，包括兴修水利、电力、道路等基础设施，不仅占用了大量财政资金，而且造成了墨西哥一些地区自然环境的破坏。1950 年以前，墨西哥农业生产基本使用有机肥，绿色革命开展 10 年后，使用化肥的耕地面积比例达到 64%。化肥、杀虫剂等化学投入物恶化了墨西哥生态环境，危害了公众健康。有些地区的文化和地理气候并不适合高产品种推广。

**3. 政府发展及投入重点主要围绕私人资本主义农业，导致资本主义农业大发展而小农经济逐步被挤压**

国家土地资源等公共资源也倾向于由公共领域向私人资本转移，公共财产也开始向商人和官僚转移。1940—1963 年，墨西哥灌溉区新增了 180 万公顷，其中 140 万公顷被私人农场主所有，村社只占有 40 万公顷，而且主要是那些发展基础较好、适合现代化生产的村社所有。导致传统村社小农被逐步挤出农业生产，生计安全受到威胁。

**4. 国家进口替代战略使得农业发展对国际市场依赖增强，易受国际经济形势影响，导致粮食安全危机**

国家进口替代战略施行使得政府逐渐把经济重点转移到进口替代工业化战略上，现代农业的发展对国际市场的依赖日益增强。这使得农业发展与国际市场紧密关联，国际市场波动和风险很容易影响到墨西哥农业稳定发展，一旦发生经济危机，将遭遇极大打击。资本的逐利本性决定了其投资方向必将向利润更高的部门转移。绿色革命在经历初期的辉煌后，资本更多地转移到工业部门，农业生产更多转向出口经济作物，粮食生产被边缘化，导致本国粮食不能自给，粮食安全受到威胁，低收入人群的生计安全得不到有效保障。

# 第二节　北美自由贸易协定推动墨西哥农业发展及带来的影响

北美自由贸易协定是墨西哥在 1986 年加入关税及贸易总协定之后，贸易开放的又一重大举措。北美自由贸易协定的农业协定是指墨西哥与美国和加拿大分别签订的两个协定以及美加自由贸易协定下的农业协定。北美自由贸易协定是全球第一个将农业贸易系统地纳入自由贸易轨道的自由贸易协定。

## 一、北美自由贸易协定对墨西哥农业的推动作用

加入北美自由贸易协定后，墨西哥农业受到极大推动。在对外贸易与投资开放的推动下，跨国资本迅速进入墨西哥农业领域，推动墨西哥向出口型农业方向发展。尽管墨西哥农业以小农为主体，却成为世界主要食品出口国之一，成为美国主要的进口食品来源国。2021 年墨西哥农产品贸易额达到 817 亿美元，是 2000 年的 4 倍多。墨西哥在禽肉、禽蛋、牛肉生产上均位居世界前列，在啤酒、橙汁、鳄梨、洋葱、覆盆子、芦笋、黄瓜、番茄、南瓜、辣椒和蜂蜜等产品出口上位居世界前列。农产品出口也为墨西哥带来了外汇收入和

旅游收入。

## 二、北美自由贸易协定对墨西哥农业的影响

### 1. 农业部门在生产力和竞争力方面明显落后，发展陷于困境

墨西哥加入北美自由贸易协定后，农业生产在墨西哥国民经济中的相对重要性一直在下降。农业 GDP 占比呈下降趋势，农业在国民经济中的根基被削弱。同时，墨西哥农业贸易持续呈现逆差也反映了其国内农业生产率和竞争力不足。农业部门增长率趋降且降幅大于国民经济 GDP 增长率降幅，说明农业缺乏发展动力。1993—2013 年墨西哥农业 GDP 与国民经济总 GDP 比例呈下降趋势。1994—2003 年和 2004—2013 年，农业 GDP 平均增长率分别为 2.56％和 1.56％，下降了大约 100 个基点。同期 GDP 增长率则温和下降，平均增长率分别为 2.64％和 2.62％。1993—2013 年，贸易逆差的平均值为 －6.32 万美元。再加上这一时期金融部门对农业部门信贷支持资金减少，自 2008 年以来，金融准入条件恶化对国内外农业生产活动产生了负面影响，导致墨西哥农业发展陷入困境。

### 2. 农业就业率明显下降且弱于工业部门

由于农业部门在国民经济中占比下降，农业部门自身生产率增长乏力。加上国内外对农业的资金支持弱化，导致农业部门就业增长率始终低于非农部门（表 8 - 1）。

表 8 - 1　不同时期农业与非农部门就业年均增长率

| 时期 | 农业（％） | 非农（％） |
| --- | --- | --- |
| 2006—2008 年 | 0.48 | 0.79 |
| 2009—2010 年 | －1.63 | －1.43 |
| 2011—2013 年 | －0.06 | 0.70 |

数据来源：墨西哥国家统计和地理研究所（INEGI）、墨西哥国家就业统计调查局（ENOE）。

### 3. 进一步强化了对美国贸易的依赖性

由于墨美加自由贸易协定以及毗邻美国的原因，墨西哥农产品 80％出口到美国市场，很多重要的农产品甚至只单一出口美国，因此，墨西哥农业对美国形成了高度依赖，农产品出口往往成为美国政府与墨西哥政府谈判的筹码。

**4. 贸易自由化导致玉米危机，贫困问题突出**

墨西哥的农业贸易自由化改革导致国内大宗粮食玉米价格的波动上涨，导致了本国玉米危机，威胁到贫困人口的生存安全，导致 2007 年 7 万多农民及工会代表的大规模游行。贫困问题的存在成为引发墨西哥经济、社会和民族冲突的危险因素。

# 第九章 CHAPTER 9
# 中国和墨西哥农业合作现状及前景 ▶▶▶

当前，中国与拉美国家关系正处于快速发展的重要机遇期，关系日益紧密，双方均在战略上高度重视双方关系，中国与拉美国家不仅在经济发展方面具有强大动力，而且在构建公正合理的国际政治经济新秩序方面也具有重要共识。墨西哥作为拉美地区第二大国，对中国与拉美地区经济和政治关系的发展至关重要。墨西哥是拉美地区与中国最早建交的国家（1972 年）。中墨关系曾一度引领中拉关系向前发展。

## 第一节　中国和墨西哥经贸合作

墨西哥同中国于 1972 年 2 月 14 日建交。2003 年 12 月，中国总理访问墨西哥，两国建立战略伙伴关系。2013 年 6 月，两国元首共同宣布将双边关系提升为全面战略伙伴关系。2014 年 11 月，培尼亚总统来华出席 APEC 领导人非正式会晤并对中国进行国事访问。2018 年 11 月，中国首届国际进口博览会在上海举行，墨西哥作为主宾国派高级政府代表及数十家企业参会。2019 年，墨西哥继续派出政府高级代表团和近 60 家企业代表团参加第二届中国国际进口博览会。2020 年，受新冠肺炎疫情影响，墨西哥继续派出政府高级代表团参会，哈利斯科州政府作为墨西哥参会代表，携 15 家企业参会。

### 一、中国与墨西哥签署的经贸合作协定

2021 年 8 月，《中国商务部和墨西哥经济部关于建立投资合作联合工作组的谅解备忘录》。双方一致同意，加快推动商签绿色发展、数字经济领域投资

合作两个谅解备忘录，积极研究更新中墨投资协定，并将进一步加强抗疫合作，推进贸易投资便利化，深化多边合作，共同保障供应链产业链开放、稳定、安全、畅通。

自 1972 年两国建交以来，中国与墨西哥两国签署了多个经贸协定。

贸易协定（1973 年 4 月 22 日）；

科技合作协定（1975 年 9 月 9 日）；

海运合作协定（1984 年 7 月 18 日）；

中国政府和墨西哥政府关于对所得避免双重征税和防止偷漏税的协定（2005 年 9 月 12 日）；

中国政府和墨西哥政府关于植物检疫的合作协定（2005 年 9 月 12 日）；

中华人民共和国政府和墨西哥合众国政府关于促进和相互保护投资的协定（2008 年 7 月 11 日）；

中华人民共和国政府和墨西哥合众国政府关于海关行政互助与合作的协定（2012 年 9 月 3 日）；

中国商务部与墨西哥合众国经济部关于成立中墨企业家高级别工作组谅解备忘录（2013 年 11 月 29 日）；

中国国家发展和改革委员会与墨西哥合众国财政和公共信贷部关于设立政府间高级投资工作组促进投资合作的谅解备忘录（2013 年 9 月 5 日）；

中国国际贸易促进委员会与墨西哥投资和贸易促进局关于中国—拉美企业家理事会合作的谅解备忘录（2013 年 6 月 4 日）；

中国商务部与墨西哥经济部关于加强贸易救济合作的谅解备忘录（2013 年 6 月 4 日）；

中国商务部与墨西哥经济部关于成立墨西哥企业家高级别工作组的意向声明（2013 年 6 月 4 日）；

中国商务部与墨西哥经济部矿业领域合作谅解备忘录（2013 年 6 月 4 日）；

中国商务部与墨西哥经济部关于在高层工作组机制下设立新兴产业经贸合作工作小组的谅解备忘录（2013 年 6 月 4 日）；

中国商务部与墨西哥通信交通部关于加强基础设施建设领域合作谅解备忘录（2013 年 6 月 4 日）；

中国国家发展和改革委员会与墨西哥能源部关于能源领域合作的谅解备忘

录（2013 年 6 月 4 日）；

关于推进中墨全面战略伙伴关系的行动纲要（2014 年 11 月 13 日）；

中华人民共和国国家发展和改革委员会与墨西哥合众国经济部关于促进产业投资与合作的谅解备忘录（2014 年 11 月 13 日）；

中华人民共和国科学技术部与墨西哥合众国国家科学技术理事会关于联合征集研究项目的特别合作协议（2014 年 11 月 13 日）；

中华人民共和国科学技术部与墨西哥合众国外交部关于加强高新技术及产业化合作的谅解备忘录（2014 年 11 月 13 日）；

中华人民共和国国家工商行政管理总局与墨西哥合众国经济部关于工业产权领域合作的谅解备忘录（2014 年 11 月 13 日）；

中华人民共和国国家质量监督检验检疫总局与墨西哥合众国农业、畜牧业、农村发展、渔业及食品部关于中国柑橘输往墨西哥植物检疫要求议定书（2014 年 11 月 13 日）；

中华人民共和国国家质量监督检验检疫总局与墨西哥合众国农业、畜牧业、农村发展、渔业及食品部关于墨西哥鲜食草莓和树莓输往中国植物检疫要求议定书（2014 年 11 月 13 日）；

中华人民共和国国家标准化管理委员会与墨西哥合众国经济部技术合作谅解备忘录（2014 年 11 月 13 日）；

《中华人民共和国国家旅游局和墨西哥合众国旅游部旅游合作协定》框架下 2015—2016 年具体合作项目书（2014 年 11 月 13 日）；

中国海关总署与墨西哥国家食品卫生、安全和质量服务局（SENASICA）签署《墨西哥浆果陆空联运合作备忘录》和《墨西哥可食用猪副食输华合作备忘录》（2018 年 6 月 11 日）；

中国海关总署与墨西哥农业和农村发展部（SADER）就墨西哥香蕉出口签署了植物检验检疫协议（2019 年 5 月 15 日）。

## 二、中国与墨西哥贸易往来

据中国海关统计，2020 年，墨西哥是中国在拉美第二大贸易伙伴、第一大出口目的地和第三大进口来源国。中国与墨西哥贸易额达 608.5 亿美元，同比增长 0.2%，其中中国出口 448.5 亿美元，同比下降 3.3%，中国进口 160

亿美元，同比增长 11.6％。中国对墨西哥主要出口液晶显示板、电话机、计算机及其部件等，从墨西哥主要进口集成电路、铜矿砂、车辆等产品。

## 三、中国与墨西哥投资合作

据中国商务部统计，2019 年中国对墨西哥直接投资流量 1.64 亿美元；截至 2019 年末，中国对墨西哥直接投资存量 11.61 亿美元，主要投资领域为矿业、制造业和农业等。截至 2019 年 12 月底，在中国驻墨西哥大使馆经济商务处注册登记的中资企业 110 家，经营领域涉及矿业、能源、基建、电子通信、制造业、金融等。截至 2020 年年底，墨西哥在中国实际投资 1.6 亿美元。

## 四、承包工程

据中国统计，截至 2020 年底，中国企业累计在墨西哥签订承包工程合同额 148 亿美元，完成营业额 103.5 亿美元，主要集中在能源和通信领域。2020 年，中国企业在墨西哥新签合同额 25.3 亿美元，完成营业额 13.0 亿美元。

## 五、产业园区

2017 年 8 月，由华立集团、富通集团联合墨桑托斯家族共同投资创立的北美华富山工业园在蒙特雷正式奠基开工，将广泛吸纳汽车配件、电子通信、新能源材料等多产业部门，致力于打造成为各国企业在墨西哥长足发展重要依托平台。截至 2019 年年底，华富山工业园已完成 40 公顷土地开发，新建厂房面积 3.5 万平方米。

## 六、中国与墨西哥双边磋商机制

中墨两国政府间机制较多，其中主要包括：中墨政府间两国常设委员会、中墨政府间经贸混合委员会、中国商务部和墨西哥经济部双边高层工作组、中墨政府间高级别投资工作组、中墨贸易畅通工作组、中墨企业家高级别工作组等。

# 第二节 中国和墨西哥农业科研领域合作

## 一、两国间科研合作

### 1. 墨西哥农业科研教育体系

依据归属，墨西哥农业研发机构主要分成政府机构和高校两类，其中61%的研究人员归属于高等教育学校，23%的研究人员为国家林业资源、农业和畜牧业调查研究所（INIFAP），其他政府机构占16%。墨西哥的高等教育研究机构包括141个大学、学院、大学研究中心、农学系等，其中最大的两个是墨西哥研究生学院（COLPOS，380名全日制研发人员）、理工学院（Instituto Politécnico Nacional，缩写为IPN，356名全日制研发人员）。其他重要的大学有墨西哥国立自治大学（UNAM）（193名全日制研发人员）、安东尼奥·纳罗土地自治大学（UAAAN）（143名全日制研发人员）和齐瓦瓦自治大学（UACH）（90名全日制研发人员）。其他政府机构包括国家渔业研究所（171名全日制研发人员）、哈利斯科研究应用技术中心（106名全日制研发人员）、墨西哥水技术研究所（159名全日制研发人员）。

非营利机构在墨西哥农业中发挥作用不大，主要将研发外包给政府和高校机构，私人研究机构的研发非常有限，仅限于种子生产。研究人员中男性占75%，女性占25%。全日制人员中具有博士学位的人员有1 883.2人，硕士和本科学位的人员分别为1 370.5人和713.8人。从年龄构成看，60岁以上人员占比为12%，51～60岁人员为43%，41～50岁人员为22%，31～40岁人员为18%，31岁以下人员为5%。

2013年主要研究方向分布情况：粮食作物43%，自然资源12%，其他16%，渔业9%，林业3%，畜牧业17%。在粮食作物中，19%的研究集中于玉米、水果、豆类、辣椒和胡椒、花卉装饰物和小麦的研究，比例分别占12%、8%、7%、6%和6%。

### 2. 中墨农业科研合作基础

由于地域和语言原因，中国和墨西哥的农业合作并不多，20世纪，墨西哥查宾戈农业大学曾与我国有过畜牧业方面合作。之后，中墨两国农业科研合作几乎没有，仅在2018年查宾戈农业大学与中国农业大学签署了合作协议。目前，中墨农业合作主要集中在国际玉米小麦中心（CIMMYT）。中国与国际玉米小麦中心合作很深入，该中心亚洲办事处就设在中国农业科学院，办事处每年举行工作会议和学术交流。最近两年开展的农业合作如下。

2019 年 3 月 16 日，中国农业农村部副部长屈冬玉率团访问国际玉米小麦中心总部，了解"卓越育种平台"计划，并参观了国际玉米小麦中心种质资源库。双方还签署了《关于建立中国 - CIMMYT 玉米和小麦改良联合实验室谅解备忘录》。

2019 年 5 月 8 日，上海农业科学院专家组访问国际玉米小麦中心，签署合作协议。

2019 年 5 月 31 日，中国留学基金委员会主任生建学率团访问国际玉米小麦中心总部，双方就专业人才培养签署合作协议。

2019 年 7 月，中国科技部农村中心代表团访问国际玉米小麦中心总部。

2019 年 9 月，国际玉米小麦中心在上海成立特用玉米中心，开展玉米的开发利用。

此外，中墨在水产方面也有合作。2019 年 11 月，中国水产科学研究院与墨西哥签署合作备忘录，成立"中国-墨西哥海水养殖联合研究中心"。

为深入推进"一带一路"建设，促进中国与拉丁美洲国家院校在农业教育科技领域互惠互利与融通发展，加强在人才培养、科技创新、技术推广与培训等领域的合作与交流，2020 年 12 月，华南农业大学倡议成立"中拉农业科教创新联盟"，包括墨西哥在内的多所拉美大学参加，在种质资源等方面正在开展合作研究。

## 二、中墨农业科研合作建议

目前，中国的农业科研国际合作伙伴主要是美国、加拿大、澳大利亚、新西兰、欧洲、日本、韩国以及各国际组织，与西班牙语国家相关学术交流和合作较少。墨西哥的农业科研实力相对薄弱，优势在于农业资源丰富，生物多样性复杂，中国可在以下方面与墨西哥开展合作。

### 1. 品种资源

墨西哥植物资源优势明显，中国可根据需要引进其玉米、辣椒、南瓜、热带水果、籽粒苋、仙人掌和其他种质资源，以便开展作物育种和种质资源收集利用等工作。同时，中国桃、梨、苹果、枇杷、荔枝、桑树等水果品种开发多，种质资源优势明显，可择机向墨西哥推广优质苗木。

**2. 特色农产品开发**

墨西哥籽粒苋、仙人掌等均有一定的生产基础，中国可在资源交流的基础上，借鉴其生产模式，在云南等有基础的地区，引导地方政府发展特色农业。还可利用中国先进的食品加工技术，开发籽粒苋、仙人掌、龙舌兰等特色农产品和保健食品。

**3. 农业化工产品和农业机械方面**

墨西哥政府重视环境保护，从 2019 年开始清理农药市场，2020 年又限制了草甘膦使用和转基因棉花种子，对环境友好型的生物农药在墨西哥农业生产中将发挥更大作用，中国可与墨西哥开展生物农药、生物肥料的开发与推广。

墨西哥南部地区的农业机械化和农业灌溉化程度低，中国可在农业机械及灌溉等方面与之开展合作，进行设备和技术推广。

**4. 精准农业技术**

墨西哥的农业生产方式比较原始，在水肥利用、作物高产技术等方面需要提高，中国可推广水肥利用技术、高产技术和精准农业等技术。

**5. 检测技术**

墨西哥政府重视中国市场，希望尽可能多的墨西哥农产品进入中国市场，因此中国可与之开展农产品检测技术合作，为双方农产品流通提供技术基础。

**6. 农产品加工技术**

墨西哥的农产品多为初级产品，精深加工技术有待提高。我国可在农产品精深加工技术等方面与墨西哥探讨开展合作。

## 第三节　中国和墨西哥农业贸易合作

进入 21 世纪以来，中墨两国贸易持续快速发展。目前中国已成为墨西哥第二大进口来源国和第三大出口目的地。墨西哥是中国在拉美第二大贸易伙伴和第一大出口目的国。

## 一、墨西哥对华贸易近年增长较快，降低了墨西哥对美国的贸易份额

墨西哥贸易总额从 2001 年 3 268 亿美元增加到 2020 年 8 014 亿美元，其中对美贸易总额从 2 504 亿美元增加至 4 990 亿美元，占贸易总额的比重从 77% 降至 62%，对中国贸易总额从 441 亿美元增加至 814 亿美元，占贸易总额的比重从 1% 增至 10%。中国已经成为墨西哥第二大贸易伙伴国。

从进口看，墨西哥进口总额从 2001 年的 1 684 亿美元增至 2020 年的 3 833 亿美元，其中从美国进口从 1 141 亿美元增加至 1 682 亿美元，占比从 68% 降至 44%，从中国进口从 403 亿美元增加至 736 亿美元，占比从 2% 增加至 19%。可见，从中国进口份额增长了 17 个百分点，从美国进口份额则下降了 12 个百分点，从中国进口增长较快。

从出口看，墨西哥出口总额从 2001 年的 1 584 亿美元增加到 2020 年的 4 181亿美元，其中，对美国出口从 1 364 亿美元增加到 3 308 亿美元，占比从 86% 降至 79%，对中国出口从 38 亿美元增加至 78 亿美元，占比从不足 1% 增加至 2%。对中国出口增速较快，但规模和占比仍比较小，与美国相差较悬殊。

## 二、墨西哥非常重视开拓农产品出口市场尤其是中国市场

墨西哥与包括中国在内的 50 多个国家签订了贸易协定，为出口提供了平台。中国是世界第一大食品进口国，墨西哥视中国为重要的农产品出口市场。目前墨西哥输华农产品主要有鳄梨、葡萄、龙舌兰酒、浆果、猪肉和牛肉。为使出口市场多元化，近几年墨西哥政府增强了对华农产品出口。中国共批准 11 种墨西哥农产品对华出口，包括猪肉、牛肉、奶制品（奶粉和婴儿奶粉）、浆果（覆盆子、黑莓、蓝莓）、玉米等。中国是墨西哥在亚洲地区第二大农产品贸易伙伴，对华出口额超过 3 亿美元。对华出口产品主要包括啤酒、鳄梨、鱼粉，2016 年增加了猪肉，2017 年增加了冷冻牛肉，2020 年增加了香蕉。

### 三、中国与墨西哥农产品贸易

#### 1. 农产品贸易额

表 9-1 显示，中国与墨西哥农产品及食品贸易额 2020 年约为 11 亿美元，其中进口额 5.9 亿多美元，为 2016 年的 4 倍多。出口额 5.5 亿多美元，呈小幅下降趋势。贸易差额从 2016 年 3.6 亿美元顺差逐年下降，2019 年转变为逆差，2020 年逆差额约为 4 050 万美元。

表 9-1 2016—2020 年中国与墨西哥农产品贸易额

单位：千美元

| 项　　目 | 2016 年 | 2017 年 | 2018 年 | 2019 年 | 2020 年 |
|---|---|---|---|---|---|
| 中国与墨西哥农产品贸易额 | 657 036 | 781 056 | 1 123 724 | 1 249 381 | 1 146 331 |
| 中国出口额 | 508 811 | 534 452 | 643 829 | 582 658 | 552 918 |
| 中国进口额 | 148 225 | 246 604 | 479 895 | 666 723 | 593 413 |
| 中国贸易顺差 | 360 586 | 287 848 | 163 934 | −84 065 | −40 495 |

数据来源：Trade Map。

#### 2. 中国农产品进口额

2020 年，中国从墨西哥主要进口农产品品种有猪肉（2.4 亿美元）、牛肉（266 万美元），甲壳类动物（8 573 万美元）、软体动物（927 万美元）、鱼类（227 万美元）、鱼粉或肉粉（6 487 万美元）、鳄梨（1 038 万美元）、核桃（2 506 万美元）、其他坚果（1 041 万美元）。

#### 3. 中国农产品出口额

2020 年，中国出口到墨西哥的农产品品种主要包括鱼及鱼肉（1.8 亿美元）、蔬菜种子（3 269 万美元）、鱼肉等水产制品（2 254 万美元）、胡椒等调味品（4 612 万美元）、糖果（1 465 万美元）。

## 第四节　中国和墨西哥农业合作发展原则和方向

墨西哥的经济对美国的依赖度很大，过去的对外经贸往来主要是与美国进行的。但近 20 年来，墨西哥对外经贸份额逐步转移到中国，使墨西哥与美国的经贸往来比例逐年下降。由此可见，墨西哥在成为中国对外经贸合作重要伙伴的同时，也减少了对美国经贸上的依赖，中国将成为墨西哥重要经贸伙伴。中国未来应不断探索与墨西哥加强交流与合作，拓宽合作领域，升级合作层次，实现互利共赢。

**1. 加强两国间交流合作，不断探索新的合作领域、挖掘合作潜力**

墨西哥作为拉美地区重要国家，中国需要加强与墨西哥的交流合作，不断探索两国间合作领域，挖掘两国合作潜力，培养国际交流人才。通过驻外使馆、互派交流访问团体、留学生，培养增加对墨西哥及其他拉美国家的媒体传播渠道资源，通过媒体传播交流，加深两国间交流，派出人员学习掌握物流、金融、法律等方面知识的专业人才。加强中国与墨西哥研究中心深化交流合作，加强中国和墨西哥两国研究人员往来交流学习。

**2. 中国和墨西哥应在合作共赢基础上，本着可持续发展原则开展合作**

中国和墨西哥的合作取得了积极的成果，但也在合作中出现一些问题，例如两国间贸易逆差问题，进出口产品结构问题。因此，在与墨西哥等拉美地区开展经贸合作过程中，要关注这些问题，利用中国发展中积累的一些经验，采取建设性的措施和行动帮助这些国家解决一些发展中的问题，例如帮助其发展一些初级加工，建立社会化服务体系等。同时，应极力避免对墨西哥资源的过度开发，造成当地资源环境的破坏。

**3. 在中国与墨西哥合作一盘棋基础上，可开展广泛的农业合作**

墨西哥发展缺乏资金，中国有资金和投资意愿。中国的发展经验可以与墨西哥分享，中国也可以从墨西哥融入发达国家的发展中吸取经验教训。两国可从农业信息、农业科技以及中拉农业部长论坛等方面采取有力措施推动中拉农业合作发展。墨西哥作为一个农业资源丰富的人口大国，我国可以挖掘墨西哥的农业资源，增加大豆、玉米等一些大宗作物和一些经济作物的进口，促进我国农产品尤其是大宗农产品进口的多元化。

**4. 加强两国间学术交流与合作**

中国与墨西哥双边的学术关系起步较晚，仅处于起步阶段。墨西哥国立自治大学的"中国墨西哥研究中心"创建于 2006 年 5 月。中国对拉美的研究也存在类似状况。虽然中国社会科学院的拉丁美洲研究所和中国现代国际关系研究院的拉美研究所成立较早，并有很强的研究实力，但拉美研究机构和学术中心并不多，且大多数是新成立的，规模不大。未来，随着中国和墨西哥等拉美国家经贸合作的深化，亟待加强高校及研究机构间合作，促进学术方面交流与合作。

# 参 考 文 献

*References*

曹利群，2011. 墨西哥农业利用外资教训惨痛［J］. 中国党政干部论坛（9）：52 - 54.

徐世澄，2007. 墨西哥农业发展的经验与教训［N］. 中国改革报，2007 - 04 - 18.

徐文丽，2013. 墨西哥绿色革命研究（1940—1982 年）［D］. 天津：南开大学.

张勇，李阳，2005. 北美自由贸易协定对墨西哥农业的影响［J］. 拉丁美洲研究（2）：34 - 38.

钟熙维，2008. 进口替代和新自由主义模式下的墨西哥农业［J］. 世界农业（6）：1 - 4.

Guillermo BENAVIDES-PERALES，Isela Elizabeth TELLEZ-LEON，Francisco VENEGAS-MARTINEZ，2018［J］. The impact of banking and external sectors on Mexican agriculture in the period 1995—2015（1）：36 - 49.

**图书在版编目（CIP）数据**

墨西哥农业／刁青云，赵锋，张永霞著．—北京：
中国农业出版社，2022.12
（当代世界农业丛书）
ISBN 978-7-109-29621-3

Ⅰ.①墨… Ⅱ.①刁… ②赵… ③张… Ⅲ.①农业经
济发展－研究－墨西哥 Ⅳ.①F373.13

中国版本图书馆 CIP 数据核字（2022）第 116795 号

墨西哥农业
**MOXIGE NONGYE**

中国农业出版社出版
地址：北京市朝阳区麦子店街 18 号楼
邮编：100125
出版人：陈邦勋
策划统筹：胡乐鸣 苑 荣 赵 刚 徐 晖 张丽四 闫保荣
责任编辑：姚 佳 王佳欣
版式设计：王 晨 责任校对：刘丽香
印刷：北京通州皇家印刷厂
版次：2022 年 12 月第 1 版
印次：2022 年 12 月北京第 1 次印刷
发行：新华书店北京发行所
开本：787mm×1092mm 1/16
印张：13
字数：226 千字
定价：75.00 元